中国社会科学院文库
历史考古研究系列
The Selected Works of CASS
History and Archaeology

李隽旸，中国社会科学院世界经济与政治研究所副研究员，中国社会科学院大学国际政治经济学院副教授。中国人民大学国际政治学博士（2013 年），耶鲁大学古典学系中美富布赖特项目联合培养博士生（2012—2013 年），海德堡大学古典语文学系访问学者（2019—2020 年）。主要从事关于修昔底德的研究、翻译、教学，同时关注战争史与国际政治理论。在权威及核心期刊发表修昔底德相关论文多篇，出版译著《伯罗奔尼撒战争史论》四卷本（华东师范大学出版社,2017—2020 年）等。

中国社会科学院创新工程学术出版资助项目

中国社会科学院文库 · 历史考古研究系列
The Selected Works of CASS · History and Archaeology

审判帝国主义：

在古希腊史撰中辩证帝国

IMPERIALISM AT TRIAL: Historiographical Dialectics Concerning Empires in Ancient Greece

李隽旸 著

中国社会科学出版社

图书在版编目（CIP）数据

审判帝国主义：在古希腊史撰中辩证帝国／李隽旸著．—北京：中国社会科学出版社，2022.11

（中国社会科学院文库）

ISBN 978－7－5227－0931－4

Ⅰ.①审…　Ⅱ.①李…　Ⅲ.①古希腊—研究　Ⅳ.①K125

中国版本图书馆 CIP 数据核字（2022）第 193602 号

出 版 人　赵剑英
责任编辑　范晨星
责任校对　冯英爽
责任印制　王　超

出　　版　中国社会科学出版社
社　　址　北京鼓楼西大街甲 158 号
邮　　编　100720
网　　址　http://www.csspw.cn
发 行 部　010－84083685
门 市 部　010－84029450
经　　销　新华书店及其他书店

印　　刷　北京君升印刷有限公司
装　　订　廊坊市广阳区广增装订厂
版　　次　2022 年 11 月第 1 版
印　　次　2022 年 11 月第 1 次印刷

开　　本　710×1000　1/16
印　　张　18.5
插　　页　2
字　　数　259 千字
定　　价　96.00 元

《中国社会科学院文库》出版说明

《中国社会科学院文库》（全称为《中国社会科学院重点研究课题成果文库》）是中国社会科学院组织出版的系列学术丛书。组织出版《中国社会科学院文库》，是我院进一步加强课题成果管理和学术成果出版的规范化、制度化建设的重要举措。

建院以来，我院广大科研人员坚持以马克思主义为指导，在中国特色社会主义理论和实践的双重探索中做出了重要贡献，在推进马克思主义理论创新、为建设中国特色社会主义提供智力支持和各学科基础建设方面，推出了大量的研究成果，其中每年完成的专著类成果就有三四百种之多。从现在起，我们经过一定的鉴定、结项、评审程序，逐年从中选出一批通过各类别课题研究工作而完成的具有较高学术水平和一定代表性的著作，编入《中国社会科学院文库》集中出版。我们希望这能够从一个侧面展示我院整体科研状况和学术成就，同时为优秀学术成果的面世创造更好的条件。

《中国社会科学院文库》分设马克思主义研究、文学语言研究、历史考古研究、哲学宗教研究、经济研究、法学社会学研究、国际问题研究七个系列，选收范围包括专著、研究报告集、学术资料、古籍整理、译著、工具书等。

中国社会科学院科研局

2006 年 11 月

目　录

第二编 “审判”雅典

第三编 重思比喻

缩写表

AJP	*American Journal of Philology*
Arnold, *Thucydides*	Thomas Arnold ed., *Thucydides: History of the Peloponnesian War*
BICS	*Bulletin of the Institute of Classical Studies*
BrillD	*The Brill Dictionary of Ancient Greek*
CA	*Classical Antiquity*
CJ	*Classical Journal*
Classen, *Thukydides*	*Thukydides*, erklärt von J. Classen
Cope, *Commentary*	E. M. Cope and J. E. Sandys, *Aristotle: Rhetoric*
CP	*Classical Philology*
CQ	*Classical Quarterly*
CR	*Classical Review*
GRBS	*Greek, Roman, and Byzantine Studies*
Hornblower, *Commentary*	*A Commentary On Thucydides.*
HCT	*A Historical Commentary to Thucydides*
HSCP	*Harvard Studies in Classical Philology*
IO	*International Organization*
ISQ	*International Studies Quarterly*
JHS	*Journal of Hellenic Studies*

LSJ	Henry George Liddell and Robert Scott, *A Greek – English Lexicon*
Marchant, *Commentary*	*Thucydides*, edited by E. C. Marchant
MH	*Museum Helveticum*
Morris, *Commentary*	*Thucydides*: *Book I*, edited by Charles D. Morris
Mind	Jacqueline de Romilly, *The Mind of Thucydides*
RIS	*Review of International Studies*
TAPA	*Transactions and Proceedings of the American Philological Association* (–1974)
	Transactions of the American Philological Association (1974 –)
ThAI	Jacqueline de Romilly, *Thucydides and the Athenian Imperialism*
Thucydide	Thucydide, texte établi et traduit par Jacqueline de Romilly. *La Guerre du Péloponnèse*, *Livre I* (Collection Budé).
PA	Johannes Kirchner, *Prosopographia Attica*
SchGrTh	Alexander Kleinlogel ed. , *Scholia Graeca in Thucydidem*
OED	*Oxford English Dictionary*
OPW	Donald Kagan, *the Outbreak of the Peloponnesian War*

表格索引

题　解

目前呈现在读者面前的这本书《审判帝国主义：在古希腊史撰中辩证帝国》（*Imperialism at Trial*：*Historiographical Dialectics Concerning Empires in Ancient Greece*），旨在揭示古代希腊的三位重要史家提供的、关于帝国的正面论据和反面论据，从而勾画一项国际政治概念的历史流变。希罗多德（Herodotus）、修昔底德（Thucydides）、波利比乌斯（Polybius）的史书是本项研究的材料，是为"古希腊史撰"；关于帝国的历史呈现和古代看法是本书关注的问题，是为"帝国"和"帝国主义"。修昔底德对雅典帝国的刻画和看法位于中央，是本书核心。

本书试图重构一个（希望）有趣的简明叙事：修昔底德在史书第1卷记载的斯巴达（Sparta）公民大会，事实上是一场针对雅典（Athens）的法庭辩论；后来雅典人自己也并不忌讳的一个比喻"僭主城邦"（Polis Tyrannis），事实上是这场"法庭审判"中各个城邦控诉雅典的罪名。我们何以有理由将一场公民大会理解为一场法庭辩论？修昔底德是如何通过法庭辩论营造了"僭主城邦"这一罪名？"僭主城邦"这个比喻的实质是什么？"僭主城邦"比喻如何推进了古希腊人对帝国问题的思考？这将是我重述这个场景的时候将要回答的问题。因为回答这些问题，在修昔底德学的脉络中，本书将要卷入的论战战场有二："僭主城邦"这个比喻从直觉上带给读者的困惑，以及第1卷的雅典使节之谜。

以“僭主城邦”之名“审判”雅典，是修昔底德对雅典帝国主义的刻画。如同原告与被告，大会上的无名科林斯使节与无名雅典使节对帝国的攻讦与辩护，是古希腊历史著作中对帝国主义的辩证思考最生动的篇章。我们通过观察雅典如何被“审判”，理解了帝国主义如何被辩证思考。

考察古希腊史撰如何“辩证”帝国，是本书的主要内容，也是本书呈现这一内容的框架结构。“辩证”帝国，指的是本书作者向古希腊历史著作中寻找拥戴帝国的叙事、说法、思考，以及控诉帝国的故事、演说、思辨。本书的内容编排依照正面证据与反面证据来区分。希罗多德史书体现对波斯帝国的控诉，波利比乌斯史书则体现了对共和罗马治下帝国的辩护；本书的核心叙事则是修昔底德刻画的那场针对雅典帝国的法庭辩论。“辩证”一词之所以可以涵盖上述内容、结构、叙事，是因为该词的丰富历史和深长意味。

“辩证”（dialektikê，dialectics）一词起源于“对话”（dia - logos，dialogue；δια - λέγω）。在本书所处理的时间段（特别是核心关切公元前 5 世纪晚期），该词正处于转型和孕育阶段：作为一种体裁，该词仍然联系着它更早的同义词“对仗演说”（antithetical speeches），但与此同时，“辩证”作为一种思想方式，又连接着它今天的含义“辩证思考”。

首先，我试图以“辩证”一词涵盖它的旧时同义词“对仗演说”和“成对论证”（δισσοὶ λόγοι，paired arguments；antithesis）。针对一个单一论题，从正反两方面提供论据，是公元前 5 世纪希腊世界广泛流传的一种论述结构。它可能起源于普罗塔哥拉（Protagoras），为智者（sophists）所教学和练习，为那个时代的各种作者所使用：悲剧诗人，历史家，智者，哲学家，演说家。修昔底德史书，我们称之为《伯罗奔尼撒战争史》的这部“持久财富”，是这种写法和思考方法在史撰领域内最突出的代表。在没有写作问题争议的每一卷，他都纳入了对仗演说。[①]“辩证”一词指向修昔底德最钟爱的一种文体；这种文体也是我们将要重点分析的内容。

其次，我试图利用“辩证”的今意：辩证思考。这层含义在修昔底德的时代已经开始萌芽，到了今天则羽翼完整，成熟地脱离了它与对话、对仗演说紧密联系的那个形式起源。我们如何考察某一概念在某一时代的流变？我们当然要回顾那个时代的人表达这个概念的方式，还原这种表达中所蕴含的思考过程。史撰即分析。如果我们将修昔底德史书中的演说词视为一种分析结构，视为历史家的分析工具，那么，他对雅典帝国的看法、对帝国主义的思考很有可能就体现在针对这一问题的对仗演说中。

最后，希罗多德和波利比乌斯分别是修昔底德的前驱和后继，我将他们的史撰与思想也视为对帝国及帝国主义的一组辩证。他们的史撰和看法增强了“辩证”的时间层次和抽象力度。在希罗多德与波利比乌斯提供的光照下，本书研究的内容不仅仅是一组法庭辩驳，不仅仅是意见相左的一组对仗演说；我们将看到，公元前 5 世纪和公元前 2 世纪的希腊史家，对帝国及帝国问题形成了另一个跨越时空的对垒，他们的相互映照、他们对修昔底德的启发与继承，为帝国问题在古希腊的流变绘就了更抽象、更完整的一幅知识地图。

本书是一项基于古代史撰材料的国际政治理论研究。战争与和平、帝国与平等的政治体网络曾是修昔底德关心的问题，今天也仍然是国际政治理论处理的基本对象。本书希望展示，修昔底德的“僭主城邦”比喻创造性地成为那个时代的威斯特伐利亚（Westphalia）之音，他笔下的希腊城邦控诉雅典为僭主，实质上是在争辩国际体系单元的同质性与平等性。修昔底德确实是国际政治理论思考

① 这是 Jacqueline de Romilly 的观察。Jacqueline de Romilly, tr. Elizabeth Trapnell Rawlings, edited and with an Introduction by Hunter R. Rawlings III and Jeffrey Rusten, *The Mind of Thucydides* (*Henceforth*: *Mind*), Ithaca & London: Cornell University Press, 2012, pp. 106 – 107.

的先驱，而且未必仅仅是在现实主义的框架内。[①] 本书同时还是一项古希腊文学研究。修昔底德的文体来源、写作过程、与读者关系将时不时成为本书所关心和处理的内容。

本书不得不同时涉足两个领域，这当然是因为伟大的修昔底德本身。他是国际政治理论思考的先驱，亦是最好的历史文学家。他的理论值得重构并考察，他的写作值得解构并辨析。通过尽可能准确地阅读和理解，我们可以观察到史书文本的缺陷，从而推测史家的思考过程和思辨困难。修昔底德的伟大就在于他的史书向我们展示了，如何运用刻苦的思考和严苛的语言保存对最重大问题的思考，而那包含粗粝、困难、矛盾的作品，就是人类怀着“现实面前的勇气”（der Muth vor der Realität）[②] 所能够制造出来的最“垂诸永久的丰碑”（κτῆμα …ἐς αἰεί）。[③]

---

① 修昔底德常被国际政治理论家追溯为国际政治理论现实主义之父。关于修昔底德之为经典现实主义先驱，参见以下文献。Josiah Ober，“Chapter 19：Thucydides Theôrêtikos/Thucydides Histôr：Realist Theory and the Challenge of History”，in Jeffrey S. Rusten，ed.，*Oxford Reading in Classical Studies：Thucydides*，Oxford：Oxford University Press，2009，pp. 434 – 478. Gregory Crane，*Thucydides and the Ancient Simplicity：The Limits of Political Realism*，Berkeley，California：University of California Press，1998. Robert Gilpin 将修昔底德纳入其结构现实主义理论框架，Daniel Garst 和 Jonathan Monten 分别做出批评。Robert Gilpin，“The Theory of Hegemonic War”，*the Journal of Interdisciplinary History*，Vol. 18，No. 4，1988，pp. 591 – 613. Daniel Garst，“Thucydides and Neorealism”，*ISQ*，Vol. 33，No. 1，1989，pp. 3 – 27；Jonathan Monten，“Thucydides and Modern Realism”，*ISQ*，Vol. 50，No. 1，2006. Laurie M. Johnson 和 Michael M. Doyle 对修昔底德与两种现实主义关系分别做了最彻底的研究和最简明的评判。Laurie M. Johnson，“Chapter 21：Thucydides the Realist?”，in Christine Lee and Neville Morley，eds.，*A Handbook to the Reception of Thucydides*，Oxford：Wiley – Blackwell，2015，pp. 391 – 405. Laurie M. Johnson Bagby，“Thucydidean Realism：Between Athens and Melos”，*Security Studies*，Vol. 5，No. 2，2007，pp. 169 – 193. Laurie M. Johnson Bagby，“The Use and Abuse of Thucydides in International Relations”，*IO*，Vol. 48，1994，pp. 131 – 153. Michael M. Doyle，“Thucydidean Realism”，*RIS*，Vol. 16，No. 3，1990，pp. 221 – 237.

② Friedrich Nietzsche，*Götzen – Dämmerung：Oder Wie Man Mit dem Hammer Philosophirt*，Leipzig：Verlag von C. G. Neumann，1889. http：//www. nietzschesource. org/# eKGWB/GD – Alten – 1，2021 – 08 – 20.

③ Th. 1. 22. 4. 在本书中，古代作家名字及作品名称的缩写方式依据：Henry George Liddell and Robert Scott，*A Greek – English Lexicon*，Oxford：The Clarendon Press，1996（henceforth：*LSJ*），pp. xvi – xxxviii.

绪　希罗多德

希罗多德的史书是我们考察关于帝国的古希腊[①]思辨的最早史料。在观察修昔底德如何极为生动地呈现对雅典帝国主义的刻画和思考之前，我们首先希望了解，帝国问题是如何被介绍进入希腊世界、如何被转移到雅典这座城邦身上来的。希罗多德记载了导向希波战争的前序事件，他对帝国的历时呈现将源自波斯的帝国问题导向了雅典。希罗多德能够完成他对古希腊帝国主义问题的上述奠基，是通过如下两个步骤。第一，希罗多德呈现了波斯帝国主义与雅典帝国主义之间的明显继承关系。第二，希罗多德史书的结构使读者不自觉地作出推论，希望将其史书的帝国主题延续到雅典身上。

第一，希罗多德呈现的波斯帝国主义使人强烈想起雅典帝国主义。学者从作者意图和历史事实等方面来论证这一点。Philip A. Stadter 从希罗多德的叙事策略出发，认为希罗多德的目的是向雅典人说明他们的帝国继承自波斯。[②] 在 Philip A. Stadter 看来，希罗多

---

① 本书所说的“古代希腊”“古希腊”涉及古典时代（the Classical Times，公元前480年至公元前322年）和希腊化时代（the Hellenistic Times，公元前322年至公元前146年）。区分古风与古典、古典与希腊化、希腊化及后来时代的标志性事件，我们直接选取最常见的看法：希波战争（the Persian Wars），亚历山大（Alexander）去世，罗马（Rome）攻克科林斯（Corinth）。关于断代事件选取的争议对本书的讨论没有影响。本书的核心关注修昔底德及其史书和伯罗奔尼撒战争（the Peloponnesian War）都属于古典时代。

② Philip A. Stadter，“Herodotus and the Athenian ‘Arche’”，*Annali della Scuola Normale Superiore di Pisa*，*Classe di Lettere e Filosofia*，Vol. 22，No. 3，1992，pp. 781 – 809.

德使用了这样几个叙事策略。首先，希罗多德有意将亚洲与欧洲的边界设置为提洛岛（Delos），这意味着雅典跨过了传统的欧亚分界线，继承了波斯的势力范围。其次，希罗多德有意突出了当时最为敏感的两个议题——贡赋与对爱奥尼亚人（Ionians）的奴役，这两项举措既是波斯人曾经的实践，也是雅典人当时正在施行的帝国政策。与此同时，Kurt Raaflaub 则考察史实，以能力、意愿和实际结果证明，雅典的各种帝国举措确实学自波斯。[①] 雅典的许多举措——纳贡、土地兼并、驻军、派驻官员、施加政体等，或者在希腊世界找不到先例，或者可以明确在波斯帝国那里找到示范。如果没有更有说服力的理由，那么，雅典的帝国实践学自她曾经击败的敌人就是最合理的解答。

希罗多德是否有意呈现波斯帝国主义以使人想起雅典帝国主义？我认为，我们不能完全肯定这就是希罗多德的主观意图，但是客观上来看确实如此。一方面，这一问题不是不存在其他可能回答。例如，希罗多德史述中呈现出来的这种继承性，可能不是因为他希望以波斯帝国来影射雅典帝国，而是基于知识的限度和构思的惯性，基于时代关切，[②] 他在写作波斯帝国史时，以他所熟知的雅典帝国作为了写作模板。另一方面，如果仅从读者感受来考察，那么 Philip A. Stadter 与 Kurt Raaflaub 的观点是有道理的。因此，无论是因为希罗多德有意如此，还是因为历史事实如此，同时代的读者从希罗多德史书中得到的感受就是，雅典帝国继承自波斯帝国。

第二，希罗多德史书呈现了多个帝国的继承与延续，这一结构特征鼓励读者将帝国主题投射到他们自己的时代观察中去。希罗多

① Kurt A. Raaflaub, "4 Learning from the Enemy: Athenian and Persian 'Instruments of Empire'", in John Ma, Nikolaos Papazarkadas, Robert Parker eds, *Interpreting the Athenian Empire*, London: Duckworth, 2009, pp. 89 – 124, esp. pp. 98 – 114.

② Charles W. Fornara 希望证明，希罗多德的史书反映了他对现实——也就是伯罗奔尼撒大战的第一阶段阿奇达慕斯战争（the Archidamian War）——的关切与忧虑。Charles W. Fornara, "V. The Archidamian War", *Herodotus: An Interpretative Essay*, Oxford: the Clarendon Press, 1971, pp. 75 – 91.

德史书的结构特征是，在一个单一主题下，有一系列历史案例。这个单一主题就是帝国主义。希罗多德探求和写作的不是希腊常识所关注的世仇、单个案例归因及归责，而是作为历史普遍模式的帝国兴衰[①]及多个案例。无论希罗多德史书的结构起源是什么，[②] 目前我们所见到的史书结构都使得继续推论成为希罗多德史书阅读体验中难以避免、甚或不可或缺的一部分。作为读者，期待在脑海中为帝国主义列表添加又一个案例，是十分自然的反应，特别是在公元前5世纪晚期其史书正在流传的这个阶段，[③] 在雅典成为波斯之后出现的第一个帝国的这个历史时期。

因此，作为公元前5世纪希腊帝国主义的读者，在读完希罗多德之后，我们已经从智识上做好准备，将雅典作为最新例证，列入希罗多德的帝国主题案例列表。如果雅典帝国值得批评，那么，批评雅典的理由应当在于她对历史上的帝国的继承，包括概念上与实践上。在希罗多德那里未曾明言的内容，我们期望在修昔底德那里明明白白地读到。

但事与愿违。打开记载雅典帝国主义的核心文本——修昔底德史书之后我们发现，修昔底德在刻画雅典帝国主义时，没有借助对波斯的批评，雅典帝国不是因为继承了波斯的霸权而遭到其他城邦

---

① J. A. S. Evans 令人信服地证明了，希罗多德写作史书的目的不是寻求战争起因（他放弃了这一目的），而是旨在描述作为历史一般模式的帝国主义。J. A. S. Evans, *Herodotus*, *Explorer of the Past*: *Three Essays*, *Princeton*, New Jersey: Princeton University Press, 1991, p. 3, pp. 9 –40.

② J. A. S. Evans 对照非洲史诗传统，使用 Levi – Strauss 的结构主义进路，重构了希罗多德的写作过程：希罗多德搜集资料、初步写作时，依据的是口头的、史诗的传统，最终出版其作品时，他将一系列单个故事（logos）集合起来，形成书面作品。在文体创新的意义上，希罗多德是历史之父。J. A. S. Evans, *Herodotus*, *Explorer of the Past*: *Three Essays*, *Princeton*, pp. 5 – 8, pp. 89 – 146. 关于希罗多德史书结构的这种看法——史书原本由一系列单个故事构成，后来由作者本人综合成一部史书，同时参见 David Asheri, Alan Lloyd, Aldo Corcella, Oswyn Murray & Alfonso Moreno eds, *A Commentary on Herodotus Book I – IV*, Oxford: Oxford University Press, 2007, pp. 11 –14.

③ Felix Jacoby 认为，希罗多德史书以目前的形式公开流传（出版），时间大约是在公元前430 年至公元前 425 年。Charles W. Fornara 认为，出版时间是在公元前 420 年到公元前 415 年。这些时间或者是在阿奇达慕斯战争期间，或者是在阿奇达慕斯战争结束之后不久。换言之，这些时间都是在伯罗奔尼撒战争期间。Justus Cobet, "Wann Wurde Herodots Darstellung der Perserkriege Publiziert?", *Hermes* 105 Bd. H. 1 (1977), pp. 2 –27.

的批评。相反我们看到，修昔底德笔下的希腊城邦在批评雅典帝国时，将她比作一个“僭主城邦”。接下来我们将证明，这一比喻就是修昔底德刻画雅典帝国主义的核心概念。

第一编

僭主城邦

第一章

在修昔底德史书中，不止一个雅典人把雅典比作诸城邦之中的僭主，把雅典帝国比作城邦间体系中的僭政。在一些雅典人看来，雅典是一个“僭主城邦”。没有什么比“僭主城邦”这个比喻更加适合用来观察修昔底德对雅典帝国的刻画焦点。

一　“僭主城邦”：一个比喻及其问题

公元前429年，在他去世之前的最后一次演说（M 1）中，雅典政治家伯利克里（Pericles）劝雅典人不要放弃帝国。他说，放弃帝国之所以是危险的，是因为雅典人拥有帝国的方式像拥有僭政：

T 1.1（=T 9.1，Th. 2.63.2.3 –4）

ὡς τυραννίδα γὰρ ἤδη ἔχετε αὐτήν, ἣν λαβεῖν μὲν ἄδικον δοκεῖ εἶναι, ἀφεῖναι δὲ ἐπικίνδυνον.

For you already hold this < empire > like < a > tyranny, it seems to be unjust to take < which > whereas dangerous to let go of.

因为你们拥有这个帝国就像＜拥有＞僭政，取得它看起来是不公正的，而放弃它则是危险的。

公元前427年，雅典就应当如何处罚暴动的密提林人（Mytilene）展开第二次政策辩论。在这次公民大会辩论和之前一天的辩论中，后来在雅典政坛拥有重要影响的[①]克里昂，提议将密提林公民全体处死（3. 36. 2，4）。他说雅典人没有意识到，他们拥有帝国就像拥有僭政一般。

T 1. 2 （ = T 9. 2，Th. 3. 37. 2. 5 – 9）

... οὐ σκοποῦντες ὅτι τυραννίδα ἔχετε τὴν ἀρχὴν καὶ πρὸς ἐπιβουλεύοντας αὐτοὺς καὶ ἄκοντας ἀρχομένους, οἳ οὐκ ἐξ ὧν ἂν χαρίζησθε βλαπτόμενοι αὐτοὶ ἀκροῶνται ὑμῶν, ἀλλ' ἐξ ὧν ἂν ἰσχύι μᾶλλον ἢ τῇ ἐκείνων εὐνοίᾳ περιγένησθε.

. . . not seeing that you hold your empire < as a > tyranny and against those who are themselves plotting against you and who are ruled unwillingly, these people would listen to you not because you would show kindness while hindering yourselves, but because you would be superior than those people by force rather than by their goodwill.

……<你们>没有意识到，你们拥有帝国<如同拥有>僭政，针对那些自己密谋反对的人和那些不情愿被帝国统治的人，这些人会听从你们不是因为你们会损己利人，而是因为你们压制他们是通过暴力而非这些人的善意。

---

① 这次演说是克里昂（Cleon）第一次出现在修昔底德史书中，修昔底德这样介绍他："克廉内图之子克里昂，他在<头一天的会议中动议>杀光<密提林人>赢得了上风，同样，在其他议题上，<他也>是公民当中最暴力的，而且到那个时候为止，<他>也是对于民众最有说服力的"（Th. 3. 36. 6. 3 – 5：. . . Κλέωνὁ Κλεαινέτου, ὅσπερ καὶ τὴν προτέραν ἐ νενικήκει ὥστε ἀποκτεῖναι, ὢν καὶ ἐ ς τὰ ἄλλα βιαιότατος τῶν πολιτῶν τῷ τε δήμῳ παρὰ πολὺ ἐ ν τῷ τότε πιθανώτατος, . . . ; . . . Cleon son of Cleaenetus, who prevails <at> the former <meeting, suggesting> to kill <all the Mytileneans>, also in other matters being the most violent among citizens and, by far at that time, the most persuasive to the demos）。后来425年，在拒绝斯巴达人议和提议发言之前，修昔底德又一次正式介绍他为"民众煽动家，那个时候，他在庸众中最有说服力"（Th. 4. 21. 3. 1 – 2：ἀνὴρ δημαγωγὸς κατ' ἐ κεῖνον τὸν χρόνον ὢν καὶ τῷ πλήθει πιθανώτατος；"the demagogue at that time who also <is> the most persuasive to the mob"）。克里昂在雅典政坛拥有影响力的时间，最早可以推至什么时候？Donald Kagan 认为，或许早至伯利克里遭到起诉的时候（Th. 2. 29）他就在雅典政坛拥有了影响力。Donald Kagan, *The Archidamian War*, Ithaca, New York: Cornell University Press, 1974, p. 96 f.

不难发现，克里昂的话几乎是对伯利克里前述发言的逐字重复："因为你们拥有这个帝国就像 < 拥有 > 僭政"（T 1. 1：ὡς τυραννίδα γὰρἤδηἔχετε αὐτήν），"你们拥有帝国 < 如同拥有 > 僭政"（T 1. 2：ὅτι τυραννίδα ἔχετε τὴν ἀρχὴν）。

最后一个把自己城邦比作僭主的雅典人是公元前 415 年在西西里（Sicily）城邦卡马林纳（Camarina）公民大会上发言的雅典使者游弗木斯（Euphemus），他反驳叙拉古僭主赫墨克拉底（Hermocrates），说僭主和僭主城邦的行事准则是利益而非其他：

T 1. 3（ = T 9. 3，Th. 6. 85. 1. 1 – 3）

ἀνδρὶ δὲ τυράννῳ ἢ πόλει ἀρχὴν ἐχούσῃ οὐδὲν ἄλογον ὅτι ξυμφέρον οὐδ' οἰκεῖον ὅτι μὴ πιστόν·

But for < a > tyrant man or < a > city < that > has < an > empire, nothing < is > absurd < if it is > expedient, and no < one is a > kin unless < he is > trustful.

但是对于僭主或拥有帝国的城邦来说，没什么是荒谬的只要有益，没有人是有亲的除非可信。

修昔底德笔下的游弗木斯与前面更加有名的两个雅典人一样，将自己的母邦比作一个僭主。

修昔底德笔下雅典人为什么要做这种自我刻画？"僭主城邦"这个比喻，从第一眼和直觉上就令读者不解：雅典政治家是否真的会在公开场合这样打比方、这样批评自己的城邦？修昔底德在古代的重要批评者，哈利卡纳苏斯的狄奥尼修斯（Dionysius of Halicarnassus），在批评修昔底德史书中另一篇演说词弥罗斯对话（the Melian Dialogue）[①] 的时候指出，让笔下的人物说出不符合身份、与读者的常识和期待相互抵触的话来，是修昔底德史书中演说词的重要缺点

① Th. 5. 85 – 113.

之一。[①]

T 1.4（D. H. *Th.* 41.47–49）

οἴομαι δ', ὅτι κἂν εἴ τινες ἄλλοι παρόντων Ἀθηναίων ταῦτα ἐπεχείρουν λέγειν, ἐπαχθῶς ἤνεγκαν ἂν οἱ τὸν κοινὸν βίον ἐξημερώσαντες.

I believe that even if any other people attempted to say such things in the presence of the Athenians, they who have exercised such a humanizing influence on everyday life would have grown indignant.[②]

我还相信，即便还有其他人当着雅典人的面说<这样一些话>，公共生活柔和文明的人们也会觉得被冒犯。

弥罗斯对话中的雅典人如此直白坦率以致不顾语境，实在令人惊讶和难以接受；同样，伯利克里、克里昂、游弗木斯的"僭主城邦"比喻给古今读者带来的困惑，不会亚于在弥罗斯的雅典人给读者带来的困惑。

事实上，在通过笔下的雅典演说家对读者造成上述困惑之前，修昔底德已经通过一个非雅典人之口，做出这一比喻。在修昔底德史书中，战前最后一次伯罗奔尼撒同盟大会上的科林斯使节是第一个做此比喻的人。在那次大会上，为了督促斯巴达人及同盟尽快对雅典开战，科林斯人以"僭主城邦"为罪名，控诉雅典对其他城邦做出的不正当行为，并且，还重复了两次。

T 1.5（=T 3.9，Th. 1.122.3）

---

① 更具体来说，狄奥尼修斯认为（D. H. *Th.* 34；T 5.23，T 5.24）修昔底德的演说词的缺点在于内容（subject–matter，to pragmatikon）和风格（style）两个方面，内容方面的缺点又包括论证（enthymemes）和概念（conceptions）两类。在论证方面，狄奥尼修斯认为，修昔底德酷爱选用的一些论证和概念生僻（unusual，perittos），陌异（strange，xenos），与常识相抵触（paradoxical，paradoxos）。Dionysius of Halicarnassus，English Translation，based on the Greek Text of Usener–Radermacher with Commentary by W. Kendrick Pritchett，Chs. 34–38，*On Thucydides*，Berkeley，Los Angeles，London：University oof California Press，p. 27.

② W. Kendrick Pritchett，*Dionysius of Halicarnassus*：*On Thucydides*，p. 34.

ἐν ᾧ ἢ δικαίως δοκοῖμεν ἂν πάσχειν ἢ διὰ δειλίαν ἀνέχεσθαι καὶ τῶν πατέρων χείρους φαίνεσθαι, οἳ τὴν Ἑλλάδα ἠλευθέρωσαν, ἡμεῖς δὲ οὐδ' ἡμῖν αὐτοῖς βεβαιοῦμεν αὐτό, τύραννον δὲ ἐῶμεν ἐγκαθεστάναι πόλιν, τοὺς δ' ἐν μιᾷ μονάρχους ἀξιοῦμεν καταλύειν.

In that case, we would seem either to suffer it deservedly[1], or to hold back due to timidity, then to appear inferior to our fathers, who liberated Greece, but we, not secure it for us ourselves, but allowed a city to be established tyrant, yet we consider < it > our business to put down the sole – rulers in single < city >.

这样一来我们可能，要么忍受该忍的，要么因为胆怯而退缩，进而显得不如我们的父辈，我们的父辈使希腊自由了，但我们呢，不仅没有为我们自己保卫自由，还允许一个城邦建得像一个僭主，而我们却认为在单个<城邦>里消灭独裁者是我们的职责。

T 1.6（=T 3.10，Th. 1.124.3）

καὶ τὴν καθεστηκυῖαν ἐν τῇ Ἑλλάδι πόλιν τύραννον ἡγησάμενοι ἐπὶ πᾶσιν ὁμοίως καθεστάναι, ...

and we believe that the tyrant city < which is > established in Greece is established threatening everyone similarly, ...

我们相信，已经建立在希腊的这个僭主城邦建立起来同样威胁所有（的人），……

作为读者，读到科林斯人这样批评雅典，我们的惊讶远远少于读到雅典人使用这一比喻批评雅典。毕竟，在修昔底德笔下，大战爆发前的科林斯人是雅典帝国最严厉的批评者。然而，科林斯人的上述指控并没有解决我们先前的惊讶和困惑，反而加剧了我们的惊讶与困惑：作为雅典的政治领袖，为什么伯利克里如此谈论雅典帝

---

① "To suffer it Deservedly": *Thucydides: Book I*, edited on the Basis of Classen's Edition by Charles D. Morris, London: Ginn & Company, 1885 (henceforth: Morris, *Commentary*), p. 259.

国而泰然自若?[①] 作为雅典人，为什么伯利克里、克里昂、游弗木斯在言辞上“向敌人让步这么多”?[②] 作为作者，为什么修昔底德让雅典帝国最严厉的批评者——斯巴达同盟大会上的科林斯使节——与雅典的不同政治家——伯利克里、克里昂、游弗木斯——做出同样的比喻?

作为修昔底德的当代读者，我们的上述惊讶和困惑根植于这样一个直觉信念：我们相信，在公元前5世纪的希腊，“僭主”（τύραννος）是一个负面词语，以僭主为喻体的比喻是一种严厉批评。或许，我们在径直像狄奥尼修斯那样严厉地批评修昔底德之前，首先需要借助当代学者的研究，厘清 τύραννος 一词及其同源词的含义，还原这个词的感情色彩。在此之后我们才能继续探索修昔底德使用这一比喻的方法和目的。

二　τύραννος：一个词语及其感情色彩

在公元前5世纪，“僭主”（τύραννος，tyrant）一词的主要含义是“不受法律或宪政局限的绝对统治者”。[③] “僭政”（τυραννίς，tyranny）和“僭主的”（τυραννικός，tyrannical）等同源词褒贬倾向自然也与“僭主”（τύραννος）一词一致。

在公元前5世纪到4世纪（古典时代）的希腊世界，“僭主”一词的感情色彩比较含混。一方面，该词作为外来词，首先被用作“君主”“王”（βασιλεύς）的替代词。[④] 在比修昔底德略早或与修

---

① Jacqueline de Romilly，“Part Two：The Successive Forms Assumed by Athenian Imperialism，Chapter I：Pericles，Athenian Rule as Tyrannical”，tr. Philip Thody，*Thucydides and Athenian Imperialism*（henceforth *ThAI*），Salem，New Hampshire：Ayer Company Publishers，Inc. 1963，p. 125.

② 这句话是 W. R. Connor 所总结的读者困惑：W. R. Connor，“Tyrannis Polis”，in J. H. D'Arms and J. W. Eadie eds.，*Ancient and Modern：Essays in Honor of Gerald F. Else*，Ann Arbor：Center for Coordination of Ancient and Modern Studies，1977，p. 98.

③ *LSJ* s. v. τύραννος：“an absolute Ruler，unlimited by law or constitution.” p. 1836. Franco Montanari ed.，*The Brill Dictionary of Ancient Greek*，Leiden，Boston：Brill，2015（henceforth：*BrillD*），s. v. τύραννος：“A. absolute lord，king，*of gods*；*of men*，king，tyrant，despot，*in negative sense* tyrant，despot.” p. 2168.

④ *LSJ* s. v. τύραννος：“first used of monarchs，...；interchangeable with βασιλεύς.” p. 1836.

昔底德同时代的悲剧诗人那里，该词似乎本身不含贬义。不止一位学者观察到，欧里庇得斯（Euripides）写于公元前431年的《美狄亚》（*Medea*）、[①] 写于前416年的《疯狂的赫拉克勒斯》（*Herakles Mainomenos*）[②] 中，τύραννος 一词都不含贬义。在索福克勒斯写于前429年的《俄狄浦斯王》（*Oedipus Tyrannos*）中，τύραννος 有时被当作褒义词，有时被当作贬义词。W. R. Connor 采信 D. L. Page 的看法，认为是语境决定该词的褒贬；[③] B. M. W. Knox 承认说，这部分是因为在悲剧最常用的抑扬三步格（iambic trimeter）中，τύραννος 不仅可以与 βασιλεύς 相互替代，甚至比 βασιλεύς 更为方便使用。[④] A. Andrewes 也认为，格律考虑是韵文作家使用 τύραννος 一词的动机之一。[⑤] 在含义和格律上作为 βασιλεύς 替代用词这一起源和事实，以及悲剧诗人对 τύραννος 及其同源词的混合用法都表明，在修昔底德之前，该词的感情色彩基本是中立的。

这种含混的感情色彩在公元前5世纪末的散文作家那里逐渐起了变化。一方面，散文作家的格律需求并不如韵文作家的那样迫切。同时学者们也观察到，这个词在与修昔底德时代最接近的希罗多德那里还不是贬义词。[⑥] 另一方面读者却明确观察到，在公元前4世纪

---

① D. L. Page on E. *Med*. 348 – 349 （｛Κρ.｝ ἥκιστα τοὐμὸν λῆμ'ἔφυ τυραννικόν, αἰδούμενος δὲ πολλὰ δὴ διέφθορα·）：*Euripides*：*Medea*，edited with Introduction and Commentary by D. L. Page，Oxford：The Clarendon Press，2001，pp. 98 – 99. Also Quoted by W. R. Connor，“Tyrannos Polis”，in J. H. D'Arms and J. W. Eadie eds，*Ancient and Modern*，p. 102，n. 11.

② Ulrich von Wilamowitz – Moellendorff on E. *HF*. 29 – 30 （τὼ λευκοπώλω πρὶ ν τυραννῆσαι χθονὸς 'Αμφίον'ἠδὲ Ζῆθον,ἐκγόνω Διός）：*Euripides*：*Herakles*，erklärt von Ulrich von Wilamowitz – Moellendorff，zweite Bearbeitung，Leipzig：Weidmannsche Buchhandlung，1895，p. 13. Also Quoted by W. R. Connor，“Tyrannos Polis”，in J. H. D'Arms and J. W. Eadie eds，*Ancient and Modern*，p. 101，n. 9.

③ W. R. Connor，“Polis Tyrannis”，*Ancient and Modern*：*Essays in Honor of Gerald F. Else*，p. 102.

④ Bernard Knox，“2 Athens”，*Oedipus at Thebes*：*Sophocles' Tragic Hero and His Time*，New Haven，Connecticut：Yale University Press，1957，p. 53.

⑤ A. Andrewes，*The Greek Tyrants*，New York & Evanston：Harper & Row Publishers，1956，p. 23.

⑥ Mary White 将此归结为雅典与爱奥尼亚的区别。Mary White，“Greek Tyranny”，*Phoenix* Vol. 9，No. 1，1955，p. 3.

初的散文作家——例如柏拉图——那里，τύραννος 一词具有了明确的贬义含义。D. L. Page 断言说在公元前 5 世纪，τύραννος，τυραννίς，τυραννικός 这三个词本身全部不含贬义；这些词的绝对贬义用法（也就是自身成为一个贬义词，而不是依靠语境赋予其贬义色彩），第一次出现于柏拉图的对话《高尔吉亚》（*Gorgias*）和《政治家》（*Politicus*）。[①] Wilamowitz 与 A. Andrewes 也将这一转变的时间点归给柏拉图的写作。[②] 在时间上，修昔底德位于前述悲剧诗人与柏拉图之间，[③] 这使得我们要探究的问题成为最不容易的那一个：身处变

---

① Pl. *Grg.* 510 B，*Plt.* 310 C. quoted in D. L. Page，*Euripides*：*Medea*，pp. 98 – 99.《高尔吉亚》的写作时间十分难以确定，学者们甚至很难在柏拉图对话序列中为它找到比较可靠的相对时间；学者们倾向于将其归入“早期”的“苏格拉底对话”之中。Terence Irwin，*Plato*：*Gorgias*，translated with notes by Terence Irwin. Oxford：Clarendon Press，1979，pp. 5 – 8.

② Ulrich von Wilamowitz – Moellendorff，*Euripides*：*Herakles*，p. 13. A. Andrewes，*The Greek Tyrants*，p. 28 f.

③ 修昔底德出生的时间不晚于公元前 454 年。修昔底德出生时间的文本依据是亚里士多德学派的《雅典政制》与他史书中的自述内容。《雅典政制》（Arist. *Ath.* 4. 3）记载，在雅典出任将军需要有十岁以上的婚生子，同时根据修昔底德史书记载，30 岁当选将军的阿尔喀比亚德被认为“太年轻”了（Th. 6. 12. 2）。而修昔底德史书记载自己曾于公元前 424/423 年出任雅典将军远征安菲玻里（Amphipolis）（Th. 4. 104. 4）。如此推算，他最迟在公元前 454 年肯定已经出生。这一推断方法，参见 Luciano Canfora，“Chapter 1：Biographical Obscurities and Problems of Composition”，in Antonios Rengakos and Antonios Tsakmakis eds.，*Brill's Companion to Thucydides*，Leiden & Boston：Brill，2006，p. 3.

修昔底德去世的时间不早于公元前 404 年，即伯罗奔尼撒战争结束的那一年。可用的文本证据有修昔底德的自述（Th. 5. 26. 5），修昔底德的两篇古代传记，普鲁塔克（Plutarch）的《客蒙传》（Plu. *Cim.* 4. 1 – 2），以及保塞尼亚斯（Pausanias）（Paus. 1. 23. 9）。根据修昔底德在史书中的自述，他是因为公元前 424 年安菲玻里战役失败而遭到城邦放逐，放逐时间长达 20 年。因此可以推断，修昔底德的去世时间不晚于公元前 404 年。保塞尼亚斯记载，修昔底德死于自放逐回归的路途之中；普鲁塔克则认为，他死于色雷斯（Thrace）一个名叫“洞林”（Skapte Hyle）的地方。这些证据的内容相互抵触，给我们推断与修昔底德去世有关的真相增加了困难。我们可以像 Luciano Canfora 一样，拒绝接受造成麻烦的相关证据，因为这些后来的作家历史可靠性并不是特别高。Luciano Canfora，“Chapter 1：Biographical Obscurities and Problems of Composition”，pp. 17 – 20. 关于修昔底德的生平，同时参见 Otto Luschnat，*Thukydides der Historiker*（Sonderausgaben der Paulyschen Realencyclopädie der classischen Altertumswissenschaft），Stuttgart：Alfred Druckenmüller Verlag，1971，pp. 1091 – 1095.

关于修昔底德的写作时间，我们不妨让步并采用“统一派”观点，认为修昔底德史书的绝大部分写于伯罗奔尼撒战争结束之后，也就是公元前 404 年之后。这样一来，写作活动覆盖整个战争进程的修昔底德，比埃斯库罗斯、索福克勒斯晚，与欧里庇得斯差不多同时代，比公元前 399 年之后才开始动笔写作的柏拉图早。

动时代的修昔底德，对这个词的看法和用法是怎样的？我们已经知道，在这个时代，“僭主”及其同源词的感情色彩大致处于贬义到中性之间；我们还可以推测，不同的作家对“僭主”概念看法不同，对“僭主”及其同源词使用偏好也就不同。基于这两个前提假设，为了判断某一位古典作家使用“僭主”及其同源词时的情感偏好，为了判断修昔底德对僭主或僭政的看法，不同学者尝试了不同的回答策略。

A. Andrewes 的判断标准是文本的作者是否区分“僭主”与“君主”二词的含义及使用。[①] 他考察了希腊僭主及其概念的历史发展之后认为，因为 τύραννος 和 βασιλεύς 都可以表示一人制政体的统治者，所以如果一位作家区分使用这两个词，那么他就是为了强调僭主不同于普通君主的面向，即，僭主的负面面向；混淆使用这两个词，则意味着这位作家很可能对 τύραννος 一词持中性立场。[②] 根据这一标准，A. Andrewes 认为修昔底德在技术层面上区分使用这两个词汇，但是同时对僭主亦有正面评价，这说明他对僭主概念持中立态度，他在意的是一个政体是否有效；在柏拉图之前，τύραννος 一词不含明确贬义。[③] A. Andrewes 的观察没有问题，但是他的归因不够准确：修昔底德在中性和贬义意义上都使用过 τύραννος 一词，并不是因为他对僭主或僭政概念持中性立场。接下来，对修昔底德的用法进行更加仔细的观察之后我们将会发现，修昔底德（笔下的人物）敌视当代僭主，他通过僭主城邦比喻表达了笔下人物对雅典的明确严厉批评。

W. R. Connor 的判断标准是文本中说话人的身份。他首先诉诸流

---

① A. Andrewes 认为，在使用 τύραννος 一词时负面感情色彩最强烈的作家是柏拉图，因为他将 τύραννος 和 βασιλεύς 确立为严格对立的两个极端。使用时感情色彩最为中性的作家是亚里士多德（Aristotle），因为他完全将这两个词当作同义词。比柏拉图负面感情色彩稍淡的是梭伦（Solon）及其模仿者泰奥格尼斯（Theognis），希罗多德与欧里庇得斯再次之。将这两个词混用的散文作家有修昔底德和伊索克拉底（Isocrates），韵文作家有品达（Pindar）、埃斯库罗斯、索福克勒斯。A. Andrewes, *The Greek Tyrants*, pp. 20 – 30.

② 在这里需要排除韵文作家，即诗人，包括喜剧诗人和悲剧诗人。理由如前文所述。

③ A. Andrewes, *The Greek Tyrants*, pp. 27 – 28.

俗看法，认为当时的希腊人普遍认为“僭政对城邦有害，却对僭主有益”，然后基于这一大众认知指出，“僭主”及其同源词的感情色彩取决于使用者：在僭主看来，这是个好词；在被统治者看来，这是个糟糕的词语；几位雅典政治家做这一比喻，是为了强调雅典“有福气”。① 至于修昔底德的意图，W. R. Connor 承认说，修昔底德不可能赞成这一流俗看法，因此他的写作目的是讽刺。② 我认为，W. R. Connor 的观察不甚准确：在雅典人——也就是统治者视角——的几次提及（TT 1.1－3）中，读者感受到了“僭主城邦”这一比喻中所含的明确贬义，而另一位利用这个比喻表达谴责的演说者科林斯人，其实并非雅典的属邦臣民。接下来，同样是通过对修昔底德的用法进行更加仔细的观察，我们将会发现，决定该词用法及这种用法中所含的感情色彩的，不是说话人身份，而是语境所处的时代。

到目前为止，并没有学者对修昔底德用过的 τύραννος、τυραννίς、τυραννικός 及其同源词做一个全面分析。遍览修昔底德用过的 τύραννος、τυραννίς、τυραννικός 及它们的同源词可以发现，他的用法要么是描述性的，要么是控诉性的；所有的描述性用法都用于过去，所有的控诉性用法都用于当代。换言之，很明显在修昔底德那里，区分这两种用法的规则是使用语境的历史时间。当修昔底德在古风时期的时代背景中使用“僭主”“僭政”及其同源词时，他往往是在讲述一个事实；当修昔底德将这个词运用在同时代的对象身上——这个对象可以是人，也可以是城邦——时，他利用了该词的控诉功能：他使用该词如同使用一个罪名。这一发现对我们接下来的探究意义重大。

τύραννος、τυραννίς、τυραννικός 及其同源词，在修昔底德史书

① W. R. Connor, “Tyrannis Polis”, *Ancient and Modern: Essays in Honor of Gerald F. Else*, p. 98, pp. 101－102, p. 104.

② W. R. Connor, “Tyrannis Polis”, *Ancient and Modern: Essays in Honor of Gerald F. Else*, pp. 108－109.

中一共出现过 37 次。按照指称对象、使用语境、褒贬色彩分类，我们可以得到表 D1。

D1 修昔底德史书中的 τύραννος、τυραννίς、τυραννικός 及其同源词

<table>
<tr><th>案例</th><th>段落</th><th>指称对象</th><th>语境的历史时期</th><th>感情色彩</th><th>说话者</th><th>分类</th></tr>
<tr><td rowspan="4">1</td><td>1. 13. 1. 3</td><td>希腊大部分地区的僭主政体</td><td>古代</td><td>中立</td><td>作者</td><td>描述性</td></tr>
<tr><td>1. 14. 2. 3</td><td>西西里的僭主们</td><td>古代</td><td>中立</td><td>作者</td><td>描述性</td></tr>
<tr><td>1. 17. 1. 1</td><td>希腊城邦的僭主们</td><td>古代</td><td>贬义</td><td>作者</td><td>描述性</td></tr>
<tr><td>1. 18. 1. 1</td><td>西西里最后的僭主；雅典及其他地方的僭主</td><td>古代</td><td>贬义</td><td>作者</td><td>描述性</td></tr>
<tr><td>2</td><td>1. 20. 2. 2</td><td>希帕尔库斯（Hipparchus）</td><td>古代</td><td>中性</td><td>作者</td><td>描述性</td></tr>
<tr><td>3</td><td>1. 95. 3. 4</td><td>泡萨尼阿斯（Pausanias）：“更像一个僭主，而不像一个将军”</td><td>古代</td><td>贬义</td><td>作者转述的希腊人看法</td><td>控诉性</td></tr>
<tr><td rowspan="2">4</td><td>1. 122. 3. 5</td><td>雅典城邦：“全希腊的僭主”</td><td>当代</td><td>贬义</td><td>科林斯人</td><td>控诉性</td></tr>
<tr><td>1. 124. 3. 2</td><td>雅典城邦：在希腊已经建立起来的那个僭主城邦</td><td>当代</td><td>贬义</td><td>科林斯人</td><td>控诉性</td></tr>
<tr><td>5</td><td>1. 126. 5. 4</td><td>库伦（Cylon）</td><td>古代</td><td>贬义</td><td>作者</td><td>描述性</td></tr>
<tr><td>6</td><td>2. 15. 5. 2</td><td>雅典的僭主</td><td>古代</td><td>中性</td><td>作者</td><td>描述性</td></tr>
<tr><td>7</td><td>2. 63. 2. 3</td><td>帝国：雅典人拥有帝国像拥有僭政</td><td>当代</td><td>贬义</td><td>伯利克里</td><td>控诉性</td></tr>
<tr><td>8</td><td>3. 37. 2. 6</td><td>帝国：帝国像僭政</td><td>当代</td><td>贬义</td><td>克里昂</td><td>控诉性</td></tr>
<tr><td>9</td><td>3. 62. 3. 5</td><td>波斯入侵时的忒拜（Thebes），施行的政体如同僭政</td><td>古代</td><td>贬义</td><td>忒拜使节</td><td>描述性</td></tr>
<tr><td rowspan="2">10</td><td>3. 104. 1. 4</td><td>雅典僭主庇西斯特拉图（Peisistratus）</td><td>古代</td><td>中性</td><td>作者</td><td>描述性</td></tr>
<tr><td>3. 104. 2. 5</td><td>叙拉古（Syracuse）僭主波吕克拉底（Polycrates）</td><td>古代</td><td>中性</td><td>作者</td><td>描述性</td></tr>
</table>

续表

案例	段落	指称对象	语境的历史时期	感情色彩	说话者	分类
11	6. 4. 2. 2	叙拉古僭主革隆（Gelon）	古代	中性	作者	描述性
	6. 4. 6. 2	垒集坞（Rhegium）僭主阿那克西拉斯（Anaxilas）	古代	中性	作者	描述性
	6. 5. 3. 6	革剌（Gela）僭主习栢克拉底（Hippocrates）	古代	中性	作者	描述性
12	6. 15. 4. 3	阿尔喀比亚德（Alcibiades）：民众认为他渴望成为僭主	当代	贬义	作者转述的雅典人看法	控诉性
13	6. 60. 1. 5	密仪渎神案嫌疑犯企图在雅典建立的僭政	当代	贬义	作者转述的雅典人看法	控诉性
	6. 60. 2. 1	同上				
14	6. 38. 3. 4	叙拉古历史上的僭主政体	古代	贬义	雅典纳革剌（Athenagoras）	描述性
15	6. 53. 3. 2	雅典的庇西斯特拉图政体	古代	中性	作者	描述性
	6. 54. 1. 4	雅典的庇西斯特拉图政体	古代	中性	作者	描述性
	6. 54. 2. 2	雅典僭主庇西斯特拉图	古代	中性	作者	描述性
	6. 54. 4. 1	雅典的希帕尔库斯政体	古代	中性	作者	描述性
	6. 54. 5. 3	雅典僭主庇西斯特拉图家族	古代	褒义	作者	描述性
	6. 55. 1. 5	雅典记载僭主罪行的石碑	古代	贬义	作者	描述性
	6. 55. 3. 3	雅典僭主希帕尔库斯	古代	中性	作者	描述性
	6. 55. 4. 3	雅典僭主希帕尔库斯	古代	中性	作者	描述性
	6. 59. 2. 2	雅典的希庇阿斯（Hippias）政体	古代	贬义	作者	描述性
	6. 59. 3. 2	兰璞萨库（Lampsacus）僭主安提德斯（Aeantides）	古代	中性	作者	描述性
	6. 59. 3. 9	雅典僭主希庇阿斯	古代	中性	作者	描述性
16	6. 85. 1. 1	“一位僭主或一个掌握帝国的城邦”	当代	贬义	游弗木斯	控诉性

续表

案例	段落	指称对象	语境的历史时期	感情色彩	说话者	分类
17	6.89.4.1	雅典僭政：阿尔喀比亚德家族所恨	古代	贬义	阿尔喀比亚德	描述性
18	6.94.1.4	叙拉古僭主革隆	古代	中性	作者	描述性
19	8.68.4.6	雅典僭主希庇阿斯	古代	中性	作者	描述性

如上所述，我们根据时间背景，将这 37 个段落分为两个大类：涉及古代的和涉及当代的。显然，这里的“当代”指伯罗奔尼撒战争。[①] 这里更为重要的是需要注意“当代”一词在此具有两重含义。一是“当代”指与修昔底德差不多同时的一段时期。二是“当代”也指修昔底德主要历史研究方法的适用范围。修昔底德在史书的“方法论”章节（the *Methodology*：Th. 1. 20 – 22）申明的研究和写作方法，仅仅适用于他史书中唯一的写作对象：伯罗奔尼撒战争。不止一位学者观察到，在不得不处理古代信息的时候，修昔底德的方法与他在“方法论”部分所申明的并不一致。J. M. Marincola 分辨出，当历史证据难以获得、甚或不足的时候，我们的史家会诉诸“可信推测”。[②] John Moles 则指出，修昔底德认为当代史是唯一适当的研究和写作对象，是因为他相信，面对当代，史家直面事实本身，而过去只能通过“迹象”（indication，τεκμήρια）和“征兆”（sign，

---

① 我们应当将伯罗奔尼撒战争视为修昔底德写作的对象。作为修昔底德的写作对象，它是唯一的，独立的。Nicole Loraux 和 Lowell Edmunds 对此有精彩的分析。Nicole Loraux，“Thucydide a écrit la Guerre du Péloponnèse”，*Métis* 1（1986），pp. 139 – 161. Lowell Edmunds，“Chapter 5：Thucydides in the Act of Writing”，in Jeffrey S. Rusten ed.，*Oxford Readings in Classical Studies：Thucydides*，Oxford：Oxford University Press，2009，pp. 91 – 113.

② J. M. Marincola on Thucydides’“probable conjecture”：“Thucydides 1. 22. 2”，*CP*，Vol. 84，No. 3，1989，pp. 216 – 223，esp. 221 – 222. 同时参见 Roberto Nicolai，“Chapter 13：Thucydides’ Archaeology：Between Epic and Oral Tradition”，in Nino Luraghi ed.，*The Historian’s Craft in the Age of Herodotus*，Oxford：Oxford University Press，2001，p. 283.

σημεῖα）来还原，这种还原方法并不可靠。[①] Christopher Pelling 也发现，修昔底德在第 1 卷中处理“战争当中发生的事情”和处理过往发生的事情的方法，很可能是不一样的。[②] 尽管学界存在不同意见，[③] 但是在此我们支持如下看法：修昔底德处理过去与当代的方法是不同的。这一看法为我们辨明他的立场提供了钥匙。

让我们开始观察第一类，涉及古代历史的段落。除了案例 3 之外，“僭主”“僭政”或其同源词指示的是历史上真实的僭主或真实存在过的僭主政体，修昔底德的用法是描述性的，情感色彩中立。即便修昔底德或其笔下人物是在批评僭主或僭政，但是这种批评也不是由“僭主”这一指称本身所显示的。换言之，在这些段落中，僭主这一称呼本身并不含贬义。这一点与 D. L. Page 观察到的欧里庇得斯用法[④]相同。

案例 1、案例 11、案例 15 所处语境的性质相同。案例 1 的 4 个段落都属于“古史纪事”（the *Archaeology*，Th. 1. 1 – 19）部分，案例 11 的 3 个段落都属于“西西里古史纪事”部分（the Sicilian *Archaeology*，Th. 6. 2 – 5），案例 15 的 11 个段落都属于“刺僭主纪”

---

① John Moles，“Chapter 13：A False Dilemma：Thucydides' History and Historicism”，S. J. Harrison ed.，*Texts*，*Ideas*，*and the Classics*：*Scholarship*，*Theory*，*and Classical Literature*，Oxford：Oxford University Press，2001，p. 198；“Chapter Three：Truth and Untruth in Herodotus and Thucydides”，in Christopher Gill and T. P. Wiesman eds.，*Lies and Fiction in the Ancient World*，Exeter：University of Exeter Press，1993，p. 100，pp. 102 – 103，p. 107.

② Christopher Pelling，“Chapter 8：Thucydides' Speeches”，in Jeffrey S. Rusten ed，*Oxford Readings in Classical Studies*：*Thucydides*，p. 182，n. 14. 从这一观察出发，Hunter R. Rawlings III 加强论证了 Christopher Pelling 的看法。Hunter R. Rawlings III，“Thucydides' ΕΡΓΑ”，*Histos*，Vol. 15，2021，p. 195.

③ Joshua J. Reynolds 认为基于“迹象”和“征兆”的研究方法同时适用于修昔底德的“现在、过去、未来”。A. J. Woodman 的看法与 Joshua J. Reynolds 本质上类似，他也认为无论是过去还是伯罗奔尼撒战争，修昔底德都是依据“迹象”和“征兆”来写的。但我认为，这不是主流意见。Joshua J. Reynolds，“Proving Power：Signs and Sign – Inference in Thucydides'Archaeology”，*TAPA*，Vol. 139，No. 2，2009，p. 339，n. 23. A. J. Woodman，“Chapter 1：Preconceptions and Practicalities：Thucydides”，*Rhetoric in Classical Historiography*：*Four Studies*，Portland，Oregon：Aeropagitica Press，1988，p. 10.

④ D. L. Page on E. *Med.* 348 – 349，*Euripides*：*Medea*，pp. 98 – 99.

（the *Tyrannicide*，Th. 5. 53. 3 – 59）部分。在修昔底德史书当中，“古史纪事”“西西里古史纪事”和“刺僭主纪”都是用来补充历史信息的离题话。[①] 如前所述，这些离题话的研究方法与呈现手法都有别于修昔底德的核心处理对象：属于修昔底德的当代史。类似地，就呈现手法而言，修昔底德在历史离题话段落中，并不利用“僭主”及其同源词的负面含义来表达自己对历史人物的评价。他的用法在这一时间段体现出一种一致性。使用了描述性用法的所有案例[②]都与这三个古代事件离题话类案例类似；它们是修昔底德在叙事过程中零散提及的古代历史。

用于古代历史的 τύραννος 及其同源词所在的上述段落，大部分属于叙事部分（案例1、案例2、案例5、案例6、案例11、案例15、案例18、案例19）。在叙事部分，τύραννος 及其同源词的功能是描述一个历史事实，提供相关信息。不属于叙事部分的段落只有两个：公元前427年，忒拜人对斯巴达人发表的演说（案例9）和公元前415年叛逃后，阿尔喀比亚德在斯巴达公民大会发表的演说（案例17）。在这两处，演说者提及僭主也都是为了提供历史信息，对僭主本身并无直接的主观评价。在忒拜人演说中（Th. 3. 61 – 7），他们宣称波斯入侵时的城邦政体类似僭政，他们的论证重点不是批评僭政，而是论证当下政体与过去政体之间存在断裂，因此当下政府不能为过去政府的决策负责，从而说服斯巴达人。在阿尔喀比亚德的那次演说中（Th. 6. 89 – 92），他的目的不是评价雅典历史上的僭主，而是通过家族与僭主的敌对关系来让斯巴达人相信，他在雅典民主政

---

① Vassiliki Pothou 将修昔底德史书中的离题话分为七类：地理、族群、宗教、神话、政治或政体，军事，以及自我指涉，其中前四类来自爱奥尼亚传统，后三类是修昔底德的文体创新。Vassiliki Pothou，*La Place et le Rôle de la Digression Dans l'oeuvre de Thucydide*，Stuttgart：Franz Steiner Verlag，2009，pp. 23 – 25. 虽然这里提及的“古史纪事”“西西里古史纪事”“刺僭主纪”分别有不同的功能，前两者承担了归因—解释功能，后者则承担论辩功能，但是这三个离题话的功能区别不是通过 τύραννος 及其同源词的不同用法来表达的。

② 即案例2、案例5、案例6、案例9、案例10、案例14、案例17、案例18、案例19 中的所有段落。

体中遭遇了不公，从而“敦促”斯巴达人再次对雅典人开战。[①] 综合以上，可以看到，在涉及古代的段落中，无论是在叙事部分、还是在演说词部分，“僭主”“僭政”及其同源词的用法都是描述性的。这表明，修昔底德继承了先前作家的用法。

在涉及古代的段落中，使用“僭主”“僭政”及其同源词的情感色彩基本是中立的，甚至有可能出现褒义评价（例如，案例 15）。另外，即便修昔底德在这些段落中对僭主的行为或命运做出了负面评价、我们因此不得不将这一段落的情感色彩标记为“贬义”，但是这些段落中的贬义用法也只不过是一种描述性的贬义（a descriptive pejorative）。比起我们接下来将要分析的另一类贬义用法，用于历史语境的这种贬义用法缺乏强烈的主观感情色彩。

现在让我们回到案例 3，并将它与涉及当代的段落一起考察。我之所以这样做，是因为在涉及古代的段落中，只有案例 3 与涉及当代的段落一样，使用了控诉性用法。如果说绝大部分涉及古代的段落都是描述性用法这一事实体现了修昔底德对传统用法的继承，那么，案例 3 这一例外或许是变化的开端。接下来我将论证，在涉及当代的段落中，修昔底德通过控诉性用法赋予了该词负面含义；控诉面向构成了“僭主城邦”比喻的根本性质。

余下所有段落中，τύραννος 一词及其同源词的使用语境，绝大部分属于修昔底德的“当代史”。加上案例 3 以后，这些段落又可分为两类，一类指示个人（案例 3、案例 12、案例 13），一类指示集体，也就是城邦（案例 4、案例 7、案例 8、案例 16）。值得注意的是，在这些段落中，τύραννος 一词及其同源词所指示的对象，没有一个是真正的僭主（或者僭政）：一方面，泡萨尼阿斯和阿尔喀比亚德均非僭主（案例 3、案例 12），[②] 渎神案的嫌疑犯也还没有真正成

---

① Th. 6. 88. 10. 7：παρελθὼ νὁ'Αλκιβιάδης παρώξυνέ τε τοὺς Λακεδαιμονίους，Alcibiades came forward and urged the Lacedaemonians.

② 尽管确实正如 A. Andrewes 所指出，“僭主”从来不是任何人的正式头衔（*The Greek Tyrants*，p. 28），但是，泡萨尼阿斯和阿尔喀比亚德也从来不是一人制政体中的统治者，也就是说，不是“僭主”这个词可以指代的对象。

为雅典的寡头或僭主（案例13），另一方面，公元前5世纪城邦体系中的雅典（案例4、案例7、案例8、案例16）是一个城邦，无论如何都不是真正的僭主。我认为，以“僭主”及其同源词指示这些对象，是一种控诉。这种控诉性用法与涉及古代历史的段落中的描述性用法明显不同。

指示个人的案例3、案例12、案例13都属于叙事段落。在“五十年纪事”（the *Pentakontaetia*：Th. 1. 89 – 117）当中，希腊人认为泡萨尼阿斯“的不正义举动更像是对僭政的模仿，而非将军的行为”，希腊人因此对他提出种种控诉。[①] 在案例12中，雅典民众因为阿尔喀比亚德私人生活和政治野心而疑心他希望成为僭主，[②] 这是在揣测他有犯罪的意图。在案例13中，雅典人认为415年西西里远征决议以后、远征军出发之前爆发的渎神案，是“为了寡头与僭主阴谋的目的”。[③] 这三个案例的共同之处是，这些段落都是史家转述的群体看法，这些群体看法都属于批评与控诉。

指示城邦的案例4、案例7、案例8、案例16均属于演说词，指示对象只有一个，那就是雅典这个城邦。在科林斯人演说（案例4）中，雅典城邦被比作一个僭主；在伯利克里（案例7）与克里昂演说（案例8）中，雅典帝国被比作僭政；在游弗木斯演说（案例16）中，握有帝国的城邦与僭主被演说者相提并论。指示城邦的段落全部用上了比喻，包括明喻（案例7、案例8、案例16）和隐喻（案例4）。僭主城邦这一比喻以及这四个段落将构成本书分析的核心内容。

涉及当代的这些段落的共同点是：被指示对象被控诉为一个僭主，但是这些被指示对象——无论是城邦，还是个人——都没有施行僭政或具有僭主身份。类似控诉的这一举动使得这些段落中的“僭主”“僭政”及其同源词成为段落内容的核心（而在描述性段落

---

① Th. 1. 95. 3. 2 – 4.

② Th. 6. 15. 4. 1 – 4.

③ Th. 6. 60. 1. 4 – 5.

中，它们的作用可能仅仅是提供必要信息)，并赋予它们以强烈的贬义色彩。我将这种用法称为控诉性贬义（a complaining pejorative)。控诉性贬义用法与描述性贬义用法的区别在于，描述性用法中的贬义是听众或读者所知道和认可的，而指责性贬义用法则包含强烈的争辩意味，目的在于说服听众或读者接受他（或者他笔下的人物）对指示对象的批评。D. L. Page 所说的 τύραννος 一词的绝对贬义用法,① 是通过控诉性贬义用法，在修昔底德这里得到了确认和发展。正是通过加强“僭主城邦”这个比喻，修昔底德改变了这个词的感情色彩。②

综上所述，我们可以就修昔底德使用“僭主”“僭政”及其同源词时的感情色彩，给出如下论断：修昔底德使用“僭主”“僭政”及其同源词时的感情色彩，可以分为三类：在涉及古代的段落中，修昔底德利用的是该词及其同源词的描述性功能，他赋予该词及其同源词的，或者是比较中立的色彩（a descriptive neutral)，或者是描述性的贬义（a descriptive pejorative)；在当代语境中使用该词时，修昔底德无一例外地使用了控诉性贬义（a complaining pejorative)。

修昔底德在当代语境中使用 τύραννος 一词时，唯一的用法是控诉性贬义用法；当被用来指示集体而非个体时，修昔底德当代语境中的 τύραννος 一词仅指雅典，仅以“僭主城邦”这一比喻的形式出现。由此我们可以知道，这一比喻具有明确的、强烈的、控诉性的贬义。在这一结论的基础上，现在让我们回到第一节末尾的问题：作为雅典的政治领袖，为什么伯利克里如此谈论雅典帝国而泰然自若?③ 作为雅典人，为什么伯利克里、克里昂、游弗木斯在言辞上“向敌人让步这么多”?④ 归根结底，作为作者，为什么修昔底德让

---

① D. L. Page on E. *Med.* 348 – 349（｛Κρ.｝ἥκιστα τοὐμὸν λῆμ᾽ἔφυ τυραννικόν，αἰδούμενος δὲ πολλὰ δὴ διέφθορα·)：*Euripides*：*Medea*，pp. 98 – 99.

② 本书第三编第八章将详细讨论这一问题。

③ Jacqueline de Romilly，*ThAI*，p. 125.

④ W. R. Connor，“Tyrannis Polis”，*Ancient and Modern*：*Essays in Honor of Gerald F. Else*，p. 98.

雅典帝国最严厉的批评者——斯巴达同盟大会上的科林斯使节——与雅典的不同政治家——伯利克里、克里昂、游弗木斯——做出同样的比喻？20 世纪 70 年代到 80 年代，包括 W. R. Connor、[1] Wolfgang Schuller、[2] Kurt Raaflaub、[3] Chistorpher Tuplin、[4] Thomas F. Scanlon[5] 在内的学者们一度积极尝试回答这一问题。但是 1987 年以后，这一问题不再受到重视；在 21 世纪，只有 James V. Morrison 重新涉及了这个政治比喻。[6]

---

① W. R. Connor, "Tyrannis Polis", *Ancient and Modern: Essays in Honor of Gerald F. Else*, pp. 95 – 109.

② Wolfgang Schuller, *Die Stadt als Tyrann: Athens Herrschaft über Seine Bundesgenossen*, Konstanz: Universitätsverlag Konstanz, 1978.

③ Kurt Raaflaub, "Polis Tyrannis: zur Entstehung einer Politischen Metapher", *Arktouros: Hellenic Studies presented to Bernard M. W. Knox on the Occasion of his 65th birthday*, Berlin, New York: Walter de Gruyter, 1979, pp. 237 – 252.

④ Christopher Tuplin, "Imperial Tyranny: Some Reflections on a Classical Greek Political Metaphor", *History of Political Thought*, Vol. 6, 1985, pp. 348 – 375.

⑤ Thomas F. Scanlon, "Thucydides and Tyranny", *CA*, Vol. 6, No. 2, 1987, pp. 286 – 301.

⑥ James V. Morrison, "Chapter 8: Athens the Tyrant – City and the Function of Political Metaphor", *Reading Thucydides*, Columbus, Ohio: Ohio State University Press, 2006, pp. 133 – 158.

第二章

我尝试重新回答这一问题。一方面，原有的研究没有基于对修昔底德对 τύραννος 一词的用法的明确判断。通过上一章，我们可以确信，修昔底德笔下的“僭主城邦”比喻含有控诉性的明确贬义。另一方面，借助近年来修昔底德研究的叙事学新风向，我们可以找到修昔底德对这种贬义用法的语境支持：史书第 1 卷中的四篇演说词——“科林斯使节演说”（F 1：Th. 1. 68 – 71），“雅典人演说”（F 2：Th. 1. 73 – 8），“监察官司森涅莱达（ephor Sthenelaidas）演说”（F 3：Th. 1. 86），“科林斯使节第二次演说”（F 4：Th. 1. 120 – 124）——可以被视为一组法庭辩论，雅典在这个“城邦间法庭”上被控诉为“僭主”。“僭主城邦”，这个在修昔底德史书中仅指雅典的比喻，是其他希腊城邦控诉雅典的罪名。这就是这个比喻的真实含义。修昔底德通过这个比喻及支持这一比喻的演说群组（FF 1 – 4），表达了他对雅典帝国主义的批评。

一　演说塑造的“法庭”

在斯巴达召开的两次城邦间会议，看起来就像法庭现场一样。第一次是斯巴达人自己的公民大会。在柯西拉（Corcyra）事件（*ta Kerkyraika*，Th. 1. 24 – 55）与波提狄亚（Potidaea）事件（*ta Poteideatika*，Th. 1. 56 – 65）发生之后，雅典人与伯罗奔尼撒人（Peloponnesians）“有了相互针对的理由”（Th. 1. 66. 1. 1 – 2）。科林斯人请求其他盟邦前往斯巴达，控诉雅典；斯巴达人召开这次公民大会，同时邀请“也遭到雅典人犯罪的其他城邦”前来发言（T 2. 3 = T 7. 3）。科林斯使节首先发言，控诉雅典人（F 1），不知名的一位雅典使节接着发言，反驳科林斯人的控诉（F 2）。监察官司森涅莱达接着发言（F 3），并将讨论交由斯巴达公民大会投票，结果公民大会“判定和约已遭破坏，错在雅典”（Th. 1. 87. 4），并准备将此事交给伯罗奔尼撒同盟再度审议。第二次会议，伯罗奔尼撒同盟大会，即是对此事的再次审议。在这次会议上，科林斯人为了促使盟邦投票赞成对雅典开战，“私下逐个”[①] 请求盟邦投票开战，并再次发言（F 4）。

第一眼看来，这四篇演说就战争与和平问题进行商议和决议，因此都属于亚里士多德分类法当中的政治演说。在《修辞学》（*Rhetorica*）中，亚里士多德将他所处的时代[②]的公共演说，依据听众的不同分为三类：典礼演说、政治演说、法庭演说。

T 2. 1 （Arist. *Rh.* 1. 3. 1 –3， 1358 A 36 – B 7）

---

① Th. 1. 119. 1. 6 –7.

② 诚然，亚里士多德的写作时间是在公元前 4 世纪，但我们可以根据《修辞学》中所引用涉及的研究对象，将亚里士多德的修辞研究视为对他之前的所有希腊公共演说的研究，这就包括修昔底德在自己史书中所还原的演说词在内。亚里士多德与修昔底德处理的演说词属于同一个时代，最直接的证据是伯利克里的葬礼演说（Arist. *Rh.* 1. 7 1365 A 31 –33；Th. 2. 35 –46），虽然他们各自提及的可能是伯利克里发表于不同年份的葬礼演说，如果雅典的葬礼演说确实是每年举行的话。关于葬礼演说的举行频次，文本证据参见柏拉图《美诺科塞努》（*Menexenus*）（Pl. *Mx.* 249 B），伊索克拉底《论和平》（*On the Peace*）（Isoc. *Peace* 87），学术讨论参见 John E. Ziolkowski, *Thucydides and the Tradition of Funeral Speeches at Athens*, New York：Arno Press, 1981, p. 21。

亚里士多德《修辞学》属于亚里士多德早期作品。从所涉及的历史事件来推测，《修辞学》很可能写于他的第一次雅典居留时期（前 367—前 347 年），就作者的哲学发展来推测，则很可能与《部目篇》（*Topica*）一样，都属于其“前三段论”时期（the pre – Syllogistic）。上述推测参见 Rapp, Christof, “Aristotle's Rhetoric”, *The Stanford Encyclopedia of Philosophy* (Spring 2010 Edition), Edward N. Zalta（ed.）, URL = <https：//plato. stanford. edu/archives/spr2010/entries/aristotle – rhetoric/>, 2021 年 7 月 11 日访问。

Ἔστιν δὲ τῆς ῥητορικῆς εἴδη τρία τὸν ἀριθμόν· τοσοῦτοι γὰρ καὶ οἱ ἀκροαταὶ τῶν λόγων ὑπάρχουσιν ὄντες. σύγκειται μὲν γὰρ ἐκ τριῶν ὁ λόγος, ἔκ τε τοῦ λέγοντος καὶ περὶ οὗ λέγει καὶ πρὸς ὅν, καὶ τὸ τέλος πρὸς τοῦτόν ἐστιν, λέγω δὲ τὸν ἀκροατήν. ἀνάγκη δὲ τὸν ἀκροατὴν ἢ θεωρὸν εἶναι ἢ κριτήν, κριτὴν δὲ ἢ τῶν γεγενημένων ἢ τῶν μελλόντων. ἔστιν δ' ὁ μὲν περὶ τῶν μελλόντων κρίνων ὁ ἐκκλησιαστής, ὁ δὲ περὶ τῶν γεγενημένων [οἷον] ὁ δικαστής, ὁ δὲ περὶ τῆς δυνάμεως ὁ θεωρός,ὥστ' ἐξ ἀνάγκης ἂν εἴη τρία γένη τῶν λόγων τῶν ῥητορικῶν, συμβουλευτικόν, δικανικόν, ἐπιδεικτικόν.

The forms of rhetoric are three in number, corresponding to the three kinds of listeners. For every speech is composed of three parts: the speaker, the subject that he treats, and the person to whom it is addressed, I mean the listener, to whom the end of the speech is related. Now the listener must necessarily be either a mere spectator or a judge, and a judge either of things past or of things to come. For instance, a member of the general assembly is a judge of things to come; the juror, of things past; the spectator, of the ability of the speaker. Therefore there are necessarily three forms of rhetorical speeches, deliberative, forensic, and epideictic. ①

修辞形式的数目是三，与三种听众相适应。因为每一篇演说都由三部分组成：演说者，他处理的主题，<演说词>针对的人，我的意思是，听众，与这篇演说词的目的相关的人。必然，一位听众或者是<一名>观众，或者是<一名>裁判，<如果是裁判，那么他>或者是<裁判>过去的事，或者是未来的事。公民大会成员<属于>关于未来的裁判，而陪审员<属于>关于过去的事情的裁判，观众则<裁判演说者的>能力。故而出于必然，会有三类演说家的演说词，政治性的，法庭性的，典礼性的。

---

① Aristotle, translated by John Henry Freese, revised by Gisela Striker, *Art of Rhetoric*, Cambridge, Massachusetts: Harvard University Press, 2020, p. 33. 本书提到的古代文本段落除修昔底德及古代注疏以外，我都将给出既有英译与自译中文。提及的修昔底德史书段落则全部为自译。

斯巴达公民大会和伯罗奔尼撒同盟大会对战争与和平问题有所决议，是最典型的政治演说。但是稍加观察和阅读，书中人物与我们读者立即都感受到，这两次大会，尤其是第一次，特别像一场法庭辩论。

第一次斯巴达公民大会上，参会者既不仅仅是斯巴达公民，也不仅仅是伯罗奔尼撒同盟盟邦，而是认为雅典人对自己的城邦犯了罪的任何城邦。首先是科林斯。

T 2. 2（Th. 1. 67. 1. 3 – 6）

παρεκάλουν τε εὐθὺς ἐς τὴν Λακεδαίμονα τοὺς ξυμμάχους καὶ κατεβόων ἐλθόντες τῶν Ἀθηναίων ὅτι σπονδάς τε λελυκότες εἶεν καὶ ἀδικοῖεν τὴν Πελοπόννησον.

< the Corinthians > tried immediately to summon their allies in Lacedaemon and after coming to inveigh against the Athenians that < the Athenians > have broken the treaties and < that they > are in the wrong to the Peloponnesus.

科林斯人试图马上召集他们的盟友前来拉栖代梦，到了以后，他们猛烈抨击雅典人，说他们破坏了和约，对伯罗奔尼撒犯罪。

T 2. 3（ = T 7. 3，Th. 1. 67. 3）

οἱ δὲ Λακεδαιμόνιοι προσπαρακαλέσαντες τῶν ξυμμάχων τε καὶ εἴ τίς τι ἄλλο ἔφη ἠδικῆσθαι ὑπὸ Ἀθηναίων, ξύλλογον σφῶν αὐτῶν ποιήσαντες τὸν εἰωθότα λέγειν ἐκέλευον.

and having invited their allies and if any < city > also says < that she > was wronged by Athenians in respect of something else, the Lacedaemonians called their own customary assembly and urged to speak.

拉栖代梦人邀请他们的盟邦以及其他任何<城邦>——如果<这个城邦>认为自己遭到雅典人在别的方面犯罪的话——

召开自己的例行集会，敦促发言。

在此，“对伯罗奔尼撒犯罪”（T 2. 2：ἀδικοῖεν）一语与科林斯人的“遭到雅典人犯罪”（T 2. 3 = T 7. 3：ἠδικῆσθαι）使用了同一个动词ἀδικέω，这是一个来源于“正义”的词，同时也是一个法庭色彩强烈的词语。[①] 这个词表明科林斯和这些城邦发言目的相同，她们都将在这个城邦间“法庭”上扮演“原告”角色。会议的第二位发言者是一位没有姓名、也不知因为什么目的而此时正好在斯巴达的雅典人。在给出他的演说词之前，修昔底德这样提到他的演说目的。

T 2. 4（Th. 1. 72. 1. 3 – 7）

καὶ ὡς ᾔσθοντο τῶν λόγων, ἔδοξεν αὐτοῖς παριτητέα ἐς τοὺς Λακεδαιμονίους εἶναι, τῶν μὲν ἐγκλημάτων πέρι μηδὲν ἀπολογησομένους ὧν αἱ πόλεις ἐνεκάλουν, δηλῶσαι δὲ περὶ τοῦ παντὸς ὡς οὐ ταχέως αὐτοῖς βουλευτέον εἴη, ἀλλ' ἐν πλέονι σκεπτέον.

... and because they took notice of the words, it seemed to them that they must come forward to the Lacedaimonians, not to speak in defense of the charges concerning which the cities brought charge, but to demonstrate < the case > in general so that they should not take advice swiftly, but < that they > should examine more.

因为雅典人注意到了这些话，他们认为必须站出来针对拉栖代梦人，不是就那些城邦所指控的这些罪名作辩护，而是阐明所有事情，好让他们不要快速做决定，而是继续详加考察。

“做辩护”（T 2. 4：ἀπολογησομένους）一词与“对伯罗奔尼撒

① 需要简要说明ἠδικῆσθαι（to have been wronged）的原型ἀδικέω（be wronged）一词的含义。δίκη（justice，正义）一词衍生其否定形式ἄδικος（injustice，wrongdoing，不正义），再衍生其动词形式ἀδικέω（*LSJ* s. v. ἀδικέω：to be ἄδικος，do wrong；in legal phrase，do wrong in the eye of the law）。

犯罪”（T 2.2：ἀδικοῖεν）和“遭到雅典人犯罪”（T 2.3 = T 7.3：ἠδικῆσθαι）中的动词一样，都是法庭词汇，并且相互对应。“犯罪”与“辩护”建立起强烈的法庭氛围。

如 A. E. Raubitschek 所指出的，修昔底德写于演说词之前的引导语或概要，与他接下来要展示的这篇演说词未必一致，雅典人这篇演说及其导语概要就是如此。[①] A. E. Raubitschek 认为，概要或介绍是修昔底德认为演说者“在那一情境下应该说的内容”，[②] 与演说者“真正说了的内容”[③] 或许是不同的。[④] 这一概要表明，当时情境要求雅典人必须要说的内容，正是“就那些城邦所指控的这些罪名作辩护”（T 2.4：περι …ἀπολογησομένους）。雅典使节认识到了当前情境的这一要求，才需要在演说中就不满足这一要求做出说明。

T 2.5（ = T 4.5，Th. 1.73.1.3 – 6）

αἰσθανόμενοι δὲ καταβοὴν οὐκ ὀλίγην οὖσαν ἡμῶν παρήλθομεν οὐ τοῖς ἐγκλήμασι τῶν πόλεων ἀντεροῦντες (οὐ γὰρ παρὰ δικασταῖς ὑμῖν οὔτε ἡμῶν οὔτε τούτων οἱ λόγοι ἂν γίγνοιντο), …

but perceiving that there is no little outcry against us, we have come not in order to gainsay with charges of the cities (for words < addressing you >, neither from us nor from them, would be by the side of judges) … [⑤]

---

① A. E. Raubitschek, “the Athenian Speech at Sparta”, in Philip A. Stadter ed., *The Speeches in Thucydides: A Collection of Original Studies with A Bibliography. Papers Presented at a Colloquium Sponsored by the Dept. of Classics of the University of North Carolina at Chapel Hill, March* 26 – 27, 1972. Chapel Hill: University of North Carolina Press, 1973, p. 35, p. 48.

② Th. 1.22.1.5 – 6：περὶ των αἰεὶ παρόντων τὰ δέοντα μάλιστ' εἰπετν.

③ Th. 1.22.1.6 – 7：ἐγγύτατα τῆς ξυμπάσης γνώμης τωνἀληθως λεχθέντων.

④ A. E. Raubitschek, “The Athenian Speech at Sparta”, in Philip A. Stadter ed. *The Speeches in Thucydides*, pp. 35 – 36.

⑤ 参见 A. W. Gomme 对这句话的意译：“This is not a court of law, with you as the judges, your allies as prosecutors, and ourselves as defendants.” A. W. Gomme, *A Historical Commentary to Thucydides, Vol. I: Introduction and Commentary on Book I*, Oxford: The Clarendon Press, 1945, reprinted 1971 (henceforth: *HCT* I), p. 234.

> 但是听说针对我们的强烈抗议不止一点之后，我们到来，不是为了反驳各城邦的指控（因为对你们说的这些话，无论是我们的还是<这些城邦说的>，并非面对着陪审团）……

雅典人将参会的斯巴达人比作陪审团，这样一来，就相当于将盟邦代表与准备控诉雅典犯罪的城邦代表比作原告，暗示自己是被告，生动地描绘了会议的气氛。在控诉与自辩的气氛中，雅典人接下来发表了一篇帝国的自我辩护。因此第二眼看来，斯巴达公民大会就像一个法庭：这个法庭的行动主体不是公民个人，而是希腊世界的一个个城邦；“被告”是雅典，提起诉讼的那名“原告”似乎应该是科林斯；“陪审团”则是将要投票决定是否对雅典开战的斯巴达公民。

第二次伯罗奔尼撒同盟大会具有同样的戏剧氛围与戏剧设定。科林斯仍然充任原告，雅典这次成了缺席被告。一方面，在这一假定下当我们再次审视第一卷与此相关的四篇演说——科林斯使节演说（F 1），雅典使节演说（F 2），监察官司森涅莱达演说（F 3），科林斯使节第二次演说（F 4）——就会发现，这一组演说包含了完整的控诉—抗辩结构，可以被视为一组法庭演说。另一方面更重要的是，第二次“法庭集会”申明了第一次所没有明确申明的一个要点：控辩双方争论的罪名。我认为，在这次的法庭集会上，科林斯人在演说开始时（T 1.5）与结束处（T 1.6）重复做出的那个比喻——僭主城邦——就是各城邦控诉雅典的罪名。在上一章我们已经论证，在修昔底德史书中，这一比喻具有控诉性贬义；在这一章我们则论证了，这一比喻第一次出现的语境，是一个法庭场景。

二　双重文本与分析结构

由此我们看到，在史书第一卷的这几篇政治演说中，修昔底德混入了法庭演说的色彩与成分。我们接下来将解释，史书中的演说词之所以看起来混合了多种体裁（genres），是因为修昔底德作为记录历史的作家，提供了双重文本（a two - fold discourse）。作为修昔底德的读者，我们接受修昔底德的史书、推测修昔底德的意图离不开这个双重文本。

修昔底德作为书写战争的史家，在其史书中写作了大量演说词。这些演说词提供了双重文本：作为真实场景再现的演说词，接下来我们称为事实层文本，作为史书文本的演说词我们则称为史撰层文本。[①] 何谓“文本”（text）？为了方便接下来的分析，我们选取这样一种定义：作为交流工具，一则文本始于被制作，终于被听众或读者接受。[②] 亚里士多德的三分法针对的是公元前5世纪到4世纪的真

---

① 首先，文本的双层划分方法受到Sheldon Pollock的“语文学的三重维度”的影响。Pollock将语文学实践分为三个层面：文本生成的时刻，文本的历时接受，文本与读者主体性的呈现。谢尔顿·波洛克著，王淼译：《语文学的三个维度》，载沈卫荣、姚霜编《何谓语文学：现代人文科学的方法与实践》，上海古籍出版社2021年版，第428—444页，特别是第（= Sheldon Pollock, “Philology in Three Dimension”, *Postmedieval: A Journal of Medieval Cultural Studies*, Vol, 5, 2014, pp. 398 - 413）。在这里，因为关心和试图还原的是修昔底德的写作活动，所以我将第一个维度又分为两个文本层。

其次，文本的双层划分方法又受到了修昔底德学中如下主流观点的影响。John Moles的看法具有代表性：修昔底德（体现在演说词中的）真相既包含了“事实真相”（factual truth）、“具体真相”（specific truth），又包含了“想象真相”（imaginative truth）、“普遍真相”（general truth）。John Moles, “Chapter Three: Truth and Untruth in Herodotus and Thucydides”, in *Lies and Fiction in the Ancient World*, p. 106, pp. 108 f. 修昔底德史书既具体又普遍的双重性质，是我们探究其双重文本的基础观察。

最后，文本的双重划分还受到读者反应批评理论的影响。如读者反应批评理论的一般看法和Stephen M. Wheeler在分析奥维德（Ovid）《变形记》（*Metamorphoses*）时所具体提出的，历史文本的读者明白自己具有双重身份：一方面，自己必须代入直接听取文本角色演说的虚拟听众角色；另一方面，自己实际上是这一文本在遥远将来的书面接受者。基于这一理论，反过来看，因读者感受而生成的文本就呈现双层构造。我们接下来的分析将依赖“意向读者”（implied reader）概念，分析方法将最接近于读者反应批评理论中的Hans Robert Jauss和Wolfgang Iser的进路：我们试图还原修昔底德为读者设定的“期待视域”（horizon of expectations），方法是找到修昔底德在史撰层文本上设定的“召唤结构”（Appellstruktur）。我们将在史书第一卷中找到修昔底德为理想读者设置的召唤结构：一组“法庭辩论”。Thomas A. Schmitz, *Modern Literary Theory and Ancient Texts: An Introduction*, Oxford: Blackwell Publishing, 2007, p. 95.

② “All texts ... are acts of communication. Such acts are open - ended: they begin with the production of the text (written or oral composition, or composition in performance) and reach completion every time a text is received by hearer or readers.” Alessandro Vatri, *Orality and Performance in Classical Attic Prose: A Linguistic Approach*, Oxford: Oxford University Press, 2017, p. 24.

实生活中的公开演说，而修昔底德作品是一部史书。修昔底德史书模仿公元前5世纪的真实公开演说，他写作的演说词既是史书、又是演说词，拥有两种不同的文本制造者和文本接受者。

修昔底德提供的第一重文本是演说场景的真实再现。修昔底德是否诚实再现了演说的真实场景？因为修昔底德在“方法论章节”（Th. 1. 20 – 22）中的保证与他在史书其余部分的实践有所出入，这一问题成为修昔底德学中最为激烈的战场之一。[①] 我们无法在此贸然闯入这一战场，只能做出一个符合常识的初步结论：无论他是否想要真实再现，事实上他都不可能做得到。

这一任务之不可能除了符合常识，还与他作为史家的志业密切相关。修昔底德志在提供的是第二重文本，作为史书的文本。他希望他的读者认为他写成的，不是“一时一地的”作品，而是“垂诸永久的财富（所有物）”。[②] 他的第二重文本势必在诸多方面与第一重不同。在第一重文本意义上应当被划分为政治演说的几篇演说词，在第二重文本的意义上看起来却像一组法庭辩论，正是这诸多不同的其中之一。

就第一重文本（事实层）来看，修昔底德史书含有公元前5世纪末雅典的所有三类演说。第3卷的密提林辩论（the Mytilenean Debate：Th. 3. 37 – 40；42 – 8）和第6卷的西西里辩论（the *Redetrias*：[③] Th. 6. 9 – 14；16 – 18；20 – 23）是最有名的政策辩论。在雅典公民大会中，雅典的政治家分别围绕如何处置暴动的盟邦密提林和是否要远征西西里进行辩论。这两组是毫无疑问的政治演说。第3卷的普拉提阿（Plataea）人与忒拜人在斯巴达审判官面前所做的一对演说（Th. 3. 53 – 59；61 – 67），则是一组真正的法庭演说。伯利克里著名的葬礼演说（Th. 2. 35 – 46）按照其历史情境与实际功能，

---

① 在第二编第四章，这一问题将得到更加详细的论述。

② Th. 1. 22. 4. 6 – 7：κτῆμά τεὲς αἰεὶ μαλλονἢἀγώνισμαὲς τὸ παραχρῆμα ἀκούειν ξύ-γκειται.

③ 这一名字的来源是以下这本著作及学者们基于这一著作对这一称呼的接受。Werner Kohl, *Die Redetrias vor der Sizilischen Expedition*：*Thukydides* 6，9 – 23. Meisenheim am Glan：Hain，1977.

则是典礼演说的典范。

加入第二重文本（史撰层）视角后我们发现，修昔底德的许多演说词都同时具有不止一种体裁的特征。例如，一篇被归给狄奥尼修斯的修辞学手册《修辞术》（*Ars Rhetorica*）在论及修昔底德史书中的伯利克里葬礼演说的时候，认为这篇演说词结合了两种体裁：颂词（ecomium）与政治演说。[①] 又例如，在上一节的论证中我们已经看到，第1卷的两次政治演说不仅让在场的人、也让读者感到鲜明强烈的法庭氛围。这是两重文本重叠的必然结果。修昔底德笔下的雅典使节不仅应该是战前出使斯巴达的那个真实人物，实际上也是修昔底德史书中的一个戏剧人物；我们作为读者，一方面试图观看修昔底德再现的历史场景，另一方面阅读着修昔底德的文字。在这个意义上，John E. Ziolkowski 对伯利克里的葬礼演说提出的那个问题——这是一篇真正的雅典国葬演说，还是修昔底德借葬礼演说的形式发表的对雅典的一篇颂词？[②] ——碰巧也是我们应该对本书所关心的第1卷四篇演说词（FF 1－4）所提的问题：这是几篇政治演说，还是修昔底德借政治演说的形式发表的对雅典的批评、对帝国的辩证思考？如果修昔底德有意使笔下的“僭主城邦”这一比喻含有控诉性的贬义且仅仅指向雅典，如果修昔底德有意为之搭配了法庭演说作为第二重文本，那么，答案应该是肯定的。

将演说词的体裁混杂性理解为史家所提供的两重文本的重叠，有助于我们理解修昔底德写作演说词的策略和意图。要理解修昔底德想要通过历史叙事传达的意图，我们必须依靠第二重文本。我们判断修昔底德史述是否符合史实，这是在判断史家提供的第一重文本（事实层）是否真实；而当我们试图判断修昔底德的观点是否有道理，我们就必须重构并评判他的第二重文本，寻找史书的史撰层结构。

---

① ［D. H.］*Rh.* 9 *Περὶ Ἐσχηματισμένων*, synopsis from John E. Ziolkowski, *Thucydides and the Tradition of Funeral Speeches at Athens*, pp. 35－36.

② John E. Ziolkowski, *Thucydides and the Tradition of Funeral Speeches at Athens*, p. 7.

荷马学家 Antonios Rengakos 为我们提供了一种重构修昔底德史撰层文本的方法：寻找演说词之间的“远距联系”（Fernbeziehungen）；他试图在修昔底德史书中寻找常见于荷马史诗的一项叙事技巧。Rengakos 认为他观察到，修昔底德会在不同的演说之间，根据形式与内容的不同建立四种不同的“远距联系”：全书主旨性远距联系（leitmotivische Fernbeziehungen），对仗性远距联系（antilogische Fernbeziehungen），主题性远距联系（thematische Fernbeziehungen），以及结构性远距联系（strukturelle Fernbeziehungen）。[①]

寻找演说词之间的远距联系，换用读者反应批评理论的术语来说，就是寻找修昔底德为读者设置的召唤结构（Appellstruktur），[②] 换用本书的概念来说，则是寻找修昔底德史书的史撰层结构。基于演说词之间存在的远距联系，Rengakos 将原本看似无关的、不同情境中的演说归为一组。Rengakos 与本书作者有同样的好奇，试图理解修昔底德是否以及如何使用演说词之间的远距联系，展示雅典帝国主义。Rengakos 找到的是含有“放弃帝国是危险的”这一看法的所有演说词：第一次斯巴达公民大会上的雅典人演说（F 1），伯利克里最后一次演说（M 2：Th. 2. 60 – 64），科林斯人第二次演说（F 4 = M 1），克里昂的密提林演说（M 3），阿尔喀比亚德在西西里辩论中的演说（Th. 6. 16 – 18）。[③] 或许，一旦承认存在这样一个不同于事实层文本的史撰层文本，一千个读者便有权构造一千种不同的假定结构。为了防范这种危险，我们一方面试图代入修昔底德的意向读者这一身份，考察修昔底德对读者的召唤结构，[④] 把探究重点移向作者一些；另一方面，我们需要明确自己的问题意识，回到我们不同于其他读者的最初惊讶与好奇：“僭主城邦”比喻。

---

① Antonios Rengakos, “Fernbeziehungen zwischen den Thukydideischen Reden”, *Hermes*, Vol. 124, 1996, pp. 400 – 401.

② Thomas A. Schmitz, *Modern Literary Theory and Ancient Texts*: *An Introduction*, p. 95.

③ Antonios Rengakos, “Fernbeziehungen zwischen den Thukydideischen Reden”, *Hermes*, Vol. 124, 1996, pp. 410 – 411.

④ Thomas A. Schmitz, *Modern Literary Theory and Ancient Texts*: *An Introduction*, p. 95.

从有所重复而并不完全一致的文本编号可以看出，本书与 Rengakos 虽然目的类似，但着眼点不同：我们的根本好奇来自“僭主城邦”这个比喻，我们最终的目的是探究修昔底德是如何通过这一比喻刻画了雅典帝国主义。本书将利用并扩展 Rengakos 的方法，来寻找修昔底德在史书的史撰层面为雅典帝国主义搭建的召唤结构；本书的核心分析对象是以下 7 篇演说词，为了清晰起见，在此重申完整的编号体系：

线索 1：构成“法庭辩论”的四篇演说：Forensic Speeches 1 –4

F 1：科林斯人在第一次伯罗奔尼撒同盟大会的演说，Th. 1. 68 –71

F 2：雅典人演说，Th. 1. 73 –8

F 3：司森涅莱达演说，Th. 1. 86

F 4（ =M 1）：科林斯人在第二次伯罗奔尼撒同盟大会的演说，Th. 1. 120 –124

线索 2：提及“僭主城邦”的四篇演说：Metaphors 1 –4

M 1（ =F 4）：科林斯人演说，Th. 1. 120 –124

M 2：伯利克里的最后演说，Th. 2. 60 –64

M 3：克里昂在密提林辩论中的发言，Th. 3. 37 –40

M 4：游弗木斯在卡马林纳辩论中的发言，Th. 6. 82 –87

本书将证明，修昔底德关于雅典帝国主义的第二重文本由两条线索构成。第一条线索是一组“法庭辩论”（FF 1 –4），基于结构性远距联系；第二条线索由提及“僭主城邦”的四篇演说构成（MM 1 –4），基于主题性远距联系。第一条线索是第二条线索的前提，两者前后相继，构成主旨性远距联系，[①] 形成修昔底德关于雅典

① 显而易见，本书与 Rengakos 对这些演说词的分类方法并不一致。Antonios Rengakos, “Fernbeziehungen zwischen den Thukydideischen Reden”, *Hermes*, Vol. 124, 1996, pp. 401 –402.

帝国主义的史撰层结构。换言之，修昔底德是在第二重文本中暗示读者，在第1卷中，其他城邦进行了一场“法庭辩论”，他们控诉雅典为“僭主城邦”；因为这一“罪名”成立，所以战争爆发；在此之后，伯利克里、克里昂、游弗木斯分别再次提及“僭主城邦”比喻，是对这一“罪名”的承认和回响。[①]

我们关于“僭主城邦”比喻的疑惑和惊讶，以及我们所好奇的修昔底德究竟如何看待雅典帝国主义，都将依据我们所还原的第二重文本来重新审视。在这一过程中，这种读法还将顺带解决修昔底德学中被长期争议的其他一些问题，例如，第1卷的写作过程问题，史书文本中一些措辞的具体含义等。在此之前，所有修昔底德学者都必须申明的一个立场必须在此得到申明：在“修昔底德问题”（die thukydideische Frage，the Thucydides' Question）的“分析派”（analysts）与“统一派”（unitarianists）之间，本书的论点及论证将带有“分析派”色彩。[②]“修昔底德问题”起源于学者融贯修昔底德史书中前后不一致的地方的尝试，基本假定是目前我们所看到的修昔底德史书是一个不完整、未经充分修改、未经作者定稿的版本。一部分学者认为，我们因此可以从修昔底德史书中区分出他写于不同阶段的许多“文本层”，另一部分学者则认为，修昔底德史书大致完成于同一时期，我们不应当用构思或写作时间的不同来推断修昔底德的思想缺乏一致性。古典学界比照“荷马问题”及围绕该问题形成的两个观点阵营，[③] 将前一类学者称为“分析派”，将后一类学者称为“统一派”。本书将持分析派立场，因为这是还原文本生成过程、进而理解作者思想变化的极佳分析工具。

---

① 参见第三编第九章第一节的具体论述。

② 关于“修昔底德问题”（die thukydideische Frage，the Thucydides' Question），针对缘起及早期研究的一个非常简明的综述参见 Wolfgang Schadewaldt，“Thukydides 3”，*die Anfänge der Geschichtsschreibung bei den Griechen*，Berlin：Suhrkamp，1978，pp. 239 – 247. 稍微晚近的研究进展参见 Hartmut Leppin，*Thukydides und die Verfassung der Polis*：*Ein Beitrag zur politischen Ideengeschichte des 5. Jahrhunderts v. Chr.*，Berlin：Akademie Verlag，1999，p. 8 f.

③ Frank M. Turner，“Chapter 5：The Homeric Question”，eds，Ian Morris and Barry Powell，*A New Companion to Homer*，Leiden：Brill，1997，pp. 123 – 145.

接下来，我们将重回这个城邦间法庭，更加仔细地观察修昔底德是如何通过四篇政治演说构造了公元前5世纪希腊针对雅典的审判。

第二编

“审判”雅典

第二章

第三章

让我们首先再次重温这个"法庭"。在修昔底德史书的史撰层文本中，第1卷曾有这样一个城邦间法庭。在这个法庭上提起"诉讼"的"原告"之一科林斯，控诉"被告"雅典是一个"僭主城邦"，"陪审团"则是这次"例行集会"（T2.3 = T7.3，Th.1.67.3）的召开者斯巴达人自己。科林斯人第一次演说（F1）是"原告陈词"，雅典人演说（F2）是"被告陈词"，司森涅莱达演说（F3）是"陪审团"的判决动议。在司森涅莱达动议之后，陪审团做出判决，判决雅典城邦"罪名成立"。科林斯人第二次演说（F4）是原告的再次陈词。这四篇演说词构成了完整的控诉—申辩结构。在第一编，我们做出了上述猜想；在第二编，我们将根据修昔底德的文本证实这一构想。

为了在文本的史撰层形成这一法庭情境，修昔底德在文本的事实层付出了代价：第1卷演说词关系错综复杂，信息语焉不详，读者困惑且难以厘清头绪。因此，我们的论证将基于修昔底德第1卷在结构方面最大的困难：雅典使节之谜。

一　雅典使节之谜

1. 事实疑难

就事实[①]来看，在这次斯巴达公民大会上，不应该有雅典人在

① 这里指修昔底德文本的事实层。在此，我们悬置修昔底德提供的事实层文本与真实历史是否一致的问题，因为这不影响接下来的讨论。

场。按照前面所提及的会议召开目的以及邀请参会者的准则（T 2.2，T 2.3 = T 7.3），这次会议不会邀请雅典人。但是，这次会议上却出现了一位未具名的雅典使节。这位雅典使节此时在斯巴达做什么，修昔底德和他自己都没有明确说明。修昔底德以作者声音说，这时有一位雅典使节正好在斯巴达。

T 3.1（Th. 1.72.1.1 –3）

τῶν δὲ Ἀθηναίων ἔτυχε γὰρ πρεσβεία πρότερον ἐν τῇ Λακεδαίμονι περὶ ἄλλων παροῦσα, ...

and for an envoy of the Athenians happened to be present in Lacedaemon concerning other matters, . . .

因为雅典人的一位使节为了其他事务的缘故碰巧正在拉栖代梦，……

在雅典使节的这篇演说词中，修昔底德以这位使节的声音提及了自己正在斯巴达的原因。

T 3.2（Th. 1.73.1.1 –2）

Ἡ μὲν πρέσβευσις ἡμῶν οὐκ ἐς ἀντιλογίαν τοῖς ὑμετέροις ξυμμάχοις ἐγένετο, ἀλλὰ περὶ ὧν ἡ πόλις ἔπεμψεν·

Our envoy has come < here >, not into opposing arguments with your allies, but concerning what our city sent < me > for;

我们的使者来到<这里>，不是<为了>与你们的盟邦言辞上针锋相对，而是<为了>我们的城邦派<我>来处理的事情，……

然而，修昔底德这里的两处措辞都语焉不详且欲盖弥彰：“为了其他事故的缘故”（T 3.1：περὶ ἄλλων）和“<为了>我们的城邦派<我>来处理的事情”（T 3.2：ἀλλὰ περὶ ὧν ἡ πόλις ἔπεμψεν）并没有交代清楚雅典使节在此处理什么事情，而“碰巧”一语（T 3.1：ἔτυχε ... πρότερον）则令读者加倍怀疑，是不是根本就没有这样一位雅典使节。Jacqueline de Romilly 的看法代表了读者直觉与学者的普遍看法，她认为雅典人演说的内容与当时的语境没有关系，这篇演说词似乎是修昔底德不顾事实情境编造的。[①]

有许多学者不愿意相信修昔底德编造事实，虚构了一位本不在场的雅典使节。[②] 一些学者的解决方法是，从公元前5世纪十分有限的史料痕迹出发，推断这样一个雅典使节可能因为什么事务前往斯巴达，以便证明，真有这样一位雅典使节在场，他真的发表了这样一篇演说（F 2）。A. E. Raubitschek 和 Donald Kagan 都是这样做的。A. E. Raubitschek 根据普鲁塔克[③]推断，发言的雅典使节原本的任务是处理墨伽拉禁令（the Megarian Decree）和安瑟莫克里图（Anthemocritus）被杀案。[④] 我认为这一推断不是特别有说服力，因为这一推断的做出不过是基于这一事实，那就是：墨伽拉禁令和安瑟莫克里图谋杀案是我们现在仅知的、发生在这时的雅典与斯巴达之间、可能需要使节处理的事情。推断雅典使节因为此事碰巧及时前往斯巴达，可信性并不比推断雅典使节因为我们所不知道的其他事情碰巧及时前往斯巴达更高。这样一来，事实上我们无须任何理由就可以推断此时有一位雅典人在斯巴达；我们可能知道原因，也可能不知道原因，这都取决于史料留存情况。这样推断没有说服力。Donald Kagan 则推测，雅典事先已经知道将会在斯巴达召开这样一次谴

---

① Jacqueline de Romilly, *ThAI*, p. 243.

② 修昔底德的历史可靠性一直引起学者的争议。根据作者自己在“方法论”章节（Th. 1. 20 - 22）的声明，他的史书分为叙事和演说词两个部分，因而历史可靠性问题也应当分为两个部分。总的来说，尽管这两位学者的如下评论说的是叙事部分而非演说词部分，但是我认为在修昔底德的历史可靠性——包括叙事部分和演说词部分——这个问题上，A. J. Woodman 和 Donald Kagan 代表了两个极端。Woodman 否认修昔底德史书中仅有的两处亲身经历之一，认为他的瘟疫写作都基于医学文本。他的立场几近否认修昔底德的一切历史真实性，几近“不信”。Kagan 则提倡“信古的天真”，几近“尽信”：“在这方面我愿意抱有某种程度的天真……对于古代某位作家的说法，除非有其他资料对这种说法提出质疑，或者这种说法本身存在明显的漏洞，或者有自相矛盾之处，否则，我们就不应该拒斥这种说法。”其余大部分学者位于“不信”与“尽信”之间，且根据具体议题不同有所不同。A. J. Woodman, “Chapter 1: Preconceptions and Practicalities: Thucydides”, *Rhetoric in Classical Historiography: Four Studies*, p. 39. Donald Kagan, *The Outbreak of the Peloponnesian War* (henceforth *OPW*), p. 378.

③ Plu. *Per.* 30. 3 - 4.

④ A. E. Raubitschek, “The Athenian Speech at Sparta”, in Philip A. Stadter ed. *The Speeches in Thucydides*, pp. 33 - 34.

责雅典的同盟大会，因此派人前往，做出政策说明。[①] 这种推断存在两个问题。第一，如果我们认为雅典事先了解到即将召开这样一次会议，那我们就需要解释，雅典为何没有派出正式使节。一个难以解决的问题引发了另一个无法解决的问题。第二，即便我们承认这位使节是雅典为了这一目的派出的，我们还是难以解释，为何这位雅典使节出现在大会的方式不符合希腊城邦公民集会的一般程序。我们将在下文详细讨论这个问题。

更有可能的情况是，这些困难的存在，并不是因为这些学者的推测不符合事实、而是因为我们所有的资料实在太少，凭借现有资料，我们实在无法断定或否认，雅典使节在斯巴达是否真有其事。要解决这一问题，我们无法依靠史料证据，只能延续 Jacqueline de Romilly 的解决路径，转向史家的写作意图，转向史书第 1 卷的文本结构。

2. 结构问题

雅典使节的在场，事实上，只是第 1 卷结构困难的冰山一角。这位使节的诡异存在和他发表的诡异演说，破坏了史书第 1 卷中多篇演说词之间的关系。换言之，雅典使节的谜之在场不过是表象，演说词群组结构困难才是史书第 1 卷带给修昔底德研究者的真正灾难。

我将第 1 卷中的以下六篇演说称为“战前演说”，它们分别发表于斯巴达公民大会、伯罗奔尼撒同盟大会、雅典公民大会，都是在伯罗奔尼撒战争爆发前夕发表的（见表 D2）。

D2　**战前演说**

A/F 1		B/F 2		C		D/F 3		E/F 4		F
科林斯使节第一次演说	- - >	雅典使节演说	×①	阿奇达慕斯演说（Th. 1. 80 – 85）	×②	监察官司森涅莱达演说	| |	科林斯使节第二次演说	| |	伯利克里第一次演说（Th. 1. 140 – 144）

① Donald Kagan, *OPW*, pp. 293 – 294.

按照修昔底德的叙事，科林斯人第一次演说（A）、雅典人演说（B）、斯巴达国王阿奇达慕斯演说（C）、斯巴达监察官司森涅莱达演说（D）都发表于斯巴达公民大会，科林斯人第二次演说（E）属于伯罗奔尼撒同盟大会，伯利克里第一次演说（F）属于雅典公民大会。雅典使节的在场引发学者们的好奇，大家进而将目光投向上述六篇战前演说。通过分析这些演说词的内容与结构，修昔底德学者们发现，雅典使节在场只不过是第1卷结构困难的冰山一角：在第1卷中，发表于同一场合的演说词之间毫无内容呼应，发表于不同场合的演说词之间却频频相互指涉。修昔底德是因为没有完成修改而造成了文本的不完善、还是有意安排这样令人费解的演说词群组？如果是后者，那么，我们的史家这样写作的意图是什么？关于战前演说词的诸多问题在修昔底德学者心头萦绕超过一个世纪。

这六篇演说在内容方面的主要问题，如前所述，是发表于同一场合的演说词之间毫无内容呼应，发表于不同场合的演说词之间却频频相互指涉。一方面，雅典人演说（B）与阿奇达慕斯演说（C）虽然前后相继，但内容上却毫无关联，阿奇达慕斯似乎完全无视雅典人演说的内容。① 同样，司森涅莱达在演说中（D）明白地评论了雅典使节的演说（B），却对自己的直接论敌、刚刚发言的阿奇达慕斯（C）指涉过少。另一方面，伯罗奔尼撒同盟大会上的科林斯人第二篇演说（E），似乎对斯巴达公民大会上的阿奇达慕斯演说（C）“在内容和结构上”都有所回应；② 而雅典公民大会上的伯利克里（F）似乎在对伯罗奔尼撒同盟大会上的科林斯人第二次演说（E）做逐点回应。③

---

① A. W. Gomme, *HCT* I, 252. 但 A. W. Gomme 承认，Th. 1. 85. 2 是例外。阿奇达慕斯在这里回应了雅典使节提出的倡议：根据第一次伯罗奔尼撒战争后签订的《三十年和约》（*Thirty Years' Peace*），将双方争端提交仲裁（Th. 1. 78. 4）。关于第一次伯罗奔尼撒战争，参见 Th. 1. 103 – 108；关于《三十年和约》，参见 Th. 1. 115。

② R. Zahn, quoted in Antonios Rengakos, "Fernbeziehungen zwischen den Thukydideischen Reden", *Hermes*, Vol. 124, 1996, p. 403, n. 33.

③ Eduard Schwartz, *Das Geschichtswerk des Thukydides*, Hildesheim: Georg Olms Verlagsbuchhandlung, 1969, p. 111. Also mentioned in Antonios Rengakos, "Fernbeziehungen zwischen den Thukydideischen Reden", *Hermes*, Vol. 124, 1996, pp. 402 – 403, n. 31.

另外，同在斯巴达公民大会发表的四篇演说词当中，有些演说词之间的联系明显比其他演说词之间的联系更为紧密。学者们因此进行了各种尝试：他们或者将科林斯人第一次演说（A）与雅典人演说（B）归为一组、将阿奇达慕斯演说（C）与司森涅莱达演说（D）归为一组，如 Simon Hornblower 和 W. R. Connor,[①] 或者将科林斯人第一次演说（A）与阿奇达慕斯演说（C）归为一组、将雅典人演说（B）和司森涅莱达演说（D）归为一组，如 Mabel B. Lang。[②] 修昔底德史书第 1 卷分明存在着作者对读者的召唤结构，但是要明确其具体形态却十分困难。

学者们试图理解并重构战前演说词的结构关系。我认为，截至目前的尝试可以依据动力的不同，归入两类。第一类的动力是依据成对论证（δισσοὶ λόγοι），在修昔底德史书中寻找对仗演说（antithetical speeches），第二类的动力是寻找主题线索。

将斯巴达公民大会上的四篇演说划分为 AB 与 CD 两组、AC 与 BC 两组，以及试图在 CE 之间、EF 之间建立联系的尝试，都基于这样一项观察，那就是修昔底德在史书中“系统使用”并“强烈偏好”对仗演说。[③] 针对一个论点的正反两面形成的任何论说话语，都分有同一个原型：成对论证。无论是像被归为安提丰（Antiphon）作品的《四联演说词》（*Tetralogies*）一样的模拟法庭演说，还是像欧里庇得斯的《安提俄佩》（*Antiope*）残篇一样的悲剧片段，都是基于成对论证的对仗演说。被收入塞克斯都·恩披里柯（Sextus Empiricus）作品集流传下来的《成对论证》则是这种原型最简明的一个版本。[④] 对于我们的史家修昔底德，Jacqueline de Romilly 列出列

---

① Simon Hornblower, *A Commentary on Thucydides*, Vol. I, Oxford: Oxford University Press, 1997 (henceforth: Hornblower, *Commentary* I), p. 108. W. R. Connor, *Thucydides*, Princeton, New Jersey: Princeton University Press, 1987, pp. 36 – 47.

② Mabel B. Lang, “The Thucydidean Tetralogy (1. 67 – 88)”, *Classical Quarterly*, Vol. 49, No. 1, 1999, pp. 326 – 329.

③ Jacqueline de Romilly, *Mind*, pp. 106 – 107.

④ “41. Pairs of Arguments (Dissoi Logoi)”, in edited and translated by André Laks and Glenn W. Most, *Early Greek Philosophy Volume IX Sophists Part* 2 (LCL 532), Cambridge, Massachussetts: Harvard University Press, 2016, pp. 164 – 187.

表，证明他在每一卷（除第5卷、第8卷外）都给出了至少一组对仗演说。[1] 这位20世纪最杰出的修昔底德学者之一总结道，对于公元前5世纪、前4世纪的希腊人来说，成对论证不仅是一种文体，成对论证的“原则还是希腊人智慧与理解的根本本质”。[2]

从公元前5世纪到公元前4世纪，成对论证及其潜在思辨功能得到了极大的发展。大约于公元前490年代生于色雷斯阿布德拉（Abdera）的普罗塔哥拉[3]被认为是这一模式的创造者。

T 3.3（DK A 1 9－11＝D. L. 9. 51）

καὶ πρῶτος ἔφη <δύο λόγους εἶναι περὶ παντὸς πράγματος ἀντικειμένους ἀλλήλοις>· οἷς καὶ συνηρώτα, πρῶτος τοῦτο πράξας. [4]

Protagoras was the first to maintain that there are two sides to every question, opposed to each other; and he even argued in this fashion, being the first to do so. [5]

普罗塔哥拉第一个提出，每一个问题都存在两个方面，彼此对立；甚至他自己也以这种方式提出问题，他是第一个这么做的。

到了公元前4世纪，亚里士多德强调，在修辞论证中，从两个

---

① Jacqueline de Romilly, *Mind*, pp. 106－107. 第5卷和第8卷没有演说词，这一特征所引起对其写作问题的怀疑，引起学者的极大兴趣和争论。但这超出了本书的兴趣与范围，在此无法详细说明。

② Jacuqline de Romilly, *Mind*, p. 133. 为了分析修昔底德的对仗演说，Jacqueline de Romilly对成对论证的起源、方法、作用做了清晰的梳理：Jacuqline de Romilly, *Mind*, pp. 108－110, pp. 129－134.

③ 推测普罗塔哥拉的出生地与出生年代的依据是柏拉图的《普罗塔哥拉》（*Protagoras*）（Pl. *Prt.* 317 C）与第欧根尼·拉尔修（Diogenes Laertius）的《名哲言行录》（*Lives of Eminent Philosophers*）。关于普罗塔哥拉的生平，还可以参考 Bonazzi, Mauro, “Protagoras”, *The Stanford Encyclopedia of Philosophy* (Fall 2020 Edition), Edward N. Zalta (ed.), URL = < https://plato.stanford.edu/archives/fall2020/entries/protagoras/ >.

④ Hermann Diels ed., *Die Fragmente der Vorsokratiker: Griechisch und Deutsch*, Berlin: Weidmannsche Buchhandlung, 1903. Reprinted, Cambridge University Press, 2019, p. 512.

⑤ Diogenes Laertius, R. D. Hicks. tr., *Lives of Eminent Philosophers*, Cambridge, Massechussets: Harvard University Press, 1925, reprinted 1991, p. 463.

方面进行论证是演说者不可缺少的能力。

T 3.4（Arist. *Rh.* 1.1.12，1355 A 29 –33）

ἔτι δὲ τἀναντία δεῖ δύνασθαι πείθειν, καθάπερ καὶ ἐν τοῖς συλλογισμοῖς, οὐχ ὅπως ἀμφότερα πράττωμεν (οὐ γὰρ δεῖ τὰ φαῦλα πείθειν), ἀλλ' ἵνα μὴ λανθάνῃ πῶς ἔχει, καὶ ὅπως ἄλλου χρωμένου τοῖς λόγοις μὴ δικαίως αὐτοὶ λύειν ἔχωμεν.

Further, the orator should be able to prove opposites, as in logical arguments; not that we should do both (for one ought not to persuade people to do what is wrong), but that the real state of the case may not escape us, and that, if another makes an unfair use of arguments, we ourselves may be able to refute them. ①

此外，演说者必须有能力从相反的方面说服，一如在逻辑论证（syllogismos）当中那样；这并不是以便我们应该两者都做（因为不应当说服<别人去做>较差的事），而是为了避免我们忽视事物的本质，和以便在别人不公正地使用这样的论证时，我们自己有能力解开。

上述段落属于《修辞学》第1卷，亚里士多德在此谈论的是修辞学——也就是公元前5世纪和前4世纪雅典的公共演说——的作用。在修辞学中，掌握论证的两个方面是探寻真相（πῶς ἔχει，in this way it is，“事物的本质”②）的必要手段，③ 这也将成为亚里士多德逻辑学的基石之一。成对论证从文体模式发展为逻辑基石，在两

① Aristotle, translated by John Henry Freese and revised by Gisela Striker, *Art of Rhetoric*, p. 11.

② Freese 将 πῶς ἔχει 译作 the real state of the case，Cope 与 Sandys 给出的解释类似：the true state of the case。Edited by Edward Meredith Cope and John Edwin Sandys. *Aristotle*: *Rhetoric Volume I*. Cambridge: Cambridge University Press, 2009 (henceforth: Cope, *Commentary I*), p. 24.

③ Grimaldi 认为，亚里士多德在这一段所强调的是真相及其语言表达。William M. A. Grimaldi, S. J. *Aristotle*: *Rhetoric II*, *A Commentary*, New York: Fordham University Press, 1988, p. 25.

个世纪中经历巨变，[①] 生活与写作于这两个世纪之交的修昔底德位于何处？

至少在最宽泛的意义上，修昔底德有意识且频繁地使用了成对论证与对仗演说。我们的史家笔下的对仗演说固然不是严格的逻辑工具，[②] 但是以这种形式出现的演说词仍然有其思辨潜力。一方面，将一场论辩正反双方的观点展示出来，本身就是对问题的描摹和不带立场的初步分析。另一方面，修昔底德独自构思并写作论辩双方观点的过程，实质上就是一位历史家的理论思考。最宽泛意义上的成对论证既是本书的基本框架，[③] 也是我们用来理解修昔底德史撰学——修昔底德如何写作其史书——的可用工具。

在最宽泛的意义上，基于成对论证形成的两篇对仗演说词，在内容与结构方面都倾向于一一对应。修昔底德学者们认为，即便史家没有将两位演说者放在同一场合、针锋相对发言，他们也可以通过内容和结构的相似，将发表于不同场合的演说词归为一对。希望将斯巴达公民大会上的四篇演说或全部六篇战前演说归为成对演说组的学者，论证过程都诉诸这一方法。上面提及的研究中，E. Schwartz 和 R. Zahn 尝试在演说词之间重新建立对立关系，Mabel B. Lang 依据希罗多德第 8 卷的四篇演说（Hdt. 8. 140 – 144），重构斯巴达公民大会上的四篇演说（A、B、C、D）为一组四联演说的尝试，则是上述尝试的扩展版本。[④] 这类尝试很少能够得到绝大部分修昔底德读者的认可。这是因为这类尝试本质上是推测性的。这类尝试能够

---

① 这里需要注意的是，最大的进步是思考和写作于公元前 4 世纪中晚期的亚里士多德所做出的。在《修辞学》第 2 卷论及“部目”（topos）的时候，亚里士多德将“相反”（περὶ δυοῖν … ἀντικειμένοιν，concerning two opposites）列为一种部目（Arist. *Rh.* 2. 23. 15，1399 A 19 f）。亚里士多德的逻辑体系也基于相反部目，这一点可以从《部目篇》（*Topica*）中观察得到。亚里士多德的突破性贡献，正如 Jacqueline de Romilly 所总结的，“两篇《分析篇》（*Analytics*）离《部目篇》很遥远，甚至远过《部目篇》离成对论证的距离”（*Mind*，p. 132）。

② Jacqueline de Romilly，*Mind*，p. 132.

③ 参见本书“题解”。

④ Mabel B. Lang，“The Thucydidean Tetralogy（1. 67 – 88）”，*Classical Quarterly*，Vol. 49，No. 1，1999，pp. 326 – 329.

帮助我们更好理解修昔底德的写作和作品，但不能帮助我们百分之百确定修昔底德写作的过程和意图。

重新理解第1卷演说词结构的另一类尝试以主题为线索，学者们将类似主题的演说词划入同一个类别。例如，Rengakos将科林斯人第二次演说（E）和阿奇达慕斯演说（C）以及雅典公民大会上的伯利克里第一次演说（F），列为一组“三角演说”（*Redetiras*），[①] 认为修昔底德有意写出这一结构，目的是汇聚参战各方的基本实力。[②] 又例如，J. de Romilly则将雅典人演说单独列出，认为这是作者对读者的直接论述。[③] 这类尝试已经辨认出，作者试图在不同层次传达信息，这提示了解决的方向。是不是存在这种可能，修昔底德不仅根据一个主题聚集了几篇看似毫无关联的演说词，并且塑造了一个场景，以聚集几篇看似有问题的演说词？我的答案是肯定的。我们在第二章已经先行提出猜测，修昔底德塑造了一个城邦间法庭场景，汇聚了几篇演说词，构成主题性远距联系。[④] 这种理解可以为雅典使节之谜提供另一种解答。我们接下来将要提出的解决办法，将结合上述两种类型的观察——对仗演说和主题演说词组——并继续诉诸第二章所做出的文本层次区分。

二 撰写城邦间法庭

1. 科林斯人的双重控诉

雅典使节为何如此突兀？回答这一问题、揭开第1卷演说词结构之谜的钥匙，就在第一篇演说科林斯使节演说（A/F 1）的第二句

---

① 修昔底德史书更为著名的“三角演说”是上文提及的西西里辩论中的三篇演说词：6.9－14；16－18；20－23。这一组三角演说属于事实层，而Rengakos此处的重构则属于史撰层。

② Antonios Rengakos, “Fernbeziehungen zwischen den Thukydideischen Reden”, *Hermes*, Vol. 124, 1996, pp. 403－406.

③ Jacqueline de Romilly, *ThAI*, p. 243.

④ 参见第二章，以及Antonios Rengakos, “Fernbeziehungen zwischen den Thukydideischen Reden”, *Hermes*, Vol. 124, 1996, pp. 400－401。

话当中。科林斯人在陈述自己的受害程度与发言理由时，同时谴责了雅典人与斯巴达人。

T 3.5（Th. 1.68.2.5 –9）

καὶ δι' αὐτὸ οὐ πρὶν πάσχειν, ἀλλ' ἐπειδὴ ἐν τῷ ἔργῳ ἐσμέν, τοὺς ξυμμάχους τούσδε παρεκαλέσατε, ἐν οἷς προσήκει ἡμᾶς οὐχ ἥκιστα εἰπεῖν, ὅσῳ καὶ μέγιστα ἐγκλήματα ἔχομεν ὑπὸ μὲν Ἀθηναίων ὑβριζόμενοι, ὑπὸ δὲ ὑμῶν ἀμελούμενοι. [1]

and you summoned these allies for this reason not before < we >

---

① ἐν οἷς（“in them”）到底是应该独立解读为 before the Lacedaemonians，还是应该与后文的 οὐχ ἥκιστα（“not the least”）联系起来、共同解读为 among whom not the least，修昔底德学者似乎对此已经失去了兴趣。晚近的两部重要注疏的作者 A. W. Gomme 与 Simon Hornblower 均未提及这一问题。早先注疏的作者则有两种不同看法：E. C. Marchant 跟随 J. Classen 的看法，赞成后者；Charles D. Morris 则赞成 E. F. Poppo 与 K. W. Krüger 的看法，赞成前者。我认为这一问题仍然重要，并且赞成 J. Classen 的看法，支持将 ἐν οἷς 与 οὐχ ἥκιστα 联系起来，将科林斯使节此处的意思解读为：他们是被斯巴达召集前来开会、因而是在场的盟邦当中最有理由发言的一个。我的理由有二。一方面，按照 E. F. Poppo – K. W. Krüger – C. D. Morris 的理解，科林斯人在此强调的是“在拉栖代梦人面前”，但这没有什么特别意义。另一方面，科林斯人接下来连续使用两个最高级 οὐχ ἥκιστα（“not the least”）和 μέγιστα ἐγκλήματα（“greatest accusation”）来强调自己与众不同的发言资格。最高级所表达的语气已经十分强烈，其中前一个最高级还使用了反叙法（litotes）来进一步加强语气 οὐχ ἥκιστα（“not the least”）。这些强烈语气的表达需要最高级形容词，而这些最高级形容词则需要对范围进行限定。将 ἐν οἷς 理解为“在目前在场的这些盟邦之中”，就可以提供这样一个范围限定。换言之，采用 J. Classen – E. C. Marchant 的理解，可以提供与语境语气更为融贯的理解。Jacqueline de Romilly 的译文表明，她也赞成 J. Classen – E. C. Marchant 的理解。需要说明的是，我不赞成 J. Classen 解读的一个细节：他认为 ἐν οἷς 指的是“在场的盟邦”（unter den anwesenden Bundesgenossen），而在第二章我们已经提到，在场的控诉者还包括不属于伯罗奔尼撒同盟的城邦（T 2.2，T 2.3）。*Thukydides*, erklärt von J. Classen, erster Band, erstes Buch, Dritte Auflage, Berlin: Weidmannsche Buchhandlung, 1879 (henceforth: J. Classen, *Thukydides*), pp. 121 – 122. *Thucydides: Book I*, edited by E. C. Marchant, London: MacMillan & Company, 1912 (henceforth: E. C. Marchant, *Commentary*), p. 205. Morris, *Commentary*, p. 167. 布岱校勘本（Collection Budé）提供的法文译文如下。“Pour cette raison, au lieu de prévenir le dommage, vous avez attendu que l'action fût en cours pour convoquer cette réunion d'alliés. Or, il nous appartient plus qu'à d'autres d'y prendre la parole, à nous qui avons les griefs les plus graves, puisque nous rencontrons, du côté des Athéniens, les outrages et, du vôtre, l'indifférence” (Thucydide, texte établi et traduit par Jacqueline de Romilly, *La Guerre du Péloponnèse*, *Livre I* (henceforth *Thucydide*), Paris: Les Belles Lettres, 1953, p. 44).

suffer, but after we are involved,[①] among whom it beseems us to come with not the least case to speak, insomuch as we also hold the greatest accusation <since> we are wronged by Athenian hybris, as well as <since> we are neglected by you.

你们因为这个缘故召集这些盟邦<开会>，不是在我们遭受<不公>之前，而是在我们已经置身<不公>之中；在<这些城邦>当中，我们不是最没有理由说话的，因为我们控诉<理由>最充分，<这>一方面<因为>我们遭到雅典人傲慢犯罪，另一方面<由于>我们被斯巴达人忽视。

科林斯人认为他们是最有理由提出控诉的人，一方面因为雅典人傲慢对他们犯罪；另一方面由于斯巴达人忽视他们。通过两个未完成过去时分词、[②] 通过连词 μέν – δέ（“on the one hand, on the other hand”）连接并重复介词ὑπό（“by”），[③] 科林斯人明确将雅典的傲慢侵害与斯巴达的忽视并置起来：他们之所以冤屈最大，是因为他们同时遭到了雅典和斯巴达的不正确对待。换言之，科林斯人的控诉既针对斯巴达、又针对雅典。

科林斯人有双重控诉，是因为他的控诉同时发生在两个场景，一个在事实层，一个在史撰层。事实层由科林斯人第一次演说

---

① ἐν τό ἔργῳ字面意思是 in the deed/action，J. Classen 认为ἐ ν τό ἔργῳ具体是指战争事件，进而将该词组解释为“已经身处公开战争之中”。之后的注疏和翻译皆采用他的理解。J. Classen, *Thukydides*, p. 121.

② J. Classen 指出，ὑβριζόμενοι 和ἀμελούμενοι 这两个未完成时分词意在表示，这两个动作已经持续了一段比较长的时间。*Thukydides*, p. 122.

③ 科林斯人的用法（通过连词 μέν – δέ［“on the one hand, on the other hand”］连接并重复介词ὑπό［“by”］）中，有两点值得注意。首先，连词对子 μέν 和 δέ后面所接续的内容，在此是并列关系，而非更常见的对立关系（J. D. Denniston, p. 370）。雅典的傲慢与斯巴达的忽视是科林斯人控诉的两个方面。其次，μέν 和 δέ前面重复的词语形成头韵（anaphora），一般而言这就是这组对立中最重要的对比内容［J. D. Denniston, p. 370（i），p. 371（ii. b）］。在这里，科林斯人要强调的是“被”（ὑπό，“by”）。另外，通过 μέν – δέ形成两个句子的对仗（antithesis），是希腊语中最常见的风格特征之一。这一特征，毫无疑问与前文提到的成对论证和对仗演说有同样的内核。J. D. Denniston, *The Greek Particles*, Oxford: The Clarendon Press, 1954, pp. 370 – 371.

(A)、阿奇达慕斯演说（C)、司森涅莱达演说（D）构成，是一次听证会。史撰层由科林斯人第一次演说（A)、雅典人演说（B)、司森涅莱达演说（D）构成，是一次城邦间法庭。[①] 科林斯人演说（A）既服务于事实层，又服务于史撰层，所以他的发言（A）既对应雅典人演说（B)，也对应阿奇达慕斯演说（C)。[②] 史书最后所呈现的是事实层与史撰层叠加的结果。第 1 卷部分演说词的结构如表 D3 所示。

D3　　战前演说的双重文本结构

事实层	科林斯人第一次演说（A）	×	阿奇达慕斯演说（C）	司森涅莱达演说（D）
			+	
史撰层	科林斯人第一次演说（F 1）	雅典人演说（F 2）	×	司森涅莱达演说（F 3）
			=	
史书呈现	科林斯人第一次演说（A/F 1）	雅典人演说（B/F 2）	阿奇达慕斯演说（C）	司森涅莱达演说（D/F 3）

2. 事实层：听证会

在事实层，修昔底德试图呈现的是召开于城邦公民大会上的一个听证会。[③]

根据修昔底德史书的记载，我们可以还原这类听证会的一般程序。外邦使节带着一个政策议题来到某一个城邦。他们先与该城邦

---

① 在此，我们模仿并改进上述第二类学者的尝试，以一个主题（一个场景）汇聚多篇演说词。

② 在此，我们模仿并改进上述第一类学者的尝试，寻找最宽泛意义上的对仗演说。

③ 正如 Werner Jaeger 所感觉到的："这场景从一个外交会议自然地转变为为了听证雅典人而特别召开的一次公民大会。" Werner Jaeger, translated from second German Edition by Gilbert Highet, *Paideia: The Ideals of Greek Culture, Volume I: Archaic Greece, the Mind of Athens*, Oxford: Basil Blackwell, 1946, p. 396.

的贵族议事会或同类机构[①]商议，得到许可后，在该城邦的公民大会[②]发言，将政策议题交给与会公民讨论。这类听证会在修昔底德史书中多次出现，有迹可循。公元前 433 年，在柯西拉事件当中，科林斯人试图阻止雅典与柯西拉在海上结盟，双方在雅典公民大会发言辩论（案例一）。[③] 公元前 420 年，斯巴达人试图阻止雅典与阿尔戈斯（Argos）结盟，所以赶赴雅典。斯巴达使节在公民大会的听证会上没有成功劝服雅典人，是因为阿尔喀比亚德通过他们在议事会的报告了解了他们的目的并设法阻止他们在公民大会上说出全部实情（案例二）。[④] 公元前 416 年，雅典远征军来到小岛弥罗斯，他们想要在弥罗斯公民大会发表演说、劝其投降的愿望被弥罗斯的议事会阻止（案例三），[⑤] 雅典人与弥罗斯人在议事会上的争执就成为臭名昭著的弥罗斯对话。公元前 415 年，前往西西里的雅典远征军抵达前夕，叙拉古人希望卡马林纳不要与雅典结盟，叙拉古的赫墨克拉底与雅典的游弗木斯在卡马林纳公民大会辩论（案例四）。[⑥] 不久，在同一年，因为两桩渎神案被判死刑而逃走的阿尔喀比亚德来到斯巴达公民大会发表演说，“怂恿力促拉栖代梦人采取行动”，重新对雅典开战（案例五）。[⑦] 从上述案例二、案例三中我们能够清楚看到，贵族议事会或同类机构的商议批准是这类公民大会听证会的前置程序。另外，这类听证会上的发言者可以是一个外国代表，如

---

① 在不同城邦，这个机构的名称不同。在雅典，这个机构被称为贵族议事会（boule）；在斯巴达，这个机构被称为元老院（gerousia）。

② 同样，在不同城邦，公民大会的具体名称也不同：在雅典，公民大会被叫作 ekklesia，在斯巴达，公民大会被叫作 apella。

③ Th. 1. 31. 3：οἱ δὲ Κορίνθιοι πυθόμενοι ταῦτα ἦλθον καὶ αὐτοὶ ἐ ς τὰς Ἀθήνας πρεσβευσό-μενοι, ὅπως μὴ σφίσι πρὸς τῷ Κερκυραίων ναυτικῷ καὶ τὸ αὐτων προσγενόμενον ἐ μπόδιον γέ-νηται θέσθαι τὸν πόλεμον ᾗ βούλονται. καταστάσης δὲ ἐ κκλησίας ἐ ς ἀντιλογίαν ἦλθον, …

④ Th. 5. 45.

⑤ Th. 5. 84. 3.

⑥ Th. 6. 75. 3 – 4.

⑦ Th. 6. 88. 10. 7 – 8：παρελθὼ νὁ Ἀλκιβιάδης παρώξυνέ τε τοὺς Λακεδαιμονίους καὶ ἐ ξώ-ρμησε λέγων τοιάδε.

案例二、案例三、案例五；也可以是两个外国代表，如案例一、案例四。但无论发言人数几何，最终在公民大会上发言的代表，势必都已经通过贵族议事会发言及批准这一前置程序。

这一制度特征提示我们，雅典人演说（B）不可能属于这次斯巴达例行公民大会。第1卷的斯巴达公民大会与上述案例极为类似，也是这样一个听证会。在这个听证会上，科林斯人做听证陈述（A），城邦的公民发表正反两方面的意见，一如阿奇达慕斯（C）与司森涅莱达（D）所做的那样。首先，这呼应了修昔底德提及的这次会议的制度特征：这是斯巴达公民的一次“例行集会”（T 2. 2：ξύλλογον σφῶν αὐτῶν . . . τὸν εἰωθότα）。其次，我们可以从修昔底德的措辞中看到，这次集会分为两个步骤召开。A. W. Gomme 提醒读者注意，科林斯使节“到了”拉栖代梦以后，对雅典的“猛烈抨击”（T 2. 2：κατεβόων）指的并不是后来科林斯人在正式大会上所说的内容。[①] 那么，科林斯使节的“猛烈抨击”应该是这次斯巴达公民大会的前置程序元老院会议上所发表的。这意味着斯巴达公民大会很有可能与上述案例二、案例三一样，分两阶段召开：第一次集会和听证是在元老院，第二次才是在公民大会。如果雅典使节最终得以在公民大会听证会上发言，那么根据程序，他需要在贵族议事会发言并获取批准。想要在这一阶段阻止外邦代表发言，并不困难，如上述案例二、案例三所示。科林斯使节不会不想办法阻止雅典人发言。另外，修昔底德的措辞明显表明，雅典使节在发言之前，没有经过前置批准（T 3. 1，T 3. 2）。前面我们已经谈过，在解释雅典使节为何在场的时候，修昔底德语焉不详，令人起疑；现在我们知道了，修昔底德之所以语焉不详，是因为雅典使节在场违反了制度程序。对此，他无法解释。因此，我们的结论是，雅典使节不仅是一个编造的人物，并且在史家试图呈现的这个事实层文本中，他也没有自己的位置。

---

① A. W. Gomme，*HCT* I，p. 225.

这样，我们就证明了雅典人演说（B）不属于事实层所呈现的这个公民大会听证会。在事实层，演说词的结构是 A + CD。

3. 史撰层：法庭

现在让我们转向史撰层。

我们已经从制度层面论证，雅典人演说无论如何不可能属于斯巴达公民大会的这个听证会；但我不满足于学者现有的解释。大部分学者辨认出，修昔底德在此进行了第二重写作活动：或者，他在想象一个雅典使节，凭空创作这位使节的演说词；或者，这篇演说词是第1卷主体部分完成很久之后才加上去的。这些解释之中，最优美的是 Jacqueline de Romilly 提供的版本：这位未具名的雅典使节，传达的是史家对读者所说的话，而非使节对使节的辩驳，是来自城邦的论述，“独立于这个语境”。[①] 我赞同这些解释的地方是，雅典人演说显然包含了作者之音，而我不满足于这些解释的地方在于，我们或许不应该放弃为这篇演说词寻找语境。如果我们在事实层文本找不到这样一个语境，那我们就转向史撰层文本去寻找。

就事实层情境来看，雅典人演说是这些演说中最不合适的一篇，所以要推测修昔底德在史撰层的情境塑造，应当从这篇演说词出发。这篇演说词的目的与策略都如同法庭上被告的自辩，[②] 因此我认为在史撰层，修昔底德试图呈现的是一个城邦间法庭。提起诉讼的“原告”是科林斯人（A），进行自辩的“被告”是雅典使节（B），提出判决动议的是斯巴达人组成的“陪审团”代表司森涅莱达（D）。[③] 史撰层演说词的结构是 AB + D，也就是第二章末尾提到的FF 1 – 3。

---

① J. de Romilly, *ThAI*, pp. 242 – 244.

② 即本书第二编的处理内容。

③ 本书作者清楚，在雅典审判程序中，陪审团并无固定审议过程。S. C. Todd, “Chapter 5: Law and Oratory at Athens”, in Michael Gagarin and David Cohen eds., *The Cambridge Companion to Ancient Greek Law*, Cambridge: Cambridge University Press, 2005, p. 98.

我们将阿奇达慕斯演说（C）排除出这个史撰层法庭情境的理由有二。第一，正如 A. W. Gomme[①] 所注意到的，就其发言来看，阿奇达慕斯仿佛完全没有注意到雅典使节这个人和他的发言。同样，司森涅莱达对阿奇达慕斯也视而不见。他的第一次发言后的举动（T 3.6）和第二次发言的内容（T 3.7）都直接延续了科林斯使节与雅典使节演说的论证目的（T 2.2，T 2.3 = T 7.3）。第一次发言后，他提出表决动议。

T 3.6（Th. 1.87.1）

Τοιαῦτα λέξας ἐπεψήφιζεν αὐτὸς ἔφορος ὢν ἐς τὴν ἐκκλησίαν τῶν Λακεδαιμονίων.

After saying such things, < since > he himself was < the > ephor, he attempted to put < issue > to the assembly of the Lacedaemonians to vote.

说完这些 <话>，<因为> 他自己是监察官，<所以> 尝试将 <议题> 交由拉栖代梦人公民大会投票。

这一表决动议的议题就是科林斯人（T 2.2，T 2.3 = T 7.3）及他自己刚刚的发言中所关注的问题。在第二次发言中，司森涅莱达再次重申这个议题：雅典已经违反和约并犯罪。

T 3.7（Th. 1.87.2.4 – 7）

'ὅτῳ μὲν ὑμῶν, ὦ Λακεδαιμόνιοι, δοκοῦσι λελύσθαι αἱ σπονδαὶ καὶ οἱ Ἀθηναῖοι ἀδικεῖν, ἀναστήτω ἐς ἐκεῖνο τὸ χωρίον,' δείξας τι χωρίον αὐτοῖς, 'ὅτῳ δὲ μὴ δοκοῦσιν, ἐς τὰ ἐπὶ θάτερα.'

"Among you, o Lacedaemonians, those who believe < that > the Athenians have broken the treaties and < that they > do wrong, please stand in that place," after showing a certain place to them,

① A. W. Gomme, *HCT* I, p. 252.

“whereas <those who> don't believe, to the opposite <place>.”

“你们当中，拉栖代梦人，谁认为雅典人已经破坏了和约、犯了罪的，站到那里，”指出地点以后，“而不这么认为<的人>，<站到>相反那边<去>。”

除了明确延续“雅典人违反和约并犯罪”这个论证目的之外，司森涅莱达演说词的第一句话也表明，他似乎没有留意到阿奇达慕斯的演说。

T 3.8 (Th. 1.86.1.1-2)

'Τοὺς μὲν λόγους τοὺς πολλοὺς τῶν Ἀθηναίων οὐ γιγνώσκω·

I don't understand the long discourse of the Athenians.

雅典人的冗长发言，我不懂。

雅典人演说的篇幅不应成为司森涅莱达抱怨的头号目标，阿奇达慕斯演说的篇幅才应该令他更加惊讶。首先，雅典人演说（B）与阿奇达慕斯演说（C）的长度相当，分别为126行和101行。[①] 其次，紧接着司森涅莱达演说（D）之前的是阿奇达慕斯演说（C）而非雅典人演说（B），同时按照事实层的听证会场景设计（A-CD），司森涅莱达的论敌是阿奇达慕斯而非雅典人，演说者应当更加倾向于抱怨自己刚刚听到的发言，抱怨自己的直接论敌。最后，阿奇达慕斯是以言辞简洁（laconic）为特征的拉栖代梦人，雅典却是演说之城。如果斯巴达国王与雅典使节作出篇幅相若的发言，那么，应该是阿奇达慕斯的篇幅更令人惊讶。很显然，司森涅莱达向雅典人演说的篇幅表达惊讶，却没有对阿奇达慕斯演说的篇幅表达惊讶，这说明他越过了阿奇达慕斯，无视国王的存在与发言。

阿奇达慕斯演说（C）与雅典人演说（B）、司森涅莱达演说

① 这里的行数计算以修昔底德的如下校勘本为准：G. B. Alberti ed., *Thucydidis Historiae*, Volume I, Roma: Libreria dello Stato, 1972, pp. 88-94, pp. 95-99.

(D) 之间都缺乏呼应，这表明在雅典人演说与司森涅莱达演说同时存在的那个文本层世界——也就是，修昔底德史书第 1 卷的史撰层——中，这一演说是不存在的。打个比方可以说，雅典人与阿奇达慕斯处于不同的两个次元，彼此之间存在结界。而修昔底德史书第 1 卷最终呈现的，就是事实层与史撰层叠加的结果；读者目前所见到的问题——应该有所呼应的演说者之间缺乏回应，似乎不该呼应的演说貌似对仗演说——也是事实层与史撰层文本叠加的结果。在史撰层，科林斯人演说（A）、雅典人演说（B）、司森涅莱达演说（D）构成了一个审判雅典帝国主义的法庭。

4. 提出罪名

科林斯人两次演说（A/F 1、E/F 4）的内容结构和彼此呼应能够进一步证实我们的上述推测。

我们可以将科林斯使节的第一次演说（A/F 1）分为三个部分：描述事实（Th. 1. 68 – 69），分析原因（Th. 1. 70 – 71），发出敦促（Th. 1. 72 – 73）。如前所述，科林斯人这次演说有两重目的：控诉雅典人，控诉斯巴达人（T 3. 5）。科林斯人演说的前两个部分都依照着两个目的展开。在描述事实时，科林斯人分别描述了雅典人晚近以来的欺压举动（Th. 1. 68. 3 f.）和斯巴达人近 50 年来的忍让与不作为（Th. 1. 69）。在分析形成这些事实的原因时，科林斯人对雅典性格（Th. 1. 70）和斯巴达性格（Th. 1. 71）都做了分析。换言之，科林斯使节第一次演说同时关注雅典和斯巴达，两个主题彼此不分高下。

与之形成对照的是，科林斯人第二次演说（E/F 4）虽然与第一次演说动机相似，目的都是敦促斯巴达人尽早对雅典开战，但是内容少了一半：科林斯人在此不再关注雅典，转而聚焦斯巴达。一方面，在关于斯巴达的部分，正如 Rengakos 所观察到的，这篇演说词（E/F 4）花费相当篇幅分析伯罗奔尼撒同盟的作战资源，仿佛与伯利克里第一次演说（F）形成对仗演说。[1] 另一方面，关乎雅典的部分在这篇演说中坍缩成如下两句话，这两句话呼应并取代了第一篇演说（A/F 1）中的雅典内容。这篇演说（E/F 4）将雅典控诉为“僭主城邦”，这一控诉取代了科林斯人第一次演说（A/F 1）控诉雅典的具体内容。换言之，在史撰层中的这个城邦间法庭上，雅典得到的罪名是“僭主城邦”。

T 3.9（=T 1.5，Th. 1.122.3）

ἐν ᾧ ἢ δικαίως δοκοῖμεν ἂν πάσχειν ἢ διὰ δειλίαν ἀνέχεσθαι καὶ τῶν πατέρων χείρους φαίνεσθαι, οἳ τὴν Ἑλλάδα ἠλευθέρωσαν, ἡμεῖς δὲ οὐδ' ἡμῖν αὐτοῖς βεβαιοῦμεν αὐτό, τύραννον δὲ ἐῶμεν ἐγκαθεστάναι πόλιν, τοὺς δ' ἐν μιᾷ μονάρχους ἀξιοῦμεν καταλύειν.

In that case, we would seem either to suffer it deservedly, or to hold back due to timidity, then to appear inferior to our fathers, who liberated Greece, but we, not secure it for us ourselves, but allowed a city to be established tyrant, yet we consider < it > our business to put down the sole – rulers in single < city >.

这样一来我们可能，要么忍受该忍的，要么因为胆怯而退缩，进而显得不如我们的父辈，我们的父辈使希腊自由了，但我们呢，不仅没有为我们自己保卫自由，还允许一个城邦建得像一个僭主，而我们却认为在单个<城邦>里消灭独裁者是我们的职责。

T 3.10（=T 1.6，Th. 1.124.3）

καὶ τὴν καθεστηκυῖαν ἐν τῇ Ἑλλάδι πόλιν τύραννον ἡγησάμενοι ἐπὶ πᾶσιν ὁμοίως καθεστάναι, …

and we believe that the tyrant city < which is > established in Greece is established threatening everyone similarly, …

[1] Antonios Rengakos, “Fernbeziehungen zwischen den Thukydideischen Reden”, *Hermes*, Vol. 124, 1996, pp. 403 – 406.

我们相信，已经建立在希腊的这个僭主城邦建立起来同样威胁所有（的人），……

诚如 Jacqueline de Romilly 所说，雅典使节演说（B/F 2）确实是作者之音；[①] 但作者的声音不是独立存在的，不是通过一篇独立于语境的演说词直白向读者陈述的。史撰层上的这个法庭情境为读者塑造了新的期待视域，构成了读者接受作者之音的召唤结构。当读者与科林斯人再度一同回到这个“法庭”，他们就会自主将这一控诉放入先前的法庭情境，以第二篇演说中的明确罪名去总结第一篇演说中对雅典的具体控诉。在这样的意义上我们说，第 1 卷法庭情境下的四篇演说（A、B、D、E，即 FF 1 -4）构成了“僭主城邦”比喻在史撰层面上得到论证的过程（a historiographical argumentation of the metaphor）。

三 重思第 1 卷结构

这样，在试图重新解答雅典使节之谜的过程中，我们也重构了第 1 卷的重要演说词之间的关系结构：史撰层存在一个法庭情境，它与事实层的听证会情境相互重叠，形成了我们所读到的史书文本。现在，我们或许可以花一点篇幅来说明，这一重构方法对我们理解第 1 卷的结构有何补充，有何帮助。

在试图理解第 1 卷结构的诸多研究中，我接受 J. R. Ellis 的初步划分和文本命名。他认为，史书第 1 卷由“古史纪事”（the *Archaeology*, Th. 1. 1 -23. 3）和“战争起因说”（the *Aetiology*, Th. 1. 23. 4 f. ）构成。两部分各自服务于一个论点。前一部分的论点是，伯罗奔尼撒战争是最大的战争（T 3. 11），后一部分的论点是，伯罗奔尼撒战争爆发的原因是雅典不断增加的权势给拉栖代梦人带去了恐惧，迫使

① Jacqueline de Romilly, *ThAI*, p. 244.

进入战争（T 3.12）。[1]

T 3.11（Th. 1.1.2）

κίνησις γὰρ αὕτη μεγίστη δὴ τοῖς Ἕλλησιν ἐγένετο καὶ μέρει τινὶ τῶν βαρβάρων, ὡς δὲ εἰπεῖν καὶ ἐπὶ πλεῖστον ἀνθρώπων.

for this was indeed <the> greatest motion for the Greeks and for a certain portion of the barbarians, and so to speak also for most of humans.

因为这实在是希腊人、一部分蛮族、甚至绝大部分人类的最大的震动。

T 3.12（Th. 1.23.6.1 – 4）战争归因句

τὴν μὲν γὰρ ἀληθεστάτην πρόφασιν, ἀφανεστάτην δὲ λόγῳ, τοὺς Ἀθηναίους ἡγοῦμαι μεγάλους γιγνομένους καὶ φόβον παρέχοντας τοῖς Λακεδαιμονίοις ἀναγκάσαι ἐς τὸ πολεμεῖν·

for the truest cause, though least evident in words, I believe <to be that> the Athenians who are becoming great and who are bringing fear to the Lacedaemonians forced into the fighting.

因为最真实的原因——尽管最少被提及——，我相信是雅典人正在变强，给拉栖代梦人带去恐惧，迫使进入战争。

通常认为，在“战争起因说”部分，用来论证其核心论点（T 3.12）的是“五十年纪事”（the *Pentekontaetia*, Th. 1.89 – 117）。这当然是因为“五十年纪事”开头和结尾明确了论点（T 3.13, T 3.14），同时“五十年纪事”为其论点——也就是战争归因句——中的重要前提“雅典人正在变强”（T 3.12：τοὺς Ἀθηναίους ... μεγάλους γιγνομένους）提供了事实论据。

① J. R. Ellis, “The Structure and Argument of Thucydides’ Archaeology”, *CA*, Vol. 10, No. 2, 1991, pp. 348 – 349.

T 3. 13 (Th. 1. 89. 1)

Οἱ γὰρ Ἀθηναῖοι τρόπῳ τοιῷδε ἦλθον ἐπὶ τὰ πράγματα ἐν οἷς ηὐξήθησαν.

for in such a way the Athenians came by the course of events① in which they were increased < in power >.

而雅典人以这样一种方式践行了这些事件，通过这些 < 事件 > 他们 < 的势力 > 增加了。

T 3. 14 (Th. 1. 118. 2. 5 –6)

ἐν οἷς οἱ Ἀθηναῖοι τήν τε ἀρχὴν ἐγκρατεστέραν κατεστήσαντο καὶ αὐτοὶ ἐπὶ μέγα ἐχώρησαν δυνάμεως, …

in the <period that > the Athenians made their empire in stronger hold and themselves were <at home > with ever greater power, …

在这期间，雅典人加强了对帝国的控制，他们自己则乐于生活在更大的权力之下，……

不少学者观察到，修昔底德在“五十年纪事”中使用了“总—分—总”结构。N. G. L. Hammond 指出，论点—论述—论点是修昔底德在论证自己观点时常用的结构，属于古代史撰中的“环形结构”(ring - composition) 的一种。② 修昔底德将雅典获得领导权 (Th. 1. 89 –96) 与雅典维持领导权 (Th. 1. 97 – 117) 的五十年历史写入了这段离题话，③ 作为“战争起因说”部分的论据。换言之，目前学者们仅仅观察到，“战争起因说”的核心支撑文本仅有“五

① ἦλθοιἐπὶ τὰ πράγματα 的这一译法来自 Charles D. Morris 的注疏：Charles D. Morris，*Commentary*，p. 206. 这种理解的关键是ἐ πί表示方式，而不是表示目的。

② N. G. L. Hammond， “The Arrangement of the Thought in the Proem and in Other Parts of Thucydides I”，*CQ*，Vol. 2，No. 2 – 3，1952，p. 126. 这一总结被后来的学者接受，包括 A. J. Woodman 和 J. R. Ellis。A. J. Woodman，“Chapter 1：Preconceptions and Practicalities：Thucydides”，*Rhetoric in Classical Historiography*：*Four Studies*，pp. 7 – 8. J. R. Ellis， “The Structure and Argument of Thucydides' Archaeology”，*CA*，Vol. 10，No. 2，1991，p. 348.

③ 将“五十年纪事”分为雅典获得领导权和雅典维系领导权这样两个部分，是学者早就注意到的。E. C. Marchant 认为，前面一个部分 (Th. 1. 89 – 96) 对应的是 T 3. 13 这段文本，后面一个部分 (Th. 1. 97 f.) 对应的是 T 3. 14 这段文本。E. C. Marchant，*Commentary* I，p. 226.

十年纪事”。

事实上，为了论证“最真实的原因”（T 3.12：τὴν … ἀληθεστάτην πρόφασιν），修昔底德做得比我们原先以为的更多：他不仅为其中的一个前提补充了史实论据，同时还提供了逻辑链条形成的动力学过程。具体来说，“最真实的原因”（T 3.12：τὴν … ἀληθεστάτην πρόφασιν）包含以下三个要素组成的逻辑链条：雅典人的正在变强，斯巴达人的恐惧，以及斯巴达人的宣战决定。在“五十年纪事”所证实的雅典人正在变强之外，雅典给斯巴达带去的恐惧是如何“迫使”斯巴达进入战争的？斯巴达是如何确信雅典“有罪”的？这一动态过程就体现在史撰层的这次法庭辩论中。这场法庭辩论的焦点人物雅典使节，自我辩护的核心内容与“五十年纪事”是一样的：雅典领导权的获得与雅典领导权的维持。

T 3.15（=T 5.14，Th. 1.75.3）

ἐξ αὐτοῦ δὲ τοῦ ἔργου κατηναγκάσθημεν τὸ πρῶτον προαγαγεῖν αὐτὴν ἐς τόδε, μάλιστα μὲν ὑπὸ δέους, ἔπειτα καὶ τιμῆς, ὕστερον καὶ ὠφελίας.

Out of the nature itself of the deed we were forced back to advance <empire> to this height at first, above all by fear, then by honor, later also by interest.

因为此事<之性质>自身，我们受<以下因素的>强力迫使，起初发展<帝国>到如此程度：最重要的是恐惧，接着是荣誉，后来是利益。

T 3.16（=T 5.15，Th. 1.76.2.1–4）

οὕτως οὐδ' ἡμεῖς θαυμαστὸν οὐδὲν πεποιήκαμεν οὐδ' ἀπὸ τοῦ ἀνθρωπείου τρόπου, εἰ ἀρχήν τε διδομένην ἐδεξάμεθα καὶ ταύτην μὴ ἀνεῖμεν ὑπὸ <τριῶν> τῶν μεγίστων νικηθέντες, τιμῆς καὶ δέους καὶ ὠφελίας, …

Also in this way we have done nothing surprising, nor <have we fared> away from manner of humanity, if, as we were conquered by <the three> most important <reasons>, honor, fear, and interest, we received < an > empire when it was offered, and if we do not let go of this < empire > , . . .

如果说我们被<三个>最重要的<理据>——荣誉、恐惧、利益——打败，接受了交来的帝国并且不放弃这个<帝国>，<那么，>我们这样行事并不令人惊讶，也没有违反人之常情，……

在这里，雅典帝国主义的发展分为两个步骤，第一步是“接受了交到手中的帝国”（T 3. 16：ἀρχὴν . . . διδομένην ἐδεξάμεθα），第二步是“不放弃这个<帝国>”（T 3. 16：ταύτην μὴ ἀνεῖμεν），两个步骤先后进行，才“发展<帝国>到如此之程度”（T 3. 15：προαγαγεῖν αὐτὴν ἐς τόδε）。这与“五十年纪事”所划分的两个阶段完全一致。核心内容及划分方法的一致性使我们看到，“五十年纪事”（Th. 1. 89 – 117）与“法庭辩论”中的被告陈词（F 2）具有相同的论证功能，两者共同论证了“战争起因说”的论点（T 3. 12，Th. 1. 23. 6）。

因此可以说，修昔底德在史撰层文本提供的这个法庭场景与“五十年纪事”一样，服务于第 1 卷的第二个主要部分“战争起因说”。五十年纪事与法庭辩论属于两种不同的论证过程：事实性的论证与史撰性的论证。五十年纪事阐明了战争归因句（T 3. 12）中“雅典正在变强大”这一事实，史撰层文本上的这个城邦间法庭则展现了政治过程的逻辑动力：斯巴达人如何恐惧，恐惧如何转化为发动战争的决策。五十年纪事加上史撰层上的这个城邦间法庭，共同构成了修昔底德对伯罗奔尼撒战争“最真实的原因”的论证。由此我们看到，修昔底德说服读者不仅依靠事实证据，也依靠他的史撰艺术。接下来，我们将更加仔细地考察修昔底德营造法庭氛围的方法，这位史家的史撰艺术将得到更充分的展示。

第四章

接下来，我们将在公元前 5 世纪的希腊语境中，仔细观察这组“法庭辩论”。在这一章，我们侧重雅典使节演说（F 2）的应然层面，考察这一情境的发言要求，从而证实我们的猜想：雅典使节的发言是一篇法庭自辩。在第五章，我们将考察论辩双方（FF 1 – 3）的实然层面，考察科林斯使节、雅典使节、司森涅莱达实际使用了什么样的演说策略。通过这两章的分析我们将看到，这组辩论在目的和论证方面都与同时代的法庭演说极为类似。这将进一步使我们确信，在史撰层上，修昔底德塑造了一个城邦间法庭。在第六章，我们将聚焦雅典使节自我辩护中的一个细节，以便阐明这次城邦间庭审为读者刻画了一个怎样的雅典帝国。这一理解将成为我们理解“僭主城邦”比喻之本质的基础。

这一章的论证将围绕公元前 5 世纪诉讼演说（法庭演说）的两个特点展开。首先，诉讼演说的内容应该是单一一件已经发生的事情。这与雅典人要说的话正好一样。其次，在公元前 5 世纪，存在这样一类诉讼演说，其目的是论证已发生之事的正当性。雅典人演说的论证目的并非否认自己的帝国实践，而是说明雅典帝国不是不正义的。这些都是史撰层情境要求雅典人所说的话。史撰层文本的情境要求与一个法庭对被告的要求相似。

一 “那一情境要求他说的话”

在第二章，我们提出“双重文本假说”，提出需要将修昔底德的史书文本视为包含事实层和史撰层在内的一个双重文本。[①] 在第三章，我们为了解决“雅典使节之谜”，利用“双重文本假说”做出推断——在史撰层存在一个城邦间法庭——，并借此疏解了第1卷战前演说结构的困难。这一推断能否成立，还需要具体考察雅典使节演说本身与公元前5世纪雅典的法庭演说是否相似。

众所周知，修昔底德在史撰层的写作准则是“情境要求演说者所说的话”。修昔底德在“方法论”章节（das *Methodenkapitel*，the *Methodology*，Th. 1. 20 – 22）申明了他的史撰准则。在“方法论”章节中，史家将自己的史书分为叙事与演说词两个部分。在谈到如何写作演说词的时候，修昔底德作了如下声称。

T 4. 1 （ = T 5. 25， Th. 1. 22. 1. 4 – 7）

ὡς δ' ἂν ἐδόκουν ἐμοὶ ἕκαστοι περὶ τῶν αἰεὶ παρόντων τὰ δέοντα μάλιστ' εἰπεῖν, ἐχομένῳ ὅτι ἐγγύτατα τῆς ξυμπάσης γνώμης τῶν ἀληθῶς λεχθέντων, οὕτως εἴρηται.

and < the speaker > would speak in this way that each < speaker > would seem to me < that he > speaks mostly what each circumstance requires < him to speak >, and I maintain[②] as close as possible to the general gist of what actually have been said.

演说者<将>以这样的方式<演说>，也就是，每个<演说者>在我看来，说了每一情境最要求<他说的内容>，<在这一过程中>我保持<演说词>与真实发生过的演说的大意尽

① 参见第一编第二章第二节“双重文本与分析结构”。

② 这一翻译方法参考了 Howard Don Cameron，*Thucydides' Book I*：*A Students' Grammatical Commentary*，Ann Arbor：University of Michigan Press，2003，p. 43.

可能相近。

这一段文本极为佶屈聱牙，翻译与理解上的争议永不止息。在此我们只讨论其中一个关键短语 περὶ τῶν αἰεὶ παρόντων τὰ δέοντα 的翻译方法和理解要点。

首先是翻译。在这段话中，περὶ τῶν αἰεὶ παρόντων τὰ δέοντα 作为“演说”（εἰπεῖν，speak）的宾语，是修昔底德试图让笔下的演说者说出来的内容，也就是修昔底德笔下的演说词。对这一短语最为贴字的英译应该是：the things that are required < τὰ δέοντα > concerning < περί > what are present < τῶν…παρόντων > in each case < αἰεί >。[①] 通过这一艰涩的表达，修昔底德将三层含义纳入他将要

---

① 在此，我将给出几个重要现代语言译本，并指出我所不赞同的理解和译法。最新的英文译本如下。“What I have set down is how I think each of them would have expressed what was most appropriate in the particular circumstances, while staying as close as possible to the overall intention of what was actually said.” Thucydides, edited and translated by Jeremy Mynott, *The War of the Peloponnesians and the Athenians* (Cambridge Texts in the History of Political Thought), Cambridge: Cambridge University Press, 2013, p. 15. 我更赞同 de Ste Croix 对 τῆς ξυμπάσης γνώμης 的译法“of the main thesis”。de Ste Croix, G. E. M. *The Origins of the Peloponnesian War*, London: Duckworth, 1972, p. 10.

该句的两个德语译本如下。“nur wie meiner Meinung nach ein jeder in seiner Lage etwa sprechen mußte, so stehn die Reden da, in möglichst engem Anschluß an den Gesamtsinn des in Wirklichkeit Gesagten.” Thukydides, übersetzt und mit einer Einführung und Erläuterung versehen von Georg Peter Landmann, *Geschichte des Peloponnesischen Krieges*, 1. *Teil*: *Buch I – IV* (Sammlung Tusculum), Düsseldorf: Artemis Winkler, 1993, p. 31, p. 33.

“Wie nun die einzelnen Redner über die jeweils anliegenden Themen mir wohl im höchsten Maße das Erforderliche zum Ausdruck zu bringen schienen, wobei ich mich so eng wie möglich an den Gesamtsinn des in Wahrheit Gesagten hielt: So sind die Reden formuliert.” Thukydides, übersetzt von Michael Weißenberger, mit einer Einleitung von Antonios Rengakos, *Der Peloponnesische Krieg* (Sammlung Tusculum), Berlin: De Gruyter, 2017, p. 129. Michael Weißenberger 将“环境的要求”（περὶ τῶν αἰεὶ παρόντων τὰ δέοντα）理解为“针对每一主题”。我认为，环境的诸多要求中，修昔底德并未特别指出主题这一要求。

该句的法文译法如下。“J'ai exprimé ce qu'à mon avis ils auraient pu dire qui répondît le mieux à la situation, en me tenant, pour la pensée générale, le plus près possible des paroles réellement prononcées: tel est le contenu des discours”. *Thucydide*, 14. J. de Romilly 将“写作演说词的方法”（ὡς... οὕτως）等同于“演说词的内容”（le contenu des discours），而我认为演说词的内容是“说”的直接宾语“要求”（τὰ δέοντα）。

写作的演说词内容：第一，这些内容是“被要求的”，“应该的”（τὰ δέοντα，the things that are required）。第二，提出这种要求的主体是“在场之物”（περὶ τῶν ... παρόντων，concerning the things that are present），也就是发表演说的环境。第三，环境“一直”（αἰεί，always，in each case）主导内容。换言之，环境不同，环境要求演说者所说的内容也不同。修昔底德的意思，简而言之，就是“我实际写下的演说词，就是（演说）环境要求（演说者所说的话）”。[①]

其次是理解。在这段话中，修昔底德从未承诺“所听即所录”；相反，他区分了“真实发生过的演说”（τῶν ἀληθῶς λεχθέντων）与自己将要写作的演说词，即“环境的要求”（τὰ δέοντα）。两者之间的联系仅仅是，自己所写的演说词与真实演说词的“大意尽可能接近”。在 A. J. Woodman 看来，修昔底德并不认为逐字报告演说内容有何意义，C. W. Fornara 与 K. J. Dover 则与他意见相反。[②] 但无论修昔底德对逐字报告看法如何，无论他写下“情境的要求”作为史书中的演说词时是实属无奈、还是乐在其中，我们可以确定的一点是，他笔下的演说词<u>不同于</u>历史上真实发表的那些演说词。

这使得学者们可以利用“情境的要求”（τὰ δέοντα）来理解修昔底德史书的多重面向，特别是，修昔底德作为史家的哲学化面向。史家缺乏寻求普遍的智识努力，这一点因为亚里士多德的如下批评而广为人知。

T 4. 2（Arist. *Po.* IX 1451 A 38 – B 11）

---

① 通过这种方式的分析，我们得到了与 de Ste Croix 相同的答案；而他是通过分析史书中 τὰ δέοντα 的其他四处用法得到这一答案的。G. E. M. de Ste Croix，*the Origins of the Peloponnesian War*，p. 8，and n. 9.

② A. J. Woodman，“Chapter 1：Preconceptions and Practicalities：Thucydides”，*Rhetoric in Classical Historiography：Four Studies*，p. 13.

ὁ γὰρ ἱστορικὸς καὶ ὁ ποιητὴς οὐ τῷ ἢ ἔμμετρα λέγειν ἢ ἄμετρα διαφέρουσιν (εἴη γὰρ ἂν τὰ Ἡροδότου εἰς μέτρα τεθῆναι καὶ οὐδὲν ἧττον ἂν εἴη ἱστορία τις μετὰ μέτρου ἢ ἄνευ μέτρων)· ἀλλὰ τούτῳ διαφέρει, τῷ τὸν μὲν τὰ γενόμενα λέγειν, τὸν δὲ οἷα ἂν γένοιτο. διὸ καὶ φιλοσοφώτερον καὶ σπουδαιότερον ποίησις ἱστορίας ἐστίν· ἡ μὲν γὰρ ποίησις μᾶλλον τὰ καθόλου, ἡ δ' ἱστορία τὰ καθ' ἕκαστον λέγει. ἔστιν δὲ καθόλου μέν, τῷ ποίῳ τὰ ποῖα ἄττα συμβαίνει λέγειν ἢ πράττειν κατὰ τὸ εἰκὸς ἢ τὸ ἀναγκαῖον, οὗ στοχάζεται ἡ ποίησις ὀνόματα ἐπιτιθεμένη· τὸ δὲ καθ' ἕκαστον, τί Ἀλκιβιάδης ἔπραξεν ἢ τί ἔπαθεν.

The difference between the historian and the poet is not that between using verse or prose; Herodotus' work could be versified and would be just as much a kind of history in verse as in prose. No, the difference is this: that the one relates actual events, the other the kinds of things that might occur. Consequently, poetry is more philosophical and more elevated than history, since poetry relates more of the universal, while history relates particulars. “Universal” means the kinds of things which it suits a certain kind of person to say or do, in terms of probability or necessity: poetry aims for this, even though attaching names to the agents. A “particular” means, say, what Alcibiades did or experienced. ①

史家与诗人的区别不在于使用韵文还是散文（因为，将希罗多德的作品写成韵文，一部有格律的历史并不比没有格律的更不是一部历史）；而真正的区别是这个，那就是<史家>讲述已经发生的事情，<诗人>讲述可能发生的一类事情。因此，诗人比史家更加哲学，更加严肃，因为诗歌更多讲述普遍的事情，而历史讲述个别的事情。普遍的事情，指的是某一类人根据可然或必然可能会说或会做的那些类事情；诗歌的目标就是<这样的内容>，<然后>都有名字。个别的事情，<是指>阿尔喀比亚德做过或遭遇过的事情。

① Aristotle, edited and translated by Stephen Halliwell, *Poetics*, Cambridge, Massechussetts: Harvard University Press, 1995, 1999, p. 59, p. 61.

修昔底德的“情境的要求”（T 4.1 = T 5.25：τὰ δέοντα）类似亚里士多德所说的诗剧写作准则“可然或必然”（T 4.2：κατὰ τὸ εἰκὸς ἢ τὸ ἀναγκαῖον），指的是在那一情境中可能或必然发生的对话。不难理解，一个情境中必然要说的话（τὸ ἀναγκαῖον）反映的就是这个情境的要求。而根据 David C. Hoffman 的发现，在早期的雅典演说术中，“可然”（τὸ εἰκός）的重要含义之一是“适合”。[①] 换言之，在一个情境中可能被说出来的话，是适合于这个情境的。无论哪种情况，修昔底德的演说词写作方法与亚里士多德的诗剧写作准则有相似的地方。在这样的意义上，依照“情境要求”（T 4.1）写作的修昔底德演说词，近似于依照必然律或可然律（T 4.2）作成的诗歌。[②]

因为这样的缘故，修昔底德的评论者赞美他不同于亚里士多德在这里所批评的历史家，[③] 认为他弥合了亚里士多德在此所说的诗歌与历史的分歧。这些评论者将修昔底德史书中诗性或哲学的声音——抽象的深层归因，普遍模式的呈现等——归给“情境的要求”（τὰ δέοντα），而非真实的演说词；他们认为在修昔底德笔下的“情境要求”中可以找到作者之音。John Moles 认为，“情境的要求”不

---

① David C. Hoffman, “Concerning Eikos: Social Expectation and Verisimilitude in Early Attic Rhetoric”, *Rhetorica: A Journal of the History of Rhetoric*, Vol. 26, No. 1, 2008, pp. 1 – 29.

② 有必要略微申明，在古典时代希腊语境中，诗歌一般就是指韵文，即悲剧和喜剧。参见第一章的相关讨论。

③ 亚里士多德以阿尔喀比亚德为例说明历史的写作对象，他是不是在影射修昔底德的史书？我们无法肯定，但最好不要这样认为。一方面，修昔底德固然是阿尔喀比亚德最主要的传世史料，但这不能排除其他作家也将阿尔喀比亚德作为写作对象、广为人知但史料不存的可能性。另一方面，亚里士多德及其学派对修昔底德及其作品的知识，我们所知甚少，仅仅通过西塞罗（Cicero）《布鲁图斯》（*Brutus*）第 47 节对亚里士多德的引述了解到，亚里士多德及其学派似乎是知道修昔底德的（Arist. F 137 [Gigon] = Cic. *Brut.* 47）。Luciano Canfora, “Chapter 1: Biographical Obscurities and Problems of Composition”, *Brill's Companion to Thucydides*, p. 15. Olof Gigon ed., *Aristoteles: Aristotelis Opera*, Immanuel Bekker (ed.) et al., *Volume III: Librorum Deperditorum Fragmenta*, Berlin, New York: Walter de Gruyter, 1987, p. 391. 或许我们应该像 Whalley（sic. Lucas）一样持有一个简单的立场：阿尔喀比亚德性格出了名地有特点，这就是他被亚里士多德选为例子的原因。*Aristotle's Poetics*, translated and with a commentary by George Whalley, edited by John Baxter and Patrick Atherton, Montreal & Kingston, London, Buffalo: McGill – Queen's University Press, 1997, p. 82.

等于实际演说词，而是体现了史家的深层逻辑。[①] Mabel B. Lang 相信，我们能够从“情境的要求”中读出修昔底德的归因方式。[②] 我们同样可以这么做。在修昔底德史书的双重文本中，真实的演说位于文本的事实层，“情境所要求”的内容则位于文本的史撰层。一方面，修昔底德自己将真实发生过的演说与自己写下的演说区分开来，这使得我们更有信心确信上文第二章提出的“双重文本论”。另一方面，就此处具体而言，这种区分有助于我们更准确地理解雅典人演说：史撰层上的法庭情境将要求雅典人的演说具有一些不同于听证会发言的特征。

“那一情境的要求”在修昔底德笔下的演说词中，具体表现为什么？雅典使节演说，作为一篇写作于史撰层文本上的演说词，如何体现了史撰层文本的“情境要求”？亚里士多德在《修辞学》中提供的同时代规范性论述和“安提丰”在《四联演说词》中提供的标准化模板都提示我们，法庭情境要求演说者，在内容上关注过去的事情，在目的上争议正当性。

二　“过去的事情”

首先，雅典使节演说的主要内容是一件过去发生的事情：雅典帝国的发展过程。这与公民大会的情境要求不符。在演说词的概要里，修昔底德指出，雅典使节演说的主要内容和首要目的是讲述已经发生的事情（T 4.3）。

T 4.3（Th. 1.72.1.7 – 12）

① J. L. Moles, “Chapter Three: Truth and Untruth in Herodotus and Thucydides”, in *Lies and Fiction in the Ancient World*, pp. 104 – 106.

② Mabel B. Lang, “The Thucydidean Tetralogy (1.67 – 88)”, *CQ*, Vol. 49, No. 1, 1999, p. 326.

καὶ ἅμα τὴν σφετέραν πόλιν ἐβούλοντο σημῆναι ὅση εἴη δύναμιν, καὶ ὑπόμνησιν ποιήσασθαι τοῖς τε πρεσβυτέροις ὧν ᾔδεσαν καὶ τοῖς νεωτέροις ἐξήγησιν ὧν ἄπειροι ἦσαν, νομίζοντες μᾶλλον ἂν αὐτοὺς ἐκ τῶν λόγων πρὸς τὸ ἡσυχάζειν τραπέσθαι ἢ πρὸς τὸ πολεμεῖν.

and at the same time, he wanted to signal how great a power their own city is, and to show to the elders the reminding of what they had in their mind, and to the youths the statements of which they went unexperienced, believing that they would be directed toward remaining peace out of reason than to making war.

与此同时，他希望以证据表明自己的城邦是＜一个＞多大的强国，并向老年人展示他们已经知道的事情，向年轻人＜展示＞他们没有经历的陈述，因为他相信他们出于理性将被导向和平而非作战。

对于"陪审团"中的年轻人，他希望陈述证据；对于"陪审团"中的老年人，他希望他们重新温习这些证据。无论对老年人还是年轻人，雅典使节都希望他们审视证据，聆听过去发生的事情。雅典人将演说的主要篇幅都用来回顾帝国的形成（Th. 1. 73. 4 – 74）和帝国形成之后的统治实践（Th. 1. 77）。这一划分与结构，如上一章末尾所提到的，与"五十年纪事"的覆盖范围和划分结构一样，都服务于"战争起因说"部分的论点（T 3. 12）。雅典使节演说的内容，毫无疑问是"已经发生的事情"。

同时代的规范性论述和修昔底德史书内部的做法都表明，一篇法庭演说更有可能要求演说者讲述"已经发生的事情"。亚里士多德区分三类演说时，将"已经发生的事情"归于法庭演说，将"将来可能会发生的事情"归给政治演说（T 2. 1，T 4. 4）。

T 4. 4（Arist. *Rh.* 1. 3. 4，1358 B 13 – 20）

χρόνοι δὲ ἑκάστου τούτων εἰσὶ τῷ μὲν συμβουλεύοντι ὁ μέλλων (περὶ γὰρ τῶν ἐσομένων συμβουλεύει ἢ προτρέπων ἢ ἀποτρέπων), τῷ δὲ δικαζομένῳ ὁ γενόμενος (περὶ γὰρ τῶν πεπραγμένων ἀεὶ ὁ μὲν κατηγορεῖ, ὁ δὲ ἀπολογεῖται), τῷ δ' ἐπιδεικτικῷ κυριώτατος μὲν ὁ παρών (κατὰ γὰρ τὰ ὑπάρχοντα ἐπαινοῦσιν ἢ ψέγουσιν πάντες), προσχρῶνται δὲ πολλάκις καὶ τὰ γενόμενα ἀναμιμνήσκοντες καὶ τὰ μέλλοντα προεικάζοντες.

Further, to each of these a special time is appropriate: to the deliberative the future, for the speaker, whether he exhorts or dissuades, always advises about things to come; to the forensic the past, for it is always in reference to things done that one party accuses and the other defends; to the epideictic the present is most important, for it is the existing condition of things that all those who praise or blame have in view. ①

<这三种演说>当中的每一种都有自己特定的时间：政治演说<涉及>未来（因为<发表政治演说的人>劝说或者劝阻，针对的始终是即将发生的事情）；法庭演说涉及过去（因为一方控诉、一方辩护<的时候>，总是关于已经做了的事情）；对典礼演说来说当下最重要，因为事物的当前状态是人们称赞或批评的对象。

Victor Bers 认为，亚里士多德的区分并不确切，与亚里士多德同时代或者比他更早的理论性的论述与实际留存至今的演说文本都表明，法庭演说与政治演说边界是模糊的。② 诚然，亚里士多德的三分法并非清晰明确以至不可逾越的体裁地图，但这种分类方法能够反

---

① Aristotle, translated by John Henry Freese and revised by Gisela Striker, *Art of Rhetoric*, p. 33, p. 35.

② Victor Bers 认为，柏拉图《斐德若》（*Phaedrus*）（Pl. *Phdr.* 261 A – B），《智者》（*Sophista*）（Pl. *Sph.* 222 C），阿西达马斯（Alcidamas）及伊索克拉底对公共演说的分类表明，亚里士多德的三分法并非完全清晰正确，也不是唯一看法。Victor Bers, “Performing the Speech in Athenian Courts and Assembly Adjusting the Act to Fit the ‘BĒMA’?”, *BICS Suppl.* 123（2013）, p. 31.

映古典时代雅典公共演说的大致特点，特别是在我们试图理解政治演说和法庭演说的区别、而非试图寻找一种不会出错的分类方法的时候。这种分类方法及它对不同演说类型限定的时间范围，能够提供帮助而非阻碍我们理解政治演说与法庭演说的不同。与此同时我们确实发现，在修昔底德史书中，政治演说不会以过去的某一件事情作为内容重点。

修昔底德的方法与实践都符合这一规范性论述。不止一位学者发现，修昔底德重构历史——而非写作当代[①]——的方法，带有强烈的法庭特征。Nicole Loraux 发现，修昔底德对希腊历史的考察宛如法庭考察。[②] Hunter R. Rawlings III 将我们的史家比作“历史法庭中的辩护律师”，力图证明自己重构过去的方法优于诗人与其他散文作者（logographoi），而他使用的方法“属于亚狄珈（Attic）法庭中会用的方法”。[③] Roberto Nicolai 从“刺僭主纪”（Th. 6. 53. 3 – 59）观察到，法庭演说的论证技巧影响了修昔底德对过往的叙事呈现。[④] John Marincola 从“古史纪事”（Th. 1. 1 – 19）观察到，修昔底德重构过去的方法需要借助法律与逻辑术语。[⑤] 在叙事部分，修昔底德的历史重构方法带有法庭风格。类似地，在演说词部分，修昔底德笔下的演说者重构历史时也带有法庭风格。

在史撰实践中，修昔底德史书中的政治演说者确实很少以过去的事情作为内容重点。在密提林辩论中，克里昂演说（Th. 3. 37 –

① 如我们在第一章考察 τύραννος 及其同源词时已经提及并讨论过的，我们赞同 John Moles、反对 Joshua J. Reynolds 和 A. J. Woodman 在这个问题上的看法，相信修昔底德重构过去与写作当代——即，伯罗奔尼撒战争——时所使用的方法是不同的。参见第一章第一节的相关论证。

② Nicole Loraux, “Thucydide a écrit la Guerre du Péloponnèse”, *Métis*, Vol. 1, 1986, p. 152, n. 22.

③ Hunter R. Rawlings III, “Thucydidean Epistemology: Between Philosophy and History”, *Rheinisches Museum für Philologie*, Vol. 153 – 3, No. 4, 2010, pp. 266 – 267, and n. 37; p. 273, and n. 51.

④ Roberto Nicolai, “Chapter 13: Thucydides' Archaeology: Between Epic and Oral Tradition”, in Nino Luraghi ed., *The Historian's Craft in the Age of Herodotus*, pp. 263 – 285.

⑤ John Marincola, *Authority and Tradition in Ancient Historiography*, Cambridge: Cambridge University Press, 1997, p. 97, and n. 168.

40）侧重说理，通过批评雅典人热爱言辞的习惯、通过预判盟邦的反应，揭示民主政体统治帝国的困难所在。狄奥多图斯（Diodotus）演说（Th. 3. 42 – 8）是对克里昂演说的近乎逐条反驳，同样没有以过去的某一件事情为内容核心。在西西里辩论的三角演说中，尼基阿斯（Nicias）第一次演说（Th. 6. 9 – 14）以分析西西里战略现状、预判西西里未来情势、批评远征动机（即，阿尔喀比亚德的野心）为内容，没有涉及过去的历史；阿尔喀比亚德演说（Th. 6. 15 – 8）则主要论证自己出任远征军将军的资格和雅典远征西西里的理由；尼基阿斯第二次演说（Th. 6. 20 – 21），众所周知是一次失败的修辞诈骗，[①] 内容主要是远征所需要的物质准备。在战前雅典公民大会中，伯利克里第一次演说（F）作为政治演说，内容仅涉及战备情况及分析。

从规范性论述和修昔底德自己的方法和实践可以看到，法庭环境要求出现在史书第1卷的这位雅典使节把主要篇幅放在“过去的事情”上。如果这样一个法庭不存在于事实层文本上，那么我们只能推测，它存在于史撰层文本上。

三 争议正当性

环境的第二重要求体现在演说的目的中。据这位雅典使节自己说，他的演说目的并非“反驳指控”（T 2. 5 = T 4. 5）；但是同时我们又读到，这位雅典使节说，自己演说的目的是论证“过去的事情”正当与否（T 4. 8），而这正是亚里士多德所界定的法庭演说目的（T 4. 6，T 4. 7）。同时代的法庭演说范本（T 4. 9）提示我们，雅典人演说争论正义与否的方式（T 4. 10，T 4. 11），属于法庭演说大类中的这样一种具体类型：控辩双方对事实无争议，但对事实的性质存在分歧。雅典人在其自我辩护中争辩正当性的方式是，争辩他们

---

① 关于这篇演说词的动机及后果，参见 Donald Kagan，*The Peace of Nicias and the Sicilian Expedition*，Ithaca，NY：Cornell University Press，1981，pp. 186 – 191.

的行为应当得到赞扬而非批评。

雅典人演说的目的是什么？从发言的一开始，雅典使节就否认他们是来反驳各城邦的指控的。但是在第二章我们已经提到，这种反驳反而表明，正是当前的发言环境要求他去“反驳各城邦的指控”。

T 4. 5（=T 2. 5，Th. 1. 73. 1. 3–6）

αἰσθανόμενοι δὲ καταβοὴν οὐκ ὀλίγην οὖσαν ἡμῶν παρήλθομεν οὐ τοῖς ἐγκλήμασι τῶν πόλεων ἀντεροῦντες (οὐ γὰρ παρὰ δικασταῖς ὑμῖν οὔτε ἡμῶν οὔτε τούτων οἱ λόγοι ἂν γίγνοιντο), ...

but perceiving that there is no little outcry against us, we have come not in order to gainsay with charges of the cities (for words < addressing you >, neither from us nor from them, would be by the side of judges) . . . [①]

但是听说针对我们的强烈抗议不止一点之后，我们到来不是为了反驳各城邦的指控（因为对你们说的这些话，无论是我们的还是<这些城邦说的>，并非面对着陪审团）……

如果这种要求确实来自雅典使节发言的环境，那么这个环境一定很像一个法庭。亚里士多德在区分了三种不同的演说类型及其所对应的时间之后（T 2. 1，T 4. 4），进而界定了三种演说各自的论证目的。他说，法庭演说的目的主要是争辩正当性，而政治演说应当关注利害。

T 4. 6（Arist. *Rh.* 1. 3. 5，1358 B 20–27）

① 参见 A. W. Gomme 对这句话的意译：“This is not a Court of Law, With You as the Judges, Your Allies as Prosecutors, and Ourselves as Defendants.” A. W. Gomme, *A Historical Commentary to Thucydides*, *Vol. I*: *Introduction and Commentary on Book I*, Oxford: The Clarendon Press, 1945, reprinted 1971 (henceforth *HCT* I), p. 234.

τέλος δὲ ἑκάστοις τούτων ἕτερόν ἐστι, καὶ τρισὶν οὖσι τρία, τῷ μὲν συμβουλεύοντι τὸ συμφέρον καὶ βλαβερόν· ὁ μὲν γὰρ προτρέπων ὡς βέλτιον συμβουλεύει, ὁ δὲ ἀποτρέπων ὡς χείρονος ἀποτρέπει, τὰ δ' ἄλλα πρὸς τοῦτο συμπαραλαμβάνει, ἢ δίκαιον ἢ ἄδικον, ἢ καλὸν ἢ αἰσχρόν· τοῖς δὲ δικαζομένοις τὸ δίκαιον καὶ τὸ ἄδικον, τὰ δ' ἄλλα καὶ οὗτοι συμπαραλαμβάνουσι πρὸς ταῦτα·

Each of the three kinds has a different end, and as there are three kinds of rhetoric, so there are three ends. The end of the deliberative speaker is the expedient or harmful; for he who exhorts recommends a course of action as better, and he who dissuades advises against it as worse; all other considerations, such as justice and injustice, honor and disgrace, are included as accessory in reference to this. The goal of the forensic speaker is the just or the unjust; in this case also all other considerations are included as accessory. ①

每种<演说的>目的不同，因为共有三种修辞，所以共有三种目的。政治演说者的目的是有益或有害；因为劝说的人认为他的行动更好，而劝阻的人认为该行动更差；所有其他考虑，例如正义或不正义，荣誉或羞耻，比起<利害>来说都属次要。法庭演说者的目的是正当与不正当；在这种情况当中，所有其他考虑都属次要。

同时，亚里士多德还指出了每种演说所不应该关切的内容：法庭演说者不关心政治演说者所关心的利害，而政治演说家对法庭演说者所关心的正当性问题也不是那么关心。为此，亚里士多德举例说，政治演说家们在演说中不应当去论证奴役邻人是否正当。我们看到，这正是雅典使节演说的主题。

T 4.7 (Arist. *Rh.* 1.3.6, 1358 B 29 – 37)

---

① Aristotle, translated by John Henry Freese and revised by Gisela Striker, *Art of Rhetoric*, p. 35.

σημεῖον δ' ὅτι τὸ εἰρημένον ἑκάστοις τέλος· περὶ μὲν γὰρ τῶν ἄλλων ἐνίοτε οὐκ ἂν ἀμφισβητήσαιεν, οἷον ὁ δικαζόμενος ὡς οὐ γέγονεν ἢ οὐκ ἔβλαψεν· ὅτι δ' ἀδικεῖ οὐδέποτ' ἂν ὁμολογήσειεν· οὐδὲν γὰρ ἂν ἔδει δίκης. ὁμοίως δὲ καὶ οἱ συμβουλεύοντες τὰ μὲν ἄλλα πολλάκις προΐενται, ὡς δὲ ἀσύμφορα συμβουλεύουσιν ἢ ἀπ' ὠφελίμων ἀποτρέπουσιν οὐκ ἂν ὁμολογήσαιεν· ὡς δ' [οὐκ]ἄδικον τοὺς ἀστυγείτονας καταδουλοῦσθαι καὶ τοὺς μηδὲν ἀδικοῦντας, πολλάκις οὐδὲν φροντίζουσιν.

A sign that what I have stated is the goal that each has in view is the fact that sometimes the speakers will not dispute about the other points. For example, a man on trial does not always deny that an act has been committed or damage inflicted by him, but he will never admit that the act is unjust; for otherwise a trial would be unnecessary. Similarly, the deliberative orators, although they often disregard everything else, will never admit that they are recommending what is inexpedient or dissuading from what is useful; but often they are quite indifferent about showing that the enslavement of neighboring peoples, even if they have done no harm, is not an act of injustice. ①

有一迹象可以证明我所说的，每种＜修辞＞各有其目的，那就是有时候，演说者不会就其他论点进行争辩。例如，审判中的人并不总是否认做下某件事情或是引发某种伤害，但是他永远不会承认说，该行为是不正当的；因为那样的话，审判就没有必要了。类似的，政治演说家们，尽管他们常常无视所有其他＜论题＞，但是他们永远不会承认他们赞成的行动无益，

① Aristotle, translated by John Henry Freese and revised by Gisela Striker, *Art of Rhetoric*, p. 35, p. 37. Freese认为，这里明显影射了修昔底德的弥罗斯对话。Aristotle, translated by John Henry Freese and revised by Gisela Striker, *Art of Rhetoric*, pp. 36 – 37, n. 24. 关于应当如何看待弥罗斯对话的体裁，特别是将弥罗斯对话视为法庭演说与政治演说的混合体的看法，参见 Marcin Kurpios, "Reading Thucydides with Aristotle's *Rhetorics*: Arguing from Justice and Expediency in the Melian Dialogue and the Speeches", *EOS Commentarii Societatis Philologae Polonorum*, Vol. 102, 2015, pp. 225 – 260.

也 <永远不会承认> 他们劝阻的行动有益；但是他们对于以下 <论证> 常常是不关心的，那就是奴役邻人——即便 <邻人> 未行不义——并非不义。

换言之，根据这样一篇关于公共演说的规范性论文，雅典使节的发言是应该被批评的。如果斯巴达公民大会上的雅典使节真的仅仅是想发表一篇政治演说、仅仅是想要劝阻斯巴达人投票决议雅典破坏和约、决议开战的话，那么，他的论证目的不应当是雅典帝国的正当性，而应当是开战的好处和不开战的坏处。[①] 然而雅典使节却说，他要针对指控、论证雅典帝国的正当性。

T 4. 8（Th. 1. 73. 1. 7 – 10）

... καὶ ἅμα βουλόμενοι περὶ τοῦ παντὸς λόγου τοῦ ἐς ἡμᾶς καθεστῶτος δηλῶσαι ὡς οὔτε ἀπεικότως ἔχομεν ἃ κεκτήμεθα, ἥ τε πόλις ἡμῶν ἀξία λόγου ἐστίν.

. . . also at the same time we wish to demonstrate about each word that was put against us that not unreasonably have we what we had acquired, the city of ours is worthy of words.

……与此同时，我们希望就针对我们的所有控诉表明，我们

① 但这并不是说政治演说中不能包含论证正当性的内容，或者法庭演说中不能含有政治劝服的内容。首先，亚里士多德本人并没有排除这种可能。他只是强调，政治演说的目的首先是利害，其余皆属次要（T 4. 6）。据此类推，其他演说类型也一样。其次，当代学者也意识到了这一点。Victor Bers 提醒我们，这一现象在古希腊修辞中十分常见。典礼演说吕西阿斯《奥林匹克辞》（Lysias，*Olympic Oration*）（Lys. 33）含有政策劝服内容，法庭演说埃斯基涅《诉提马尔霍斯》（Aeschines，*Against Timarchus*）（Aeschin. 1）含有政策劝服内容，政治演说德摩斯梯尼的《论虚假使团》（Demosthenes，*On the False Embassy*）（D. 19）含有正当性论证。Victor Bers，“Performing the Speech in Athenian Courts and Assembly adjusting the act to fit the ‘BĒMA’?”，*BICS*，Vol. 123，2013），pp. 31 – 32. 在试图重新理解弥罗斯对话的过程中，Marcin Kurpios 提醒我们修昔底德史书也是如此。普拉提阿人在法庭演说中，也诉诸利害分析；在政治演说密提林辩论中，狄奥多图斯和克里昂并没有放弃正当性论证，弥罗斯对话则结合了利害与正当性论证。Marcin Kurpios，“Reading Thucydides with Aristotle's *Rhetorics*：Arguing from Justice and Expediency in the Melian Dialogue and the Speeches”，*EOS Commentarii Societatis Philologae Polonorum*，Vol. 102，2015，pp. 223 – 229.

拥有我们所取得的，不是以不正当的方式，我们的城邦值得赞美。

雅典人在演说中自相矛盾：他说他不是来反驳战争指控的（T 2.5＝T 4.5），同时却又表明，他将要“针对所有指控表明”雅典帝国的正当性（T 4.8）。我们应当如何理解雅典使节的自相矛盾？首先，仍然是通过区分事实层文本与史撰层文本，我们可以发现，在事实层文本中，雅典人在出席一个针对自己城邦的听证会；在史撰层文本中，雅典使节在抗辩科林斯及其他城邦对雅典的控诉，他需要做一篇被告自辩。接着，通过对比同时代不同类型的法庭演说，我们可以确定雅典人演说的具体类别属性，进而理解雅典人在这一法庭上的具体目的。在有一类自辩中，被告并不争辩事实本身，他争辩的是针对事实的评价。

我们可以依据三组《四联演说词》，将公元前5世纪的雅典法庭上的自辩演说分为三类：争议事实的，争议针对事实的判断的，争议比较责任的。这三组《四联演说词》被归给与修昔底德差不多同时代的演说家安提丰，每一组四篇演说词都围绕一个虚拟案件展开，原告和被告轮流展开控诉与申辩，双方各发言两次。[①]《四联演说词》是法庭演说写作范本，并不是历史上真实的法庭演说。虽然《四联演说词》被一些学者认为既不“安提丰”，又不“法庭”，[②] 但是这十二篇演说词复刻了当时的人对法庭演说的总结和理解。毕竟，

① 被归给安提丰的《四联演说词》被认为大致成书于伯罗奔尼撒战争爆发前夕。关于作者是谁，学者们有一些争议。Stephen Usher, *Greek Oratory: Tradition and Originality*, Oxford University Press, 1999, p. 6, "Appendix A", pp. 355－359. 在《四联演说词》的作者问题上，本书持开放态度。作者是或者不是修昔底德在第8卷（Th. 8. 68）提及的安提丰，对本书此处的讨论没有影响。

② K. J. Dover 认为，《四联演说词》的风格与安提丰成熟时期的风格相去甚远，G. Zuntz 则指出，《四联演说词》与真实的法庭演说大相径庭。A. W. Gomme, A. Andrewes, K. J. Dover, *A Historical Commentary on Thucydides, Volume V: Book VIII*, Oxford: the Clarendon Press, 1981, reprinted 2002 (henceforth: *HCT* V), p. 171. 关于一种相反的看法——《四联演说词》风格与安提丰风格确实相似——，参见 Stephen Usher, "Appendix A", *Greek Oratory: Tradition and Originality*, p. 358.

修昔底德笔下的演说词，也并非历史上真实发生过的演说。同时我们可以认为，四联演说词是这个时代流行的对仗演说的一种扩展变体。我们已经提到过，成对论证被应用于法庭演说，这是雅典人公民生活的必要技能，同时也塑造了雅典人的思考过程。

被归给安提丰的《四联演说词》提供了一个谱系，使得我们可以推断雅典人演说具体属于哪一类诉讼演说。在第一组四联演说词（Ant. 2. 1 –4）中，原告和被告争执的焦点是杀人事实，双方对于“过去发生的事”（T 2. 1，T 4. 4）并无共识。第三组四联演说（Ant. 4. 1 –4）中，原告和被告争执的焦点是谁应该为相互斗殴这一事实负上更多责任，双方对事实本身、对如何评价事实并无异议。而在第二组四联演说（Ant. 3. 1 –4）中，原告和被告争议的焦点是如何为一桩双方共同承认的事实来界定罪名。以雅典使节自我辩护为中心的这组“诉讼演说”与被归给安提丰的第二组四联演说最为相似。雅典使节不否认雅典帝国的实践，但否认科林斯人给他们安上的不正义罪名，这个罪名就是第二篇科林斯人演说中提到的“僭主城邦”。

与“安提丰”的第二组四联演说词类似的是，雅典城邦的控诉者科林斯使节与进行自我辩护的雅典使节，在事实方面并不存在争议。在第二组四联演说词中，原告从一开始就为接下来的辩论界定了性质：在这场辩论中，双方争议的不是事实本身。

T 4. 9（Ant. 3. 1. 1 –3）

Τὰ μὲν ὁμολογούμενα τῶν πραγμάτων ὑπό τε τοῦ νόμου κατακέκριται ὑπό τε τῶν ψηφισαμένων, οἳ κύριοι πάσης τῆς πολιτείας εἰσίν·

When the facts are agreed on by both sides, the verdict is determined by the laws and by those who voted, who have final authority over our government. ①

① *Antiphon and Andocides*, translated by Michael Gagarin and Douglas M. MacDowell, Austin: University of Texas Press, 1998, p. 31.

<双方>在事实方面达成一致的那些案件，决定于法律和投票的人们，那些人掌控我们的整个政体。

雅典使节演说的情况与此类似。他没有就任何事实细节本身进行争辩，希望老年人回忆起以前发生的事情，希望向年轻人展示以前发生的事情（T 4.3）。

然而我们都知道，修辞术的目的是说服，而说服反过来就意味着听众意见在特定问题上的开放性。如果对事实没有争议，那么双方争议的内容是什么？已经发生的事情是封闭的，这些事情正当与否则是开放的。雅典人需要说服听众的是：雅典先前的帝国举措是正当的（T 4.8）。提出控诉的科林斯人和为自己辩护的雅典人辩论的焦点在于雅典帝国这一已经发生的事态的正当性，而非存在性。在雅典人发言之后发言的斯巴达监察官司森涅莱达的话也证明了我们的上述观察：雅典人演说的内容是“过去的事情”，争辩的目的则是“过去的事情”的正当性。

T 4.10（Th. 1.86.1.2 –4）

ἐπαινέσαντες γὰρ πολλὰ ἑαυτοὺς οὐδαμοῦ ἀντεῖπον ὡς οὐκ ἀδικοῦσι τοὺς ἡμετέρους ξυμμάχους καὶ τὴν Πελοπόννησον·

for after praising themselves much they never rejected that they were wronging our allies and the Peloponnesus.

因为大大表扬了他们自己以后，<雅典人>并没有否认他们对我们的盟邦和伯罗奔尼撒半岛做不正义的事。

这样看来，如果雅典与控诉她的城邦就过去的事实并无争议的话，那么，我们就应该这样来理解他所说的“我们到来不是为了反驳各城邦的指控的”（T 2.5 = T 4.5）：“我们到这里来，不是为了否认我们做过的事情的”。

我们继续考察这场辩论中的争议焦点。与第二组四联演说词一样，这场辩论的争议焦点是正当性问题，双方对正当性的争议体现在他们对同一事实的不同理解。雅典与控诉她的城邦在这场“法庭辩论”中争议的是：应该赞扬还是批评雅典帝国主义迄至那时的发展。雅典使节在重新讲述了希波战争及那时以来的事实后说，他们合法而温和的行为带来的不是赞扬而是批评。

T 4. 11 （Th. 1. 76. 4. 2 –3）

ἡμῖν δὲ καὶ ἐκ τοῦ ἐπιεικοῦς ἀδοξία τὸ πλέον ἢ ἔπαινος οὐκ εἰκότως περιέστη.

but also because of the fair <deeds> more ill – reputation rather than praise has resulted unfairly to us.

但是因为举措温和，我们不公平地得到了批评而非赞扬。

Arnold 指出，περιέστη 一词（T 4. 11：resulted，“得到”）经常被用于描述与期待不符的结果。① 这个词表达了雅典使节的失望：他相信雅典的帝国行为是正当的，他争辩雅典应该得到赞扬。Jacqueline de Romilly 同样观察到，雅典人演说的目的之一仅仅在于反驳科林斯人的批评，而并不是在论证他们应该得到帝国；他们要求的不过是为“已经得到之物”进行辩解。② 至此我们可以说在史撰层上，法庭环境对雅典使节的要求就是：不要去论辩雅典发展帝国主义这一事实，而要去争辩说，到目前为止的雅典帝国主义是正当的，雅典帝国不应该被批评而应当得到赞扬。

通过亚里士多德《修辞学》和被归给安提丰的第二组《四联演说词》我们看到，公元前 5 世纪的法庭情境会要求演说者谈论“过去的事情”，要求他们争辩这些事情的正当性。雅典人演说满足了法庭情境的这一要求；同时，这并非一则政治演说的要求。根据修昔

① Thomas Arnold ed. , *Thucydides*: *History of the Peloponnesian War*, Cambridge: Cambridge University Press, 1830, reprinted 2010 (henceforth: Arnold, *Thucydides*), p. 107.

② Jacqueline de Romilly, *ThAI*, p. 248.

底德所申明的演说词写作原则（T 4.1 = T 5.25）我们只能说，雅典人演说的内容与目的符合的不是事实层文本的情境要求，而是史撰层文本的情境要求。

第五章

基于修昔底德的“方法论”宣言，我们理解了，是史撰层上的法庭情境对雅典人提出了种种要求，致使雅典人的演说呈现不同于政治演说的许多特征。我们已经反复论证，在修昔底德史书第1卷的史撰层文本中，存在这样一个城邦间法庭。如果我们接受这一看法，那么接下来我们将基于这一信念，分析双方的论点，重构双方的论证策略，进而理解修昔底德塑造的那个“公民大会上的法庭”（an Assembly Trial）。①

我认为，科林斯人在“城邦间法庭”两次演说（F 1、F 4）中，持有两个论点：第一，雅典是僭主（城邦）；第二，斯巴达是解放者（城邦）。雅典作为法庭上的自辩方，演说的论点是驳斥科林斯人的第一个论点。接下来我将解释，在这个“法庭”上发表演说的三个人——科林斯使节、雅典使节与斯巴达监察官司森涅莱达——在各自演说的修辞论证（enthymeme，ἐνθύμημα）中都使用了法庭演说中最常见的论据部目（topos，τόπος）：性格（ethos，ἦθος；physis，φύσις；tropos，τρόπος）。我们将以性格为线索，观察这一“法庭”上的三篇演说（FF 1 –3）。

性格这一线索，连同我们在前两章所重构的法庭情境，将帮助

① 显然，这一比喻致敬和模仿 Edith Hall 这篇重要论文的标题“法庭上的戏剧”。Edith Hall 在这篇论文中讨论了理解希腊法庭演说的演述维度，而这一章意在重构公民大会发言中的法庭演说特征。Edith Hall，“Lawcourt Dramas：The Power of Performance in Greek Forensic Oratory”，*BICS*，Vol. 40，1995，pp. 39 –58.

我们理解三个问题：为什么科林斯人在劝战演说中使用城邦性格作为论据？如何理解雅典使节在自辩时说自己的城邦“好讼”（T 6.1：φιλόδικος，litigious）？如何理解司森涅莱达说雅典应该得到“双重惩罚”（T 5.7：διπλασίας ζημίας ἄξιοι，worthy of two - fold punishment）？如果单单依靠事实层文本中的公民大会情境，这三个问题原本是难以得到理解的。性格部目既是构造这一城邦间法庭的关键元素，也是刻画雅典帝国主义时的核心步骤。

一 科林斯人的双重论证目的

在第三章我们曾经提到，科林斯人在第一次发言（F 1）中申明有两重控诉目的。他们控诉雅典犯罪，也控诉斯巴达疏忽（T 3.5）。科林斯人诉诸同一个论据部目—性格—来论证上述两重控诉目的：这个城邦具有如此这般的性格，就会做出如此这般的政策决定。对于雅典，科林斯人想指出，雅典具有的性格是她犯罪的原因；对于斯巴达，科林斯人想指出，斯巴达具有的性格是她决策错误的原因。在科林斯使节的第一次演说（F 1）中，性格部目有助于将雅典定罪，也有助于敦促斯巴达行动。

1. 修辞论证（enthymeme）

分析这场“法庭辩论”中的三篇演说，我们需要分析这三篇演说的论证，包括论点与论据。因此，在详细分析三篇演说的内容之前，我们还是需要借助亚里士多德《修辞学》来简要说明适用于此处的两个古代概念：修辞论证（enthymeme，ἐνθύμημα）与部目（topos, τόπος）。修辞论证包含了演说者的论点，部目则反映了演说者采用的论据。

修辞论证指演说中的论证。亚里士多德认为，要想在演说中说服听众，演说者可以诉诸演说者的性格、听众的心情，或者诉诸有所证明，即，性格—情感—论证（ethos - pathos - logos[1]）三项原则。论证是通过公共演说说服听众的第三种方法，也是最重要、最值得讨论的方法。

T 5. 1 （Arist. *Rh.* 1. 2. 3，1356 A 1 -4）

τῶν δὲ διὰ τοῦ λόγου ποριζομένων πίστεων τρία εἴδη ἔστιν· αἱ μὲν γάρ εἰσιν ἐν τῷ ἤθει τοῦ λέγοντος, αἱ δὲ ἐν τῷ τὸν ἀκροατὴν διαθεῖναί πως, αἱ δὲ ἐν αὐτῷ τῷ λόγῳ διὰ τοῦ δεικνύναι ἢ φαίνεσθαι δεικνύναι.

Now the means of persuasion furnished by a speech are of three kinds. The first depends on the character of the speaker，the second on putting the listener into a certain frame of mind，the third on the speech itself，in so far as it proves or seems to prove.[2]

通过演说提供的说服有三种；一种<取决于>演说者的性格，另一种<取决于>听众被置于某种情绪，还有一种<取决于>演说本身，<方法是>有所证明或看起来有所证明。

演说者为了有所证明，或者可以诉诸例证法，或者可以诉诸修辞论证。这两种方法与逻辑论证（syllogism，συλλογισμός）[3] 的两种方法相对应。在界定修辞论证的时候，亚里士多德以逻辑论证为对照基础。[4] 亚里士多德对修辞论证的具体定义如下。

---

① Ed Dyck，“Topos and Enthymeme”，*Rhetorica：A Journal of the History of Rhetoric*，Vol. 20，No. 2，2002，p. 106. 具体指称略有不同。例如，狄奥尼修斯（D. H. *Lys.* 19）将这三项原则称为 ethos - pathos - pragma. William M. A. Grimaldi，S. J. *Aristotle：Rhetoric II，A Commentary*，p. 39.

② Aristotle，translated by John Henry Freese and revised by Gisela Striker，*Art of Rhetoric*，p. 17.

③ 对于 syllogism，συλλογισμός，我们更熟悉的译名是“三段论”。但是一方面由于该词的构成中并没有“三”这一成分，另一方面也是为了与修辞论证并置，所以本书选择将该词译为“逻辑论证”。

④ Arist. *Rh.* 1. 2. 8，1356 A 35 - B 11.

T 5. 2 (Arist. *Rh*. 1. 2. 9, 1356 B 12 – 18)

τίς δ' ἐστὶν διαφορὰ παραδείγματος καὶ ἐνθυμήματος, φανερὸν ἐκ τῶν Τοπικῶν (ἐκεῖ γὰρ περὶ συλλογισμοῦ καὶ ἐπαγωγῆς εἴρηται πρότερον), ὅτι τὸ μὲν ἐπὶ πολλῶν καὶ ὁμοίων δείκνυσθαι ὅτι οὕτως ἔχει ἐκεῖ μὲν ἐπαγωγή ἐστιν ἐνταῦθα δὲ παράδειγμα, τὸ δὲ τινῶν ὄντων ἕτερόν τι διὰ ταῦτα συμβαίνειν παρὰ ταῦτα τῷ ταῦτα εἶναι ἢ καθόλου ἢ ὡς ἐπὶ τὸ πολὺ ἐκεῖ μὲν συλλογισμὸς ἐνταῦθα δὲ ἐνθύμημα καλεῖται.

The difference between example and enthymeme is evident from the *Topics*, (where, in discussing syllogism and induction, it has previously been said) that the proof from a number of particular cases that such is the rule, is called in dialectic induction, in rhetoric example; but when, certain things being posited, something different results alongside of them from their being true, either universally or in most cases, the argument in dialectic is called a syllogism, in rhetoric an enthymeme. ①

例证法与修辞论证之间的不同，在《部目篇》中很明显（在那里，我们曾讨论逻辑论证与归纳法）：几个具体案例中产生的说服，表明事情就是如此，在逻辑学中叫作归纳法，在修辞学中叫作例证法；＜由于＞存在一些假定，由于前者为真的缘故而与之产生另一些结论，——无论是普遍的、还是在大多数情况下——，＜这样的论证＞在逻辑学中叫作逻辑论证，在修辞学中叫作修辞论证。

修辞论证的基本结构包括前提（T 5. 2：τινῶν ὄντων）和结论（T 5. 2：τὸ... ἕτερόν τι）。这一结构与逻辑论证的基本结构相同。

---

① Aristotle, translated by John Henry Freese and revised by Gisela Striker and revised by Gisela Striker, *Art of Rhetoric*, p. 21, with minor alternations.

修辞论证与逻辑论证之间的哲学关系是一个极为复杂的持久争议，[①]我们没有办法也没有必要在此展开这个问题。我们只需明确两点。首先，公元前5世纪的史家修昔底德肯定不是在公元前4世纪的亚里士多德逻辑学意义上使用修辞论证的。我们可以认为，修辞论证就是一种较为宽松的逻辑论证，比一般的逻辑论证要短。其次，这种宽松模糊的立场依然可以保证，演说中的论证并不仅仅是貌似可信的，很有可能也是真实可信的。这或许与我们的直觉相反，但与亚里士多德后来的总结相符。修辞论证与逻辑论证的区别是出于实践需要，而并不一定出于逻辑上的不完善。对于修辞论证与逻辑论证之间的区别，Christof Rapp 提议不要去寻找修辞论证与逻辑论证在逻辑结构上的区别（即，将修辞论证理解为逻辑上可能存在缺陷的一种论证[②]）；他提倡将修辞论证径直视为在公共演说中使用的论证；语境的不同已经足够将修辞论证与逻辑论证区分开来。[③]

故此我们可以认为，修辞论证之所以比逻辑论证简短（T 5.3，T 5.4），同样是由于语境的缘故，而语境最终决定于听众的构成。[④]公开演说的听众没有时间、耐心与智慧消化步骤过长的论证，因此

---

① 学者们关于修辞论证与三段论之间的关系始终不能取得统一意见。大多数学者寻找两者之间在逻辑上的差异。较重要的研究，我们按照时间顺序排列如下。R. C. Seaton，“The Aristotelian Enthymeme”，*CR*，Vol. 28，No. 4，1914，pp. 113 – 119. Solomon Simonson，“A Definitive Note on the Enthymeme”，*AJP*，Vol. 66，No. 3，1945，pp. 303 – 306. M. F. Burnyeat，“Enthymeme：Aristotle on the Rationality of Rhetoric”，in Amelia Olsenberg Rorty ed.，*Essays on Aristotle's Rhetoric*，Berkeley，California：University of California Press，1996. M. F. Burnyeat，“Enthymeme：Aristotle on the Logic of Persuasion”，in David J. Furley and Alexander Nehamas eds.，*Aristotle's "Rhetoric"：Philosophical Essays*，Princeton，New Jersey：Princeton University Press，1994，pp. 3 – 56. Ed Dyck，“Topos and Enthymeme”，*Rhetorica：A Journal of the History of Rhetoric*，Vol. 20，No. 2，2002，pp. 105 – 117. 狄奥尼修斯批评了修昔底德的修辞论证（TT 5.23 – 24），相关的研究简述，可以参见 W. Kendrick Pritchett，*Dionysius of Halicarnassus：On Thucydides*，n. 42 to chapter 24，pp. 96 – 97.

② 上一个注释中的大部分学者持这一看法。关于亚里士多德论修辞论证的简短性及对上述这种看法的一个简述，参见 *Aristoteles Werke in deutscher Übersetzung*，*Band* 4：*Rhetorik*. übersetzt und erläutert von Christof Rapp，Berlin：Akademie Verlag，2002，pp. 229 – 230.

③ Rapp，Christof，“Aristotle's Rhetoric”，*The Stanford Encyclopedia of Philosophy*（Spring 2010 Edition），Edward N. Zalta（ed.），URL = <https：//plato. stanford. edu/archives/spr2010/entries/aristotle – rhetoric/>.

④ 在第二章我们曾经提到，亚里士多德依据不同的听众来区分三类公开演说（T 2.1）。

一方面，修辞论证不能诉诸过于复杂的论证步骤；另一方面，修辞论证需要依赖听众的既有知识。在亚里士多德看来，听众拥有的既有知识主要表现为修辞论证的前提（T 5.3）。用读者反应批评理论的术语来说，听众拥有的既有知识就是文本接受者的期待视域。

T 5.3（Arist. *Rh.* 1.2.13，1357 A 7 – 19）

ἐνδέχεται δὲ συλλογίζεσθαι καὶ συνάγειν τὰ μὲν ἐκ συλλελογισμένων πρότερον, τὰ δ' ἐξ ἀσυλλογίστων μέν, δεομένων δὲ συλλογισμοῦ διὰ τὸ μὴ εἶναι ἔνδοξα, ἀνάγκη δὲ τούτων τὸ μὲν μὴ εἶναι εὐεπακολούθητον διὰ τὸ μῆκος (ὁ γὰρ κριτὴς ὑπόκειται εἶναι ἁπλοῦς), τὰ δὲ μὴ πιθανὰ διὰ τὸ μὴ ἐξ ὁμολογουμένων εἶναι μηδ' ἐνδόξων, ὥστ' ἀναγκαῖον τό τε ἐνθύμημα εἶναι καὶ τὸ παράδειγμα περί τε τῶν ἐνδεχομένων ὡς τὰ πολλὰ ἔχειν ἄλλως, τὸ μὲν παράδειγμα ἐπαγωγὴν τὸ δ' ἐνθύμημα συλλογισμόν, καὶ ἐξ ὀλίγων τε καὶ πολλάκις ἐλαττόνων ἢ ἐξ ὧν ὁ πρῶτος συλλογισμός· ἐὰν γὰρ ᾖ τι τούτων γνώριμον, οὐδὲ δεῖ λέγειν· αὐτὸς γὰρ τοῦτο προστίθησιν ὁ ἀκροατής, οἷον ὅτι …

Now, it is possible to construct syllogisms and to draw conclusions partly from what has been previously proved by a syllogism, partly from what has not, which however needs proof, because it is not plausible. The first of these methods is necessarily difficult to follow owing to its length (, for the judge is supposed to be a simple person); the second will not be persuasive because it does not depend upon what is either accepted or plausible. The necessary result then is that the enthymeme and the example are concerned with things which may, for the most part, be other than they are, the example being a kind of induction and the enthymeme a kind of syllogism, and deduced from few premises, often from fewer than the regular syllogism; for if any one of these is well known, there is no need to mention it, for the listener can add it himself. For instance, ... ①

① Aristotle, translated by John Henry Freese and revised by Gisela Striker, *Art of Rhetoric*, p. 23, p. 25, with minor alternation.

现在，部分可以从之前已经逻辑论证了的 < 内容 > 中推断和结论，部分也可以从 < 之前 > 尚未 < 得到逻辑论证的内容中 > < 推断和结论 >，< 这些内容 > 仍旧需要论证，因为 < 这些内容 > 还不是公共意见。必然的是，这些 < 方法 > 中的一种 < 让人 > 难以跟上，因为太长（而听众[①]头脑简单），另一种则不可信，因为不是出自被普遍接受的，也不是出自公众意见。所以必然的是，修辞论证与例证法，大致说来，均关乎有另外可能 < 的事物 >，例证法 < 相当于 > 归纳法，修辞论证 < 相当于 > 逻辑论证，来自 < 较 > 少的前提，通常少于常规逻辑论证；因为如果这 < 些前提 > 中任何一个广为人知，就没有必要提及，因为听众可以自行加上。例如，……

T 5. 4（Arist. *Rh.* 2. 22. 2 – 3，1395 B 23 – 27）

ὅτι μὲν οὖν τὸ ἐνθύμημα συλλογισμός ἐστιν, εἴρηται πρότερον, καὶ πῶς συλλογισμός, καὶ τί διαφέρει τῶν διαλεκτικῶν· οὔτε γὰρ πόρρωθεν οὔτε πάντα δεῖ λαμβάνοντας συνάγειν· τὸ μὲν γὰρ ἀσαφὲς διὰ τὸ μῆκος, τὸ δὲ ἀδολεσχία διὰ τὸ φανερὰ λέγειν.

we have already said that the enthymeme is a kind of syllogism, what makes it so, and in what it differs from the dialectic syllogisms; for the conclusion must neither be drawn from too far back nor should it include all the steps of the argument. In the first case its length causes obscurity, in the second, it is simply a waste of words, because it states much that is obvious.[②]

我们先前说过，因为修辞论证是一种逻辑论证，如何是一种逻辑论证，什么将它与逻辑学区分开来；不应当回顾太多，也不应当包含所有论证步骤。前者不清楚，因为长度；后者是废话，因为谈及显而易见的 < 内容 >。

---

① 这里所说的 ... κριτής（Freese & Gisela：“the judge”）是指判断演说质量的人，而不是指法官。Grimaldi，S. J. William M. A.，*Aristotle*：*Rhetoric I*，*A Commentary*，New York：Fordham University Press，1980，p. 56.

② Aristotle，translated by John Henry Freese and revised by Gisela Striker，*Art of Rhetoric*，p. 287.

观众的已有共识是“广为人知的内容”（T 5.3：τούτων γνώριμον），可以成为论证省略的基础。缺乏这些前提不会使得演说中的论证“不清楚”（T 5.4：ἀσαφές），包含这些论证还有可能使得演说中的论证成为“废话”（T 5.4：ἀδολεσχία）。因为我们是在一个宽松、广泛的意义上考察修昔底德史书演说词中的修辞论证，所以我们不妨做出以下推测：上述省略不仅可能发生在前提条件上，同样还可能发生在结论上。就我们所考察的文本具体来看，演说者只需要描述某个行为体的一些特定行为，听众就能自动推测出这属于什么罪名。根据科林斯人的如下指责，斯巴达公民大会上的听众可以自行推断，雅典被控诉的罪名是僭主城邦。

T 5.6（Th. 1.68.3.2–6）

νῦν δὲ τί δεῖ μακρηγορεῖν, ὧν τοὺς μὲν δεδουλωμένους ὁρᾶτε, τοῖς δὲ ἐπιβουλεύοντας αὐτούς, καὶ οὐχ ἥκιστα τοῖς ἡμετέροις ξυμμάχοις, καὶ ἐκ πολλοῦ προπαρεσκευασμένους, εἴ ποτε ἄρα πολεμήσονται;

but now what do we need to speak at length, among which < cities > you see some < cities > have been enslaved, whereas some other cities are plotted against by the < Athenians >, and not least against our allies, and they have been preparing for long, in case they will fight at some time?

但是难道还需要长篇大论<才能说明白这些内容吗>？在这些城邦当中，你们看到一些已经被奴役，雅典人还阴谋对付另外一些，特别是我们的盟邦；他们准备已久，以防将来要打仗。

科林斯使节在伯罗奔尼撒同盟大会上的发言确证了这一点（T 1.5=T 3.9，T 1.6=T 3.10）。同时，我们在第三章已经提到，科林斯使节的两次演说（F 1、F 4）之间存在对应关系，第一篇演说中关于雅典的部分，在第二篇演说中坍缩为简单的罪名提出。这种对应关系同样能够确证，根据科林斯使节在第一篇发言中的控诉内容，听众能够自行找到演说的论点：雅典是僭主城邦。在这一过程中，修昔底德利用并改变了读者的期待视域。

2. 部目（topos）

亚里士多德对修辞论证的定义帮助我们发现并明确，科林斯使节第一次演说（F 1）和第二次演说（F 4）共有的论点是“雅典是僭主城邦”。接着，我们将以亚里士多德对部目的一些论述为起点，寻找科林斯使节及雅典使节、司森涅莱达围绕这一控诉展开辩论的论证方法和思路。这三名演说者的论证都诉诸性格，而性格是法庭演说中经常使用的部目。

部目（topos）在希腊语中的含义是“地方”。取其“方便记忆的路标”这一含义，部目一词逐渐被用来指称修辞学中的论证模式。[①] 部目与修辞论证的关系，部分连接着修辞论证与逻辑论证的关系，因而同样是亚里士多德修辞学研究中最困难的问题之一。[②] 例如，Ed Dyck 认为修辞论证中的部分部目能够发挥逻辑论证中的蕴涵关系（implication）的作用。[③] Christof Rapp 则倾向于将部目简单理解为一种论证模式。[④] 在讨论修辞论证的时候我们已经提到，我们是在宽松的意义上借助亚里士多德的总结和帮助，我们并不将修

---

① *LSJ* s. v. τόπος：“I. place，region；II. common place or theme in Rhetoric”，p. 1806. *BrillD*，s. v. τόπος：“A. place，region，district. D. place，passage，of a text. E. subject，material；... *rhet.* commonplace”，p. 2132.

② 学界对《修辞学》中的修辞部目与《部目篇》中的逻辑部目的关系以及《修辞学》第1卷第2节（Arist. *Rh.* 1. 2）提到的具体部目（specific topoi）与《修辞学》第2卷第23—24节（Arist. *Rh.* 2. 23－24）提到的共有部目（common topoi）之间的区别进行了讨论，Christof Rapp 梳理了这些讨论并指出了其中的误解。Christof Rapp，“Dialektik und Rhetorik：Über Dialektische und Topische Elemente in Aristoteles Rhetorik”，*Méthexis*，Vol. 16，2003，p. 78.

③ Ed Dyck，“Topos and Enthymeme”，*Rhetorica：A Journal of the History of Rhetoric*，Vol. 20，No. 2，2002，pp. 105－117.

④ Rapp，Christof，“Aristotle's Rhetoric”，*The Stanford Encyclopedia of Philosophy*（Spring 2010 Edition），Edward N. Zalta（ed.），URL = <https：//plato. stanford. edu/archives/spr2010/entries/aristotle－rhetoric/>.

昔底德在写作演说词时的论证与论据安排理解为亚里士多德式的，所以我们仍然选择采取这个简单的理解：修辞部目就是具体的修辞论点所依赖的常见论证模式，这一模式包括体裁和思路。这一简单理解同时还符合 topos 一词的今义："文学中的习惯用语或传统主题。"① 在分析修昔底德史书与同时代其他文类的相似之处时，寻找相同部目是常见的一种论证方法。例如，Ian M. Plant 在试图证明修昔底德史书的方法论与雅典法庭演说在文体上的相似之处时，他找到的共同部目包括："我在说真话，我的论敌却没有"，"人们对聪明的演说者怀有偏见"等。② 在这一节我们要证明的是，为了论证和反驳"雅典是僭主城邦"，修昔底德为控辩双方选择的法庭部目是性格。

性格是雅典法庭的常用部目。科林斯人使用性格部目控诉雅典，是修昔底德使用法庭辩论构造雅典"僭主城邦"罪名的第一个步骤。

在本书的讨论中，性格的意义范围大致包括ἦθος，φύσις（nature），τρόπος（manner）③ 这几个词语的内涵。简而言之，诉诸性格的演说论证思路是：因为被告具有如此这般的性格，所以被告做出这样的事情可能是真的。性格部目是雅典法庭演说中的典型部目。Adriaan Lanni 提到，现存的 87 篇法庭演说中，有 70 篇提及了性格

① s. v. "topos"："A traditional theme or formula in literature." in Angus Stevenson ed., *Oxford English Dictionary*, third edition, Oxford: the Clarendon Press,（henceforth: *OED*）, 2010, p. 1876.

② Ian M. Plant, "The Influence of Forensic Oratory on Thucydides' Principles of Method", *CQ*, Vol. 49, 1999, p. 67, pp. 72 – 73.

③ 其中，K. J. Dover 所讨论的性格包括 φύσις 和 τρόπος，Ian M. Plant 所讨论的性格论证是指 φύσις。K. J. Dover, *Greek Popular Morality in the Time of Plato and Aristotle*, Oxford: Basil Blackwell, 1974, p. 88. Ian M. Plant, "The Influence of Forensic Oratory on Thucydides' Principles of Method", *CQ*, Vol. 49, 1999, p. 71. 同时，需要澄清的一点是，在这里提到的ἦθος 并不是亚里士多德在《修辞学》第 1 卷中提到的三种说服方法中的第一种：诉诸性格（T 5.1），因为那里指的是演说者的性格，而不是法庭叙事中论证对象的性格。

论证。[①] Adriaan Lanni 认为，使用性格论证主要出于两方面原因，[②] 这两个方面的原因与修昔底德文本的双重性相适应。一方面，性格部目是一种基于可然律[③]的论证方法，是证据科学不发达年代的事实替代品。科林斯人描述的雅典性格，可以用于论证雅典犯了罪（T 3.5）。另一方面，性格部目特别适合用在结尾部分，向将要做出决定的人做出呼吁，影响他们的决定。在事实层文本的听证会上，科林斯使节向斯巴达公民大会呼吁；在史撰层文本的法庭中，科林斯使节则是向陪审团呼吁。科林斯人使用性格部目瞄准了两个目标：雅典性格是雅典罪名的最好注脚，他希望雅典人因此“罪名成立”；同时，他希望斯巴达人认识到自己城邦性格迟缓犹豫，并改变这种性格，向雅典人开战。

科林斯人描述的城邦性格还基于另一个部目：城邦与个人的类比。James V. Morrison 指出，城邦—个人类比是修昔底德史书中的关键部目，也是包括“僭主城邦”比喻在内的其他概念得以发展建立的基础；[④] 这一部目并非由修昔底德独创，在同时代或略早的韵文作

---

① Adriaan Lanni, “Chapter 6: Relevance in Athenian Courts”, in Michael Gagarin and David Cohen eds., *The Cambridge Companion to Ancient Greek Law*, Cambridge: Cambridge University Press, 2005, pp. 121 – 123.

② Adriaan Lanni, “Chapter 6: Relevance in Athenian Courts”, in Michael Gagarin and David Cohen eds., *The Cambridge Companion to Ancient Greek Law*, pp. 121 – 122.

③ 在希腊修辞学中，“可然律”（τὸ εἰκός）是一个重要概念。关于可然律（τὸ εἰκός）在早期雅典演说中的含义与用法，参见 David C. Hoffman, “Concerning Eikos: Social Expectation and Verisimilitude in Early Attic Rhetoric”, *Rhetorica: A Journal of the History of Rhetoric*, Vol. 26, No. 1, 2008, pp. 1 – 29。关于亚里士多德论可然律作为一种写作原则及其与修昔底德演说词写作方法的关系，参见前文 T 4.2（Arist. *Po.* IX 1451 A 38 – B 11）。关乎修昔底德鼓励读者基于可然律对史书进行主动思考（εἰκάζειν），参见 James V. Morrison, “Preface to Thucydides: Rereading the Corcyrean Conflict (1. 24 – 55)”, *CA*, Vol. 18, No. 1, 1999, pp. 94 – 131。

④ James V. Morrison, “A Key Topos in Thucydides: The Comparison of Cities and Individuals”, *AJP*, Vol. 115, No. 4, 1994, p. 534.

品中已有端倪，[①] 在比修昔底德晚一个世代写作的柏拉图及更晚的亚里士多德那里发展成熟。[②] 正如 James V. Morrison 所指出的，城邦—个人类比的重要言外之意在于，将城邦类比为个人之后，城邦因此成为像个人一样的道德主体（moral agent）。[③] 城邦具有道德主体属性以后，就可以成为在法庭上被控诉的对象。换句话说，科林斯人使用性格部目暗示，他身处一个法庭，因为这是法庭的常见部目；科林斯人使用性格部目还表明，他要对一个城邦提起道德控诉，因为他同时还利用了城邦—个人类比部目。先前，学者们对于科林斯人为何在一场公民大会上对城邦做性格刻画感到既着迷，又不解；现在我们发现，将科林斯使节视为原告、将他的发言视为控诉，这个问题便迎刃而解。

---

① James V. Morrison 提示读者注意的例子，悲剧与喜剧各有一个，分别来自阿里斯托芬（Aristophanes）《阿卡奈人》（*Acharnians*）与索福克勒斯《安提戈涅》（*Antigone*）。James V. Morrison，"A Key Topos in Thucydides：The Comparison of Cities and Individuals"，*AJP*，Vol. 115，No. 4，1994，p. 531. 上演于公元前 425 年（伯罗奔尼撒战争爆发以后第六年末）的阿里斯托芬《阿卡奈人》中，主角名字叫作狄开俄波利斯（Dicaeopolis），字面含义是"正义的城邦"（dikaeo－polis，just city）。关于上演年份，参见 *Ach.* Hyp. i. 32－33，转引自 S. Douglas Olson ed.，*Aristophanes'* Acharnians，Oxford：Oxford University Press，2002，paperback 2004，p. i. 关于狄开俄波利斯的名字的真确含义的另一种看法（影射另一位喜剧诗人游玻利司［Eupolis］），参见这篇短注以及其对学界共识的总结和反驳：E. L. Bowie，"Who is Dicaeopolis?"，*Journal of Hellenic Studies*，Vol. 108，1988，pp. 183－185. 上演于公元前 442 年或公元前 441 年（伯罗奔尼撒战争爆发之前大约十年）的索福克勒斯《安提戈涅》第 821—822 行（S. *Ant.* 821－822：ἀλλ´ αὐτόνομος ζῶσα μόνη δὴ θνητῶν 'Αίδην καταβήσῃ. "but with independence you alone of mortal women pass on down to Hades，living"），用来描述女主角安提戈涅的形容词"独立"（αὐτόνομος，autonomous，independently）一般被用来形容一个城邦，而非某一个体。该句英译参见 Oliver Taplin，*Sophocles*：Antigone *and other Plays*，Oxford：Oxford University Press，2020，pp. 44。关于上演年份参见 Mark Griffith ed.，*Sophocles*：*Antigone*，Cambridge：Cambridge University Press，1999，reprinted 2016，pp. 1－2。

② 主要是柏拉图《理想国》第 2 卷（Pl. *R.* ii，368－369）、第 4 卷（Pl. *R.* iv，434－435）、第 8 卷（Pl. *R.* viii，544）以及亚里士多德《政治学》第 1 卷（Arist. *Pol.* i，1253）、第 2 卷（Arist. *Pol.* ii，1261）、第 7 卷（Arist. *Pol.* vii，1323－1324），转引自 James V. Morrison，"A Key Topos in Thucydides：The Comparison of Cities and Individuals"，*AJP*，Vol. 115，No. 4，1994，p. 531，n. 10。

③ James V. Morrison，"A Key Topos in Thucydides：The Comparison of Cities and Individuals"，*AJP*，Vol. 115，No. 4，1994，pp. 534－535.

二　司森涅莱达论双倍惩罚

性格部目还将继续服务于这个“法庭”上的其他发言者。因为雅典使节演说（F 2）是我们的核心文本，所以我们将它放到最后分析。在听取了科林斯使节和雅典使节的证言、也就是在听取了科林斯使节的控诉和雅典使节的自我辩护后，斯巴达监察官司森涅莱达代表听众发言，敦促听众做出判断和决定（Th. 1. 86 – 87）。

我们在第三章已经得出结论，司森涅莱达演说（F 3）既属于文本事实层，又属于文本史撰层。[①] 在文本的事实层，司森涅莱达敦促斯巴达人投票，决议雅典已经破坏和约（Th. 1. 87. 1 – 3）；在文本的史撰层，也就是在修昔底德有意让读者看到的那个城邦间法庭上，他扮演了陪审团的角色，敦促大家赞同科林斯的控诉，判决雅典有罪。

虽然司森涅莱达发言极其简短，但是与上一节分析的科林斯使节、下一节将要分析的雅典使节一样，他在演说论证中使用了法庭常见的性格部目。在谈及应当如何看待并判决雅典时，司森涅莱达认为，雅典的所作所为应该遭到“双倍惩罚”。

T 5. 7（Th. 1. 86. 1. 4 – 6）

καίτοι εἰ πρὸς τοὺς Μήδους ἐγένοντο ἀγαθοὶ τότε, πρὸς δ' ἡμᾶς κακοὶ νῦν, διπλασίας ζημίας ἄξιοί εἰσιν, ὅτι ἀντ' ἀγαθῶν κακοὶ γεγένηνται.

And yet if toward the Medes they turned out to be good at that time, but now toward us < the Athenians turned out to be > evil, they deserve double punishment, because they had been bad instead of good.

如果 < 雅典人 > 对 < 抗 > 米底人那时表现得好，现在对我

① 参见表 3（D3）。

> 们却<表现得>差，<那么>，他们应该得到双倍惩罚，因为他们从好变成了坏。

在演说的逻辑起点上，司森涅莱达与雅典使节的立场在一定程度上是协调的，他甚至接受了雅典使节的事实重述；但是在演说的逻辑终点，司森涅莱达却得出了雅典人应该得到双倍惩罚的结论。司森涅莱达极其简短的演说是如何达成了这样跨度惊人的修辞论证？他借助了性格论证的重要前提：个体性格应该是稳定不变的。

在古代，人们通常假定性格是稳定的。K. J. Dover 以这一时代的演说词和诗歌文本证明，在那个时代的一部分人看来，性格不会受到经验与环境影响。[1] A. R. Hands 在评述比修昔底德晚得多的一些文本[2]时，回溯了这个时期的历史文献。他发现，性格不变是古代修辞学中常用的论证模板。[3] 也就是说，我们在上一节所提到的性格部目，包含了性格不变这一基本假定。Adriaan Lanni 则沿着 K. J. Dover 的上述研究进一步发现，性格不变是法庭演说中诉诸性格部目的基础：[4] 只有性格不变，陪审团才能依据可然律推测犯罪事实是否存在。这也就是为什么我们在修昔底德史书中能看到的另一处“双倍惩罚”（διπλασίας ζημίας），同样来自一篇法庭演说，而那是修昔底德史书中仅有的一次事实意义上的法庭辩论。

T 5.8（Th. 3.67.2.1 -5）

---

① K. J. Dover, *Greek Popular Morality in the time of Plato and Aristotle*, p. 89.

② 这些文本涉及塔西佗（Tacitus）在《编年史》（*Annales*）中对罗马皇帝提比略（Tiberius）的评价。

③ A. R. Hands, “Postremo Suo Tantum Ingenio Utebatur”, *CQ*, Vol. 24, 1974, pp. 312 - 317. A. R. Hands 将修昔底德笔下的司森涅莱达演说（F 3）和忒拜人演说作为历史文献证据，Simon Hornblower 回应并发展了他对修昔底德的评论。Hornblower, *Commentary* I, p. 130.

④ Adriaan Lanni, “Chapter 6: Relevance in Athenian Courts”, in *The Cambridge Companion to Ancient Greek Law*, p. 122.

καὶ μὴ παλαιὰς ἀρετάς, εἴ τις ἄρα καὶ ἐγένετο, ἀκούοντες ἐπικλασθῆτε, ἃς χρὴ τοῖς μὲν ἀδικουμένοις ἐπικούρους εἶναι, τοῖς δὲ αἰσχρόν τι δρῶσι διπλασίας ζημίας, ὅτι οὐκ ἐκ προσηκόντων ἁμαρτάνουσιν.

But you should not move to pity as you listen to their old virtues—if there was indeed any—which are necessary to be aids to those who are wronged, whereas <to be> double punishments for those who do something shameful, because they do wrong not out of their proper nature.

但是你们不应听到<他们的>旧日德性就被感动——如果<他们>真有什么<德性>的话——<这些德性>本应该成为那些被不公正对待的人的助益，同时<应该成为>做了可耻之事的那些人的双倍惩罚，因为他们做错事不是出于与他们相适应的<性格>。

我们再一次看到，“双倍惩罚”的理论基础是性格不变，性格不变是公元前5世纪希腊修辞学中性格部目的一项基本假定，而性格部目又是法庭演说中最常见的部目之一。司森涅莱达为了完成他那跃度惊人的修辞论证，采用的是常见于法庭的一种部目。由此我们可以认为，司森涅莱达演说的实现逻辑与法庭演说类似，司森涅莱达演说是修昔底德构建这个史撰层文本上城邦间法庭的一个组成部分。

三　雅典使节的三个论证步骤

最后，让我们重回全书的核心文本雅典使节演说（F 2），详细分析这篇演说的修辞论证与部目使用与法庭演说的相似之处。让我们首先总结雅典使节的整体论证思路。然后，让我们关注雅典使节在关键环节的论证步骤。我们将发现，雅典使节的每一步论证都使用了法庭上常见的论证部目。

在我看来，雅典使节的演说可以分为三个部分。在第一部分（Th. 1. 73. 1），雅典使节表明自己的演说目的。在第四章我们已经分析过，雅典人虽然表示他并没有置身法庭（T 2. 5 = T 4. 5），但是他的目的分明与身处法庭的一位被告相似：他将要论证正当性，他将要论证雅典“不是以不正当的方式”获得帝国的（T 4. 8）。在第二部分（Th. 1. 73. 2 – 77），雅典使节展开了他的具体论证过程。在第三部分（Th. 1. 78），雅典使节做出呼吁，呼吁斯巴达人在决策之前仔细思考，不要开战，并且要将双方争执按照《三十年和约》的规定，提交仲裁。现在，让我们具体分析，在演说的核心也就是第二部分，雅典是如何像一名真正的被告那样自我辩护的。

雅典使节演说的第二部分又可以按照所涉及的时间，分为三个部分。在每一部分，雅典人都使用了法庭常见的部目来构造修辞论证，论证雅典“不是以不正当的方式”获得帝国的（T 4. 8），以便反驳科林斯使节的控诉（T 3. 5，T 1. 5 = T 3. 9，T 1. 6 = T 3. 10）。

1. 希波战争：“我们的祖先有功劳”

在第一部分（Th. 1. 73. 2 – 75. 2），雅典使节回溯了雅典帝国的最初起源希波战争，也就是他们“接受了交来的帝国”的那个时候（T 3. 16）。在这一部分，雅典人使用的论据部目是诉诸过往功绩，以这次战争中的马拉松（Marathon）和萨拉米斯（Salamis）两次战役来论证他们的付出配得上他们所得到的。

T 5. 9（Th. 1. 73. 4. 1 – 4）

φαμὲν γὰρ Μαραθῶνί τε μόνοι προκινδυνεῦσαι τῷ βαρβάρῳ καὶ ὅτε τὸ ὕστερον ἦλθεν, οὐχ ἱκανοὶ ὄντες κατὰ γῆν ἀμύνεσθαι, ἐσβάντες ἐς τὰς ναῦς πανδημεὶ ἐν Σαλαμῖνι ξυνναυμαχῆσαι, …

for we claim that we alone braved ourselves against the barbarians in Marathon and when < the Persians invaded > a second time we came up first, < since > we were not capable to defend on land, we boarded on our ships to engage in a sea – fight with all our citizens in Salamis, . . .

因为我们宣称，我们独自站出来抵抗蛮族；第二次 < 蛮族

来犯时>，我们首先站出来，<因为>我们无能力在陆地上抵抗，<所以>我们全体人民登上舰船，在萨拉米斯进行海上战斗，……

T 5.10（Th. 1.74.3.1.1 –2）

ὥστε φαμὲν οὐχ ἧσσον αὐτοὶ ὠφελῆσαι ὑμᾶς ἢ τυχεῖν τούτου.

thus we claim that we, on our part, help you no less than we obtain this.

因为如此我们宣称，我们帮助你们不少于我们得到这些。

第一眼看来，祖先功绩是典礼演说的常见部目。[①] 正如亚里士多德在《修辞学》中所说，不提及马拉松和萨拉米斯，我们如何能够赞扬雅典？

T 5.11（Arist. *Rh*. 2.22.6，1396 A 12 –14）

ἢ ἐπαινεῖν, εἰ μὴ ἔχοιμεν τὴν ἐν Σαλαμῖνι ναυμαχίαν ἢ τὴν ἐν Μαραθῶνι μάχην ἢ τὰ ὑπὸ τῶν Ἡρακλειδῶν πραχθέντα ἢ ἄλλο τι τῶν τοιούτων.

Again, how could we praise them, if we did not know of the naval engagement at Salamis or the battle of Marathon, or what they did for the Children of Heracles, and other similar subjects?[②]

同样，我们如何能够赞扬<雅典人>，如果我们不了解萨拉米斯海战，<不了解>马拉松战役，<不了解>他们为赫拉克勒斯的孩子们所做的，<也不了解>其他这类事情的话？

但这仅仅是表面现象。Colin MacLeod 仔细观察修昔底德笔下的

① 对公元前 5 世纪末的雅典人而言，记忆最深刻的过往功绩应该是马拉松战役。因为这个原因，参加过马拉松战役的那一代人也被他们的同胞称为“马拉松战士”（Μαραθωνομάχης）。虽然 Eleni Volonaki 指出，在雅典的国葬演说中，马拉松战役的使用方式和主要功能是对这一代阵亡将士的赞美，重点并不是对城邦过往的赞美。Eleni Volonaki，“The Battle of Marathon in Funeral Speeches”，*BICS Supplement*：*Marathon* –2，500 *Years*，Vol. 124，2013，pp. 165 –179.

② Aristotle，translated by John Henry Freese and revised by Gisela Striker，*Art of Rhetoric*，p. 289.

法庭演说（普拉提阿人演说）并对比同时代的法庭演说后发现，过往功绩同时也是十分常见于法庭的论据部目。[①] Colin MacLeod 在此处提到的两个类比文本分别来自吕西阿斯（T 5. 12）和“德摩斯梯尼”（T 5. 13）。吕西阿斯在《诉尼各马库斯》（*Against Nicomachus*）中提到两种摆脱控罪的辩论思路。

T 5. 12（Lys. 30. 1. 1 –4）

Ἤδη, ὦ ἄνδρες δικασταί, τινὲς εἰς κρίσιν καταστάντες ἀδικεῖν μὲν ἔδοξαν, ἀποφαίνοντες δὲ τὰς τῶν προγόνων ἀρετὰς καὶ τὰς σφετέρας αὐτῶν εὐεργεσίας συγγνώμης ἔτυχον παρ' ὑμῶν.

It has on occasion happened, gentlemen of the jury, that men have been brought to trial, and although they were seen to be guilty, they nevertheless obtained forgiveness from you by making a show of their ancestors' merits and their own benefactions. [②]

陪审团诸位，曾经，有人被认为犯了罪而被带上法庭，通过表明他们祖先的德性和他们自己的善行而从诸位手中获得了同情。

类似的，“德摩斯梯尼”[③] 在《诉阿里斯托吉同（第一篇）》中也列举了被告使用的两种理据。

T 5. 13（D. 25. 76. 1 –6）

---

① Colin MacLeod, “11: Thucydides' Plataean Debate”, in *Collected Essays*, Oxford: The Clarendon Press, p. 1983 (= Colin MacLeod, “Thucydides' Plataean Debate”, *GRBS*, Vol. 18, No. 3, 1977, pp. 227 –246), p. 105. Marcin Kurpios 接受了 Colin MacLeod 的上述观察和看法。Marcin Kurpios, “Reading Thucydides with Aristotle's *Rhetorics*: Arguing from Justice and Expediency in the Melian Dialogue and the Speeches”, *EOS*, Vol. 102, 2015, p. 245, n. 92.

② Lysias, tr. S. C. Todd, Austin: University of Texas Press, 2000, p. 298.

③《诉阿里斯托吉同（第一篇）》《诉阿里斯托吉同（第二篇）》（*Against Aristogiton* I & II）的作者到底是不是德摩斯梯尼，学界存在争议。作者是谁，对我们此处的讨论没有影响，因此我们对此不做判断。Demosthenes, tr. Edward M. Harris, *Speeches* 23 – 26, Austin: University of Texas Press, 2018, pp. 195 –196, esp. n. 10.

Ἤδη τοίνυν τινὰς εἶδον τῶν ἀγωνιζομένων οἳ τοῖς πράγμασιν αὐτοῖς ἁλισκόμενοι, καὶ οὐκ ἔχοντες ὡς οὐκ ἀδικοῦσι δεῖξαι, οἱ μὲν εἰς τὴν τοῦ βίου μετριότητα καὶ σωφροσύνην κατέφυγον, οἱ δ' εἰς τὰ τῶν προγόνων ἔργα καὶ λῃτουργίας, οἱ δ' εἰς ἕτερα τοιαῦτα δι' ὧν εἰς ἔλεον καὶ φιλανθρωπίαν τοὺς δικάζοντας ἤγαγον.

I have already seen some men on trial who have been convicted by their own actions and are unable to show that they are not guilty. Some base their defense on their moderate and restrained lives, others on the deeds and liturgies of their ancestors, and still others on other such things, which they use to lead the judges to pity and clemency. ①

而我已经见识过，<法庭>辩论中有一些人由于自己的行为而被定罪，他们无法证明他们没有犯罪。其中一些人诉诸自己极为温和和节制的生活，另外一些人则<诉诸>祖先的功绩和贡献，还有一些人则诉诸其他此类事务；通过这些方法，他们<试图>使得陪审团变得同情和仁慈。

虽然吕西阿斯提到的是成功摆脱控罪的方法，而“德摩斯梯尼”提到的是失败的案例，但是吕西阿斯和“德摩斯梯尼”的话都同时提到了性格部目与祖先功绩部目。因此，他们的证词不仅为我们在这一章前两节关于性格部目的讨论提供了佐证，同时还为我们当下的讨论提供了佐证：诉诸过往的功绩同样是法庭论证中的常用部目。为了论证雅典帝国并非是以不公正的方式取得的（T 4.8），雅典人说他们的所得并没有超过他们在马拉松和萨拉米斯所付出的（T 5.9，T 5.10）。

2. 五十年时期：“我们是被迫”

在第二部分（Th. 1.75.3 – 76），雅典使节回顾了他们如何“不

① Demosthenes, tr. Edward M. Harris, *Speeches* 23 – 26, p. 222.

放弃这个 < 帝国 >”（T 3. 16），这涉及希波战争之后、伯罗奔尼撒战争爆发之前的五十年时间。在这一部分，雅典使节使用的主要部目也常见于法庭：他们发展自己的帝国，是被迫如此。

T 5. 14（=T 3. 15，Th. 1. 75. 3）

ἐξ αὐτοῦ δὲ τοῦ ἔργου κατηναγκάσθημεν τὸ πρῶτον προαγαγεῖν αὐτὴν ἐς τόδε, μάλιστα μὲν ὑπὸ δέους, ἔπειτα καὶ τιμῆς, ὕστερον καὶ ὠφελίας.

Out of the nature itself of the deed we were forced back to advance < empire > to this height at first, above all by fear, then by honor, later also by interest.

因为此事 < 之性质 > 自身，我们受 < 以下因素的 > 强力迫使，起初发展 < 帝国 > 到如此程度：最重要的是恐惧，接着是荣誉，后来是利益。

T 5. 15（=T 3. 16，Th. 1. 76. 2. 1 –4）

οὕτως οὐδ' ἡμεῖς θαυμαστὸν οὐδὲν πεποιήκαμεν οὐδ' ἀπὸ τοῦ ἀνθρωπείου τρόπου, εἰ ἀρχήν τε διδομένην ἐδεξάμεθα καὶ ταύτην μὴ ἀνεῖμεν ὑπὸ <τριῶν> τῶν μεγίστων νικηθέντες, τιμῆς καὶ δέους καὶ ὠφελίας, …

Also in this way we have done nothing surprising, nor < have we fared > away from manner of humanity, if, as we were conquered by < the three > most important < reasons >, honor, fear, and interest, we received < an > empire when it was offered, and if we do not let go of this < empire >, . . .

如果说我们被 < 三个 > 最重要的 < 理据 >——荣誉、恐惧、利益——打败，接受了交来的帝国并且不放弃这个 < 帝国 >，< 那么 >，我们这样行事并不令人惊讶，也没有违反人之常情，……

雅典使节使用“被迫”和“恐惧”两个要素构造自己的行动困境。在上述两个段落中，雅典人使用了两个动词的被动式（T 5. 14 = T 3. 15：κατηναγκάσθημεν，T 5. 15 = T 3. 16：νικηθεντες），表达了环境对雅典的强大约束力。在第一段文本（T 5.14 = T 3.15）中，κατ - αναγκάζω 的构成是 κατὰ -ἀναγκάζω。κατὰ - 作为动词前缀，起强调作用，[①] ἀναγκάζω（“迫使”）则源自名词ἀνάγκη。[②] 这个名词的本义是“枷锁”“轭”，抽象含义则是指环境限制。[③] 第二段文本（T 5.15 = T 3.16）中的动词“战胜”（νικηθέντες）则用拟人的方式表达了同样的含义。

迫使雅典行动的主体，根据古代注疏家的提示和接下来的分析，我认为是恐惧。表面看来，迫使雅典人发展帝国主义的主体似乎是荣誉、利益、恐惧三个要素，同时，这三个要素似乎分别对应雅典帝国发展的三个不同时期，也就是雅典使节自我辩护的三个部分：在希波战争中，与波斯战斗、捍卫希腊所得到的荣誉；将提洛同盟（the Delian League）变为雅典帝国，收取贡赋所得到的利益；[④] 以及剥夺盟邦自治后，对盟邦暴动的恐惧。但是，古代注疏家对上面提及的第一段文本（T 5.14 = T 3.15）中的“恐惧”一词做了如下解释。

T 5.16（Schol. *Th.* 1.75.3）

ὑπὸ δέους: τοῦ βαρβάρου ἢ τῶν κακῶς παθόντων ἐν τῇ ἀρχῇ ὑπηκόων[⑤]

“by fear”：<fear> of the barbarians or of the subjects suffering badly in the empire.

“被恐惧”：对蛮族<的恐惧>，或是对在帝国内艰难忍受的属邦<的恐惧>。

---

① *LSJ* s. v. κατά E. V.：“freq. only to strengthen the notion of the simple word”，p. 883.

② Robert Beekes，s. v. ἀνάγκη，in *Etymological Dictionary of Greek*，Leiden，Boston：Brill，2009，p. 79.

③ 词义的抽象化进程从名词的比喻用法开始，由词性活用延续；同源动词的出现是词义抽象化的最后阶段。在这一过程中，这个名词逐渐失去本义，获得抽象含义。Heinz Schreckenberg，*ANANKE*：*Untersuchungen zur Geschichte des Wortgebrauchs*，München：C. H. Beck Verlag，1964，p. 29.

④ Th. 1.96.2，1.99.

⑤ Alexander Kleinlogel ed.，*Scholia Graeca in Thucydidem*，Berlin，Boston：De Gruyter，2019（henceforth：*SchGrTh*），p. 391.

古代注疏家显然认为，文中的“恐惧”一词同时包含了帝国发展的两个阶段，而非仅仅一个阶段。我也认为，是“恐惧”一词适用于雅典帝国主义的整个历程，而非荣誉或利益。这是因为“恐惧”“荣誉”“利益”三个名词，分别由三个副词引导。连接“荣誉”和“利益”的副词“接着……—后来……—”（T 5. 14 = T 3. 15：ἔπειτα... ὕστερον ..., then ... later ...），具有明确的时间含义，分别只能限定第一阶段希波战争取胜和第二阶段从盟邦收取贡赋。但引导“恐惧”的副词“最重要的”（T 5. 14 = T 3. 15：μάλιστα，above all)，时间含义较弱，它主要限定程度。因此，这一引导副词没有对“恐惧”做过强的时间限定。我们有理由推定，雅典人感到的“恐惧”可以同时适用于帝国主义的整个发展历程。

雅典人强调，是“恐惧”“迫使”他们发展帝国主义，使用的是这样一种常见于法庭自我辩护的论证思路：我被迫这样做，因此我不需要为此负责。一方面，这种辩护思路来自犯罪的本质：法律与意愿之间的冲突。这种理解表现在亚里士多德的犯罪定义中，可以约略被视为那个时代的希腊人的一种普遍看法。

T 5. 17（Arist. *Rh.* 1. 10. 3，1368 B 6 - 7）

ἔστω δὴ τὸ ἀδικεῖν τὸ βλάπτειν ἑκόντα παρὰ τὸν νόμον.

let injustice, then, be defined as voluntarily causing injury contrary to the law. ①

让我们把犯罪定义为有意违法引发伤害。

另一方面，这种辩护思路取决于这样一个事实：引发人类行动的原因中，有些符合行动者的意愿，有些违背行动者的意愿。亚里士多德认为，人类的所有行为共有七种原因，其中属于有意的有四种，属于非自愿的有三种（参见表格 D4）。非自愿的三种原因分别

① Aristotle, translated by John Henry Freese and revised by Gisela Striker, *Art of Rhetoric*, p. 103.

是偶然，性格，暴力。

T 5. 18（Arist. *Rh*. 1. 10. 7，1368 B 32 –37）

πάντες δὴ πάντα πράττουσι τὰ μὲν οὐ δι' αὑτοὺς τὰ δὲ δι' αὑτούς. τῶν μὲν οὖν μὴ δι' αὑτοὺς τὰ μὲν διὰ τύχην πράττουσι τὰ δ' ἐξ ἀνάγκης, τῶν δ' ἐξ ἀνάγκης τὰ μὲν βίᾳ τὰ δὲ φύσει, ὥστε πάντα ὅσα μὴ δι' αὑτοὺς πράττουσι, τὰ μὲν ἀπὸ τύχης τὰ δὲ φύσει τὰ δὲ βίᾳ.

Now, all humans act either not on their own initiative, or on their own initiative. Of the former actions, some are due to chance, others to necessity. Of those due to necessity, some are to be attributed to compulsion, others to nature, so that the things which men do not do of themselves are all the result of chance, nature, or compulsion.①

每个人做每一<行动>，或者出于自愿，或者不是出于自愿。在那些不是出于自愿的<行动>中，一些出于偶然，另外一些出于必然；出于必然的那些<行动>中，一些由于暴力，一些由于本性。故而人们出于非自愿做所有这类<行动>，一些来自偶然，一些由于暴力，一些由于本性。

D4　人类行动的七个原因（Arist. *Rh*. 1. 10. 7 –8，1368 B 32 – A 7）②

<table>
<tr><td rowspan="7">所有人类行动</td><td rowspan="3">（a）非自愿（involuntary，οὐ δι' αὑτοὺς）</td><td colspan="3">① 机遇（chance，διὰ τύχην）</td></tr>
<tr><td rowspan="2">必然（necessity，ἐξ ἀνάγκης）</td><td colspan="2">② 强迫/暴力（compulsion，βίᾳ）</td></tr>
<tr><td colspan="2">③ 本性/性格（nature，φύσει）</td></tr>
<tr><td rowspan="4">（b）自愿（voluntary，δι' αὑτοὺς）</td><td colspan="3">④ 习惯（habit，δι' ἔθος）</td></tr>
<tr><td rowspan="3">欲求（appetite，δι' ὄρεξιν）</td><td colspan="2">⑤ 理智的（rational，διὰ λογιστικὴν ὄρεξιν）</td></tr>
<tr><td rowspan="2">非理智的（irrational，δι' ἄλογον）</td><td>⑥ 激情（passion，ὀργή）</td></tr>
<tr><td>⑦ 欲望（passionate desire，ἐπιθυμία）</td></tr>
</table>

① Aristotle, translated by John Henry Freese and revised by Gisela Striker, *Art of Rhetoric*, p. 105.

② 该表格翻译自：William M. A. Grimaldi, S. J. *Aristotle*: *Rhetoric I*, *A Commentary*, p. 231，并根据 Arist. *Rh*. 1. 10. 7 –8 有所补充。

被告的自我辩护思路与上述分类一致。为了摆脱责任，被告必须论证自己并非“有意违法”（T 5.17）；为了论证行动并非有意，被告可以诉诸偶然、性格或者暴力（T 5.18 = D 4）。雅典使节的措辞（T 5.14 = T 3.15，T 5.15 = T 3.16）以恐惧为暴力的行动主体，认为自己的行动——发展雅典帝国主义——是受到了这一因素的强迫，因而是违反自身意愿的。雅典人在演说核心部分的第二部分，仍然使用了常见于法庭的论证思路。

3. 晚近以来：“我们没有选择更好的方式”

在第三部分（Th. 1.77），雅典使节要论证的是，雅典与盟邦当前的法律关系表明，雅典在希腊并不是一个僭主。

这一论证目的直接针对科林斯对雅典人的事实控诉。雅典人使节演说的前两个部分涉及希波战争与五十年时期，但科林斯使节并没有使用这两个时期作为对雅典控罪的直接论据。我们已经在第三章提到，科林斯使节演说（F 1）有双重论证目的（T 3.5）：证明雅典有罪，劝斯巴达人行动。科林斯人提及希波战争和五十年时期，[①]是在使用性格部目论证其政策建议结论，呼吁斯巴达行动，完成其第一重论证目的。那是史书事实层文本上的叙事和演说。而科林斯人对雅典的控罪则是在史撰层上铺开的，这是科林斯使节的第二重论证目的。在这一方面，科林斯人控罪论证的结论是雅典人已经奴役一些城邦，还阴谋对付另一些伯罗奔尼撒人的盟邦（T 5.6），科林斯用作举证的事实则指向了埃皮丹努（Epidamnus）事件（Th. 1.24 – 55，*ta Kerkyraika*）和波提狄亚事件（Th. 1.56 – 65，*ta Poteideatika*）。

T 5.20（Th. 1.68.4）

---

① Th. 1.69.1.1 – 6.

οὐ γὰρ ἂν Κέρκυράν τε ὑπολαβόντες βίᾳ ἡμῶν εἶχον καὶ Ποτείδαιαν ἐπολιόρκουν, ὧν τὸ μὲν ἐπικαιρότατον χωρίον πρὸς τὰ ἐπὶ Θρᾴκης ἀποχρῆσθαι, ἡ δὲ ναυτικὸν ἂν μέγιστον παρέσχε Πελοποννησίοις.

for they would not have held Corcyra from us by violence after seducing < her > and they would < not > have been besieging Potidaea, making full use of[1] the most fit land < for actions > against Thrace, and < Corcyra > would have supplied the largest navy to the Peloponnesians.

<不然>，他们就无法夺走并暴力守住柯西拉，也<无法>围歼波提狄亚，<波提狄亚是>最适于对色雷斯展开<行动>的地方，而<柯西拉>原本可以为伯罗奔尼撒人提供最大的海军。

句首的解释性连接词 γάρ 表明，上述事实（T 5. 20）的作用是解释和说明前文的控诉（T 5. 6）。[2] 因此事实上，直到演说的这一部分，雅典使节才开始直接回应科林斯使节的罪名指控。

雅典使节针对“僭主城邦”的自我辩护，成败取决于他能否证明，雅典与盟邦的关系是平等的。[3] 这是因为，科林斯指控的核心是雅典“奴役”盟邦（T 5. 6），那么，平等的盟邦间关系可以为雅典洗脱这一罪名指控。在这一部分中，雅典使节使用了“更好的方式”部目。这一部目适用于政治演说，但是 E. M. Cope 指出，这一部目在法庭演说、特别是为被告辩护的演说中要更常见、更有用。[4]

T 5. 21（Arist. *Rh.* 2. 23. 26，1400 A 37 – B 2）

---

① Marchant，*Commentary* I，206；Arnold，*Thucydides*，p. 92.

② Arnold，*Thucydides*，p. 92.

③ 在下文我们将看到，这是“僭主城邦”比喻的核心含义。

④ Cope，*Commentary II*，p. 293.

ἄλλος, εἰ ἐνεδέχετο βέλτιον ἄλλως, ἢ ἐνδέχεται, ὧν ἢ συμβουλεύει ἢ πράττει ἢ πέπραχε σκοπεῖν· φανερὸν γὰρ ὅτι, εἰ [μὴ] οὕτως ἔχει, οὐ πέπραχεν· οὐδεὶς γὰρ ἑκὼν τὰ φαῦλα καὶ γιγνώσκων προαιρεῖται.

Another topic consists in examining whether there was or is another better course than what is advised, or is being or has been carried out. For it is evident that if this has not been done, a person has not committed a certain action; because no one purposely or knowingly chooses what is bad. ①

还有一种部目是，相比目前所建议的，或者相比目前所做的或过去已经做了的，是否曾经存在或现在存在另外一种更好的方式。因为很明显，如果［不］存在那种方式，就没有做<这些事情>；因为没有人有意或在知情的情况下选择坏的<做法>。

在此我们借助 E. M. Cope 的注解，提供一个补充完整的翻译，以说明这一部目的论证思路。

另外一种<部目>，考虑是否曾有、或仍有可能改进——在任何方面<改进>（做得更好，更有利地，在更好的条件下）——以任何其他方式（采取另外的方法，通过改变时间、地点、条件、环境），任何（糟糕的）建议（建议者被控曾给出的），或任何他在做、或曾经做过的事（任何错事，他想到的或者是做出的），（你这样推断，）如果这并非事实（如果他没有利用这些可能的改进，而这些改进可能令他的建议或设计成功），<那么>，他就完全没有罪；因为没有人（会忽视这样的机会，如果他有能力利用这些的话），<在>有意且完全知情

① Aristotle, translated by John Henry Freese and revised by Gisela Striker, *Art of Rhetoric*, p. 321.

<的情况下>，宁要坏的<不要>好的。[1]

雅典人明确指出了存在于他们面前的另一种选择：使用暴力、而非依据法律统治帝国。同时，雅典使节说，他们所选择的统治方式是他们的温和帝国统治反而遭到批评的原因。

T 5. 22 (=T 6. 16，Th. 1. 77. 2)

καὶ οὐδεὶς σκοπεῖ αὐτῶν τοῖς καὶ ἄλλοθί που ἀρχὴν ἔχουσι καὶ ἧσσον ἡμῶν πρὸς τοὺς ὑπηκόους μετρίοις οὖσι διότι τοῦτο οὐκ ὀνειδίζεται· βιάζεσθαι γὰρ οἷς ἂν ἐξῇ, δικάζεσθαι οὐδὲν προσδέονται.

and no one sees why[2] those are not reproached because of this: those who hold <an> empire from elsewhere and who are less mild toward their subjects than us; for it is possible for them to rule by force, whereas they don't need to rule by law in addition.

同时，没有人知道，为何这些<城邦的>这种行为没有得到谴责：他们在其他地方拥有帝国，对待他们的属邦比我们更不温和；他们可以诉诸暴力，<也就>无须再诉诸法律。[3]

结合“更好的方式”部目来看，雅典使节此处的论证思路是这样的。第一，雅典人选择温和依法统治帝国，同时，存在另一种帝国统治方式（使用暴力）。第二，雅典人的方式得到批评，另一种方

---

① Cope，*Commentary II*，p. 293. 其中，圆括号内的内容为注疏者所补充，尖括号内的内容为笔者所补充。

② διότι 在此用作疑问代词。Morris，*Commentary*，188. Marchant，*Commentary* I，p. 217.

③ 我将 βιάζεσθαι 和 δικάζεσθαι 分别译为“诉诸暴力”和“诉诸法律”，因为这两个词都来自名词（βία，violence，暴力；δίκη，justice，正义），都使用了同样的构词法（直接在名词后添加动词后缀 - ζω）和同一种变位（现在时中动态不定式）。我认为，从选词到变位的一系列一致，无疑是修昔底德有意为之的，他的目的除了如 C. D. Morris 所说“通过押韵，给这个句子带来某种类似格言的特质”之外，必定还包括：他希望读者注意到这两个动作的来源。C. D. Morris，*Commentary*，p. 188. 在第六章中，我还将继续分析，这样理解如何能够帮助我们把握修昔底德在此的整体论证思路。

式得到赞扬。结合第一与第二，似乎另一种方式优于雅典人的实践方式。但是雅典人马上诉诸业已被接受的普遍常识（T 5.3，T 5.4），那就是第三，大家都明白，使用暴力的是僭主，使用法律的则是合法温和的领袖；因此，应该是另一种方式得到批评，雅典人的方式得到赞扬。使用“更好的方式”部目，雅典使节实际上是在论证说，温和依法统治的雅典帝国，不是一个僭主，虽然这样一来，其他城邦就认为雅典“好讼”。关于“好讼”所刻画的雅典性格及这个词语如何能够帮助我们理解“僭主城邦”比喻，将在第六章中予以说明。

四 小结

在上一节中我们看到，雅典使节构造了这样的修辞论证：我们的祖先有功绩（T 5.9），所以我们得到帝国是理所应当（T 5.10，T 4.8）；我们被迫发展帝国（T 5.14 = T 3.15，T 5.15 = T 3.16），所以不放弃帝国并没有违反人之常情；我们使用法律、并没有诉诸暴力这一事实（T 5.22）表明，我们没有不公正地对待盟邦，我们不是僭主。雅典使节在斯巴达公民大会所做的这篇演说中，他在每一步论证所依赖的部目——过往的功绩，行动没有自由意愿，不存在更好的选择，以及最重要的，性格论证——全都是常见于雅典法庭被告自辩演说的部目。在一位公元前 5 世纪的希腊读者看来，雅典人的演说（F 2）与法庭上的一篇自我辩护无异。同时，本章的第一、二节分别揭示了科林斯使节和司森涅莱达演说中的论证与部目，他们的论点与论证方式也与公元前 5 世纪的雅典法庭演说相似。尽管没有将法庭设置明确写在叙事部分，但是在演说词中融入这样的论点与论证方式，已经能够令读者对这些论说形成一种“法庭式的”理解。换言之，读完这四篇演说，读者仿佛经历了一次城邦间的庭审，他们阅读修昔底德史书时的期待视域已经被作者改变。

修昔底德在古代的重要批评者狄奥尼修斯在批评我们的史家的

演说词时提到，演说词的写作包括题材和风格两个部分，而题材又分为论证与概念两个部分。他采用的这种分析结构，可以帮助我们理解这一章所涉及的古代修辞学概念之间的关系。

T 5. 23 (D. H. *Th.* 34. 7 – 9)

ἐν ᾧ πρώτην μὲν ἔχει μοῖραν ἡ τῶν ἐνθυμημάτων τε καὶ νοημάτων εὕρεσις, δευτέραν δὲ ἡ τῶν εὑρεθέντων χρῆσις·

In the handling of the subject – matter the first place belongs to the invention of enthymemes and conceptions, the second place being held by the use of the prepared material. ①

处理题材方面，首先是修辞论证与概念的构造，其次是既有材料的使用。

T 5. 24 (D. H. *Th.* 34. 12 – 15)

φέρει γὰρ ὥςπερ ἐκ πηγῆς πλουσίας ἄπειρόν τι χρῆμα νοημάτων τε καὶ ἐνθυμημάτων περιττῶν καὶ ξένων καὶ παραδόξων.

For, as though from a rich source, he draws forth an inexhaustible supply of conceptions and enthymemes that are unusual, strange, and paradoxical. ②

因为，仿佛是从充沛的泉水中，<修昔底德>汲取了无数生僻的、陌异的、与常识抵触的概念和论证。

D. A. Russell 解释说，“修辞论证的构造”（T 5. 24：ἡ τῶν ἐνθυμημάτων ... εὕρεσις）中的“构造”一词（ἡ··· εὕρεσις），指的不是今人所理解的某种凭空创造，而是一种“发现”（*inventio*），“发现”情境所要求的演说内容（τὰ δέοντα）；写作演说词的古代作家——无论是悲喜剧诗人、还是史家——都遵循这一修辞学准则。③

① Dionysius of Halicarnassus, tr. W. Kendrick Pritchett, *On Thucydides*, p. 27.

② Dionysius of Halicarnassus, tr. W. Kendrick Pritchett, *On Thucydides*, p. 27.

③ D. A. Russell, “Rhetoric and Criticism”, *Greece & Rome*, Vol. 14, No. 2, 1967, pp. 135 – 136；同时参见 Dionysius of Halicarnassus, tr. W. Kendrick Pritchett, *On Thucydides*, p. 118, n. 3。

一旦听说需要寻找“那一情境的要求”，修昔底德的所有学生、所有读者都会将目光重新投向下面这段著名的作者声明：

> T 5. 25 （=T 4. 1，Th. 1. 22. 1. 4 – 7）
>
> ὡς δ' ἂν ἐδόκουν ἐμοὶ ἕκαστοι περὶ τῶν αἰεὶ παρόντων τὰ δέοντα μάλιστ' εἰπεῖν, ἐχομένῳ ὅτι ἐγγύτατα τῆς ξυμπάσης γνώμης τῶν ἀληθῶς λεχθέντων, οὕτως εἴρηται.
>
> and <the speaker> would speak in this way that each <speaker> would seem to me <that he> speaks mostly what each circumstance requires <him to speak>, and I maintain[①] as close as possible to the general gist of what actually have been said.
>
> 演说者<将>以这样的方式<演说>，也就是，每个<演说者>在我看来，说了每一情境最要求<他说的内容>，<在这一过程中>我保持<演说词>与真实发生过的演说的大意尽可能相近。

这样看来，构造修辞论证与发现情境的要求，就是演说词写作活动的一体两面。作为读者，我们可以通过情境的要求来理解修辞论证——这一方法适用于事实层文本，也可以求助修辞论证分析来反推情境的要求——这一方法适用于史撰层文本，如我们在这一编中所做的。通过分析科林斯使节（F 1）、雅典使节（F 2）、司森涅莱达（F 3）的修辞论证和部目我们证实，这些演说词的“情境要求”不仅包括事实层文本中的那个听证会，同时还包括了史撰层文本中的一个城邦间法庭。在修昔底德复杂的史撰织体中，情境的要求可能不止一层，我们读者的理解也需要更为复杂和立体。

---

① 这一翻译方法参考了 Howard Don Cameron，*Thucydides' Book I：A Students' Grammatical Commentary*，Ann Arbor：University of Michigan Press，2003，p. 43.

第六章

一 φιλοδικεῖν δοκοῦμεν（Th. 1. 77. 1）

修昔底德用这复杂的史撰织体刻画了雅典帝国主义。让我们再来回顾上一章的最后一个论证，雅典使节的自我辩护（F 2）。我们已经说明，雅典使节的自辩内容涉及三个时间段：希波战争，五十年时期，战前冲突；直到谈及第三个时期的时候，雅典人才开始回应科林斯人的直接指控。科林斯人控诉雅典已经奴役了一些城邦，还正在阴谋对付另一些城邦（T 5. 6），说他们夺走并占有了柯西拉，围歼波提狄亚（T 5. 20）。雅典人在这一部分的论证目的，就是要针对科林斯人的上述控诉，说明雅典在处理与其他城邦的关系时并不像一个僭主。为了这一论证目的，雅典人采取了“更好的方式”这一修辞部目（T 5. 21），指出雅典没有选择“诉诸暴力”，而是选择“诉诸法律”（T 5. 22），以此说明雅典并不像一个僭主。诉诸法律、而非诉诸暴力，是雅典使节对第三个时期雅典与其他城邦关系的总结，这一特征贯穿雅典使节演说论证部分第三部分（Th. 1. 77）始终。

然而我们看到，据雅典使节说，正是这一特征使得雅典陷入了困境。雅典使节在第三部分的一开始就说，雅典帝国实践温和，名声却欠佳。雅典人诉诸法律而非诉诸暴力的做法，使雅典具有了“好讼”（T 6. 1：φιλοδικεῖν）的名声。

T 6.1 （Th. 1.77.1）

'Καὶ ἐλασσούμενοι γὰρ ἐν ταῖς ξυμβολαίαις πρὸς τοὺς ξυμμάχους δίκαις καὶ παρ' ἡμῖν αὐτοῖς ἐν τοῖς ὁμοίοις νόμοις ποιήσαντες τὰς κρίσεις φιλοδικεῖν δοκοῦμεν.

For, < since > we were suffering loss in cases according to treaties against our allies, < therefore > we made the judgements at our own < courts > according to the same laws, we < nevertheless > appear to be litigious.

<因为>在根据条约<建立的>针对盟邦的法庭中，我们总是受损，<所以>我们在我们自己的<法庭>中根据同样的法律进行审判，<然而因此>我们显得好讼。

古代注疏家对这里“好讼”一词的解释如下。

T 6.2 （Schol. *Th.* 1.77）①

<φιλοδικεῖν:> ἐκωμῳδοῦντο γὰρ οἱ Ἀθηναῖοι ὡς φιλόδικοι

< litigious: > for the Athenians have been ridiculed as court–cases–loving

<好讼：> 因为人们一直嘲弄雅典人，说他们喜好诉讼

这段文本在两个方面引起困惑：历史事实与词义解读。前者涉及的问题是，雅典使节在此提及了几种法庭？几位最重要的修昔底德注疏者在此意见不一。在 J. Classen 看来，如果将 ἐλασσούμενοι 和 ποιήσαντες 这两个分词理解为并列关系，那么，雅典使节就提及了处理雅典与盟邦关系的两种法庭：依据条约在盟邦设置的法庭，

① *SchGrTh*, p. 395.

和在雅典设置的法庭。[①] Russel Meiggs 与他看法相同。[②] 在 A. W. Gomme 看来，应当将这两个分词理解为从属关系，ἐλασσούμενοι 的作用是解释 ποιήσαντες，这样，两个分词所构造的从句之间就建立了因果关系：<因为>我们总是在前一类法庭上遭到不公正待遇，<所以>我们将这类法庭转移到雅典来了。[③] 最近的注疏者 Simon Hornblower 则接受了 A. W. Gomme 的观点。[④] 事实上，选择哪一种解读对本书此处的讨论都没有影响，雅典使节通过提及两类法庭或一类法庭，无非都是想表达，我们并没有滥用我们的优势地位。[⑤]

二　φιλοδικέω，φιλόδικος

关于词义解读的讨论对于我们此处的论证更加重要。这段文本的另一个问题是，在此出现的 φιλοδικεῖν 一词显得有些奇怪。我们不清楚它的内容、感情色彩，也不清楚该词在这段文本中的论证功能。这个词描述的是怎样一类行为？表面看来，φιλοδικεῖν 词与同样构词方法的形容词 φιλό－δικος 含义一致，而后者由表示“喜爱”的常见前缀 φιλο－和表示“诉讼”的名词 δίκη 构成，含义最有可能是“喜爱诉讼的”。[⑥] 这个词的感情色彩如何？“我们显得好讼”中的“显得”一语（T 6.1：δοκοῦμεν）表明，雅典使节自己似乎并不认可这个词的含义，因为 δοκέω 一词多少含有名不副实的意味。

---

① J. Classen 的理解就如此处所述：“Obgleich wir uns einerseits im Nachtheil befinden in dem für die Bundesgenossen bestehenden vertragsmässigen Gerichtsverfahren, und obgleich wir für sie andrerseits bei uns（in Athen）gerichtliche Verhandlungen nach gleichen Gesetzen angeordnet haben, stehen wir doch in dem Rufe der Streit－und Händelsucht.” Classen, *Thukydides*, p. 142.

② Russell Meiggs, *The Athenian Empire*, Oxford: The Clarendon Press, 1972, in paperback 1979, pp. 229－233.

③ *HCT* I, pp. 236－243. 除了语文学理解之外，A. W. Gomme 在此还给出了史料证据。

④ Hornblower, *Commentary* I, p. 122.

⑤ Russell Meiggs, *The Athenian Empire*, p. 230.

⑥ 目前的主流词典都将 φιλοδικέω 与 φιλόδικος 列为同义词。*BrillD*, p. 2279: s. v. φιλοδικέω, contr. [φιλόδικος]. s. v. φιλόδικος（φίλος, δίκη）lover of court－cases.

最后，这个词在雅典使节的论证中发挥了什么作用？雅典人喜爱诉讼与雅典人针对僭主城邦指控的自我辩护之间有何联系？

φιλοδικεῖν 一词在古典时代的文本中，也就是公元前 5 世纪到前 4 世纪的语料库中，E. G. Turner 找到的有价值的平行例子，除了修昔底德此处的文本（T 6. 1），一共只有五个。[①] 这五个例子分别是亚里士多德《修辞学》中的两例，被归给亚里士多德的《献给亚历山大的修辞学》（*Rhetorica ad Alexandrum*）、被归给德摩斯梯尼的《诉狄奥尼所多鲁斯》（*Against Dionysodorus*）、吕西阿斯《诉泰奥默涅斯图（第一篇）》（*Against Theomnestus I*）当中各有一例。

亚里士多德在《修辞学》中曾经两次提到这个词。一次是在第 1 卷，为法庭演说论述害人者的心理状态时，亚里士多德以“好讼”为例，说明犯罪者的一种心情；另一次是在第 2 卷的部目章节（Arist. *Rh.* 2. 23）中，亚里士多德以“好讼”为例，说明矛盾部目的用法。

T 6. 3（Arist. *Rh.* 1. 12. 35，1373 A 35 – 37）

καὶ ὅσα φιλοδικεῖν δόξειεν ἂν ὁ ἐπεξιών· τοιαῦτα δὲ τὰ μικρὰ καὶ ἐφ'οἷς συγγνώμη.

And all those wrongs in regard to which appeal to the law would make a man appear litigious; such are wrongs that are unimportant or venial. [②]

将这样一些事情提交诉讼的人，会显得好讼；这些错误是小事，是可原谅的。

T 6. 4（Arist. *Rh.* 2. 23. 23，1400 A 19 – 20）

… “καὶ φησὶ μὲν εἶναί με φιλόδικον, οὐκ ἔχει δὲ ἀποδεῖξαι δεδικασμένον οὐδεμίαν δίκην”, …

---

① E. G. Turner, “ΦΙΛΟΔΙΚΕΙΝ ΔΟΚΟΥΜΕΝ（Thuc. i. 77）”, *CR*, Vol. 60, No. 1, 1946, pp. 5 – 7.

② Aristotle, translated by John Henry Freese and revised by Gisela Striker, *Art of Rhetoric*, p. 137.

He says that I am litigious, but he cannot prove that I have ever brought an action against anyone. ①

他说我好讼，但他不能证明曾有诉讼发起过。

亚里士多德的意思是，一个人被认为“好讼”，意味着他曾因小事和可以原谅的事情发起诉讼。这两处提及的“好讼”，都是一种较轻微的罪名。被归给亚里士多德的《献给亚历山大的修辞学》中，作者建议法庭演说人以“好讼”这一罪名来对抗辩方对自己没有即兴演说的批评。

T 6.5 ([Arist.] *Rh. Al.* 36.39, 1444 A 33 – 35 = Anaximen. *Rh.* 36.39.2 – 5):

ἡμεῖς μὲν οἱ μανθάνοντες, ὥς φῄς, οὐ φιλόδικοί ἐσμεν, σὺ δὲ ὁ λέγειν μὴ ἐπιστάμενος καὶ νῦν ἡμᾶς καὶ πρότερον ἑάλως συκοφαντῶν·

"We who, according to you, learn what we are going to say, are not litigious, whereas you, who declare that you do not know how to speak, have been convicted of bringing vexatious suits in the past and are doing so now against us." ②

“据你说，我们知道自己要说什么，我们并不好讼；但你们声称不知道自己要说什么，但先前却曾诈骗诉讼，现在还这样对待我们。”

作者的意思是，φιλόδικος 一词的意思就是后面的“诈骗诉讼”（T 6.4：συκοφαντῶν）。这里的意思与亚里士多德所举的两个例子有细微的区别；但是同样，“好讼”在此被用作一种轻微的罪名。在被归给德摩斯梯尼的《诉狄奥尼所多鲁斯》中，起诉人提出可以让

① Aristotle, translated by John Henry Freese and revised by Gisela Striker, *Art of Rhetoric*, p. 319.

② Edited by Jonathan Barnes, *The Complete Works of Aristotle* (*the revised Oxford translation*), *Volume II*, Princeton University Press, 1985, reprinted 1995, p. 2310.

步达成协议，这样便显得不那么“好讼”。

T 6.6 （［D］. 56.14.5 – 8）

… ἡμεῖς μὲν ταῦτα συνεχωροῦμεν, οὐκ ἀγνοοῦντες, ὦ ἄνδρες δικασταί, τὸ ἐκ τῆς συγγραφῆς δίκαιον, ἀλλ' ἡγούμενοι δεῖν ἐλαττοῦσθαί τι καὶ συγχωρεῖν ὥστε μὴ δοκεῖν φιλόδικοι εἶναι, …

We agreed to this, gentlemen of the jury, fully aware of our rights under the contract but thinking we should settle for a bit less and reach an agreement that would not make us appear overly litigious. ①

我们同意，陪审团诸位，我们不是不知道这些事情，<我们>基于契约<而拥有>的权利，但是我们相信，我们应该降低一些要求，<应该>让步，以便不要显得我们好讼，……

同样，“好讼”在此是一个轻微的罪名。在吕西阿斯《诉泰奥默涅斯图（第一篇）》中，被告认为，因为诽谤而提起诉讼是“好讼”的表现。

T 6.7 （Lys. 10.2）

ἐγὼ δ', εἰ μὲν τὸν ἑαυτοῦ με ἀπεκτονέναι ᾐτιᾶτο, συγγνώμην ἂν εἶχον αὐτῷ τῶν εἰρημένων (φαῦλον γὰρ <ἂν> αὐτὸ καὶ οὐδενὸς ἄξιον ἡγούμην)· οὐδ' εἴ τι ἄλλο τῶν ἀπορρήτων ἤκουσα, οὐκ ἂν ἐπεξῆλθον αὐτῷ (ἀνελευθέρων γὰρ καὶ λίαν φιλοδίκων εἶναι νομίζω κακηγορίας δικάζεσθαι)·

If he had accused me of killing his father, I would have forgiven him for that statement, (because I regarded him as insignificant and not worthy of attention). Nor would I have taken proceedings against him if I had been called any other of the *aporrhêta*, (because I be-

---

① Victor Bers tr., *Demosthenes*, *Speeches 50 – 59*, Austin: University of Texas Press, 2003, p. 98.

lieve that to prosecute for defamation is petty and over – litigious).①

如果他控诉我杀了他的父亲，我会原谅他，（因为我认为他不重要，不足挂齿）；即便我听到自己被以任何其他恶名指称，我也不会起诉他，（因为我相信，因为诽谤而诉诸法律不名誉，过于好讼）。

综合以上同时代语料证据我们发现，“好讼”一词或者指向一种轻微的罪名，或者指向一种几乎称不上罪名的指责。这些便是编纂字典时，学者们所拥有的几乎全部语料证据。据此，E. G. Turner 认为，该词的含义不是“喜好诉讼”，而是“喜好提起诉讼”，也就是“爱当原告”。② Richard I. Winton 延续 E. G. Turner 的看法，进一步指出，在“德摩斯梯尼”（T 6.6）和修昔底德（T 6.1）的例子中，该词的含义是“过分伸张自己权利的”；与雅典的实际情形和下文联系起来理解会发现，这个词意在指出雅典人过分伸张自己作为强者的权利。③

在试图理解 φιλοδικέω 和 φιλόδικος 的含义时，我们面临着理解公元前 5 世纪许多希腊语词汇的一个共有困难：我们的语料库中，样本数量不足，词典编纂学者用于确定这一含义的语言资料极为稀少，因此，词典释义只能视为对现有的有限资料进行学术讨论的暂时结果，而非可以拿来适用一切文本案例的铁律。换句话说，修昔底德在此想要表达的含义，应该成为该词词典释义的基础和补充。修昔底德此处表达的含义，只能从他自己的文本中推定，不能从字典或上述词义中得出。我们需要重新在同时代文本及修昔底德史书此处的语境中确定该词的含义。

① S. C. Todd, *A Commentary on Lysias*, Speeches 1 – 11, Oxford University Press, 2008, p. 643, with minor alterations.

② E. G. Turner, “ΦΙΛΟΔΙΚΕΙΝ ΔΟΚΟΥΜΕΝ (Thuc. i. 77)”, *CR*, Vol. 60, 1946, pp. 5 – 7.

③ Richard I. Winton, “φιλοδικεῖν δοκοῦμεν: Law and Paradox in the Athenian Empire”, *MH*, Vol. 37, No. 2, 1980, pp. 89 – 97.

三　φιλοδικεῖν vs. τυραννεῖν（Th. 1. 77）

对雅典使节演说（F 2）中 φιλοδικεῖν 一词的上述现有解释，存在一个共通的问题，那就是分析者们完全把 φιλοδικεῖν 当作了一个负面词汇。这对我们理解雅典使节使用这个词的用意造成了困难。

诚然，从同时代文本证据（TT 6. 3 – 7）和修昔底德此处文本中的“显得”一语（T 6. 1：δοκοῦμεν）中我们读到，φιλοδικεῖν 绝非褒义词。E. G. Turner 认为“显得”一语（T 6. 1：δοκοῦμεν）是在回应“我们不该得到目前所有这种名声”这个整体概念，[①] 而 A. W. Gomme 则认为“显得”一词是在回应某一个特定的指控。[②] 无论我们接受谁的看法，我们都必须承认，“显得”一词表明其后所接的“好讼”一词带有贬义。但是，从同时代文本证据（TT 6. 3 – 7）中我们也读到，“好讼”一词带有的贬义十分轻微。Russell Meiggs 敏锐觉察到这一点，认为“好讼”这一指控过于“无害”，令人不解；由此他提议改变 φιλοδικεῖν 一词在此处文本中的含义，将其理解为“热衷于将政治罪犯嫌疑人拖入雅典法庭”。[③] 此处的困难是根据语境要求，我们知道，雅典人此处所使用的词汇应该含有贬义；但雅典人选择的这个词贬义太轻。这与伯利克里、克里昂、游弗木斯等雅典人泰然自若地称自己的母邦为僭主，形成了鲜明的对比。

我认为，此处的情境不仅要求雅典使节重复指控，还要求雅典使节回应并辩解这一指控；雅典使节充分利用了 φιλοδικεῖν 一词所含有的轻微贬义及其作为中性词使用的潜力，同时完成这两项“情

---

① E. G. Turner，“ΦΙΛΟΔΙΚΕΙΝ ΔΟΚΟΥΜΕΝ（Thuc. i. 77）”，*CR*，Vol. 60，No. 1，1946，p. 6，n. 1.

② *HCT* I，p. 243.

③ Russell Meiggs，*The Athenian Empire*，p. 229. 但是，Russell Meiggs 在此处的论点是，即便 φιλοδικεῖν 具有这种含义，他也可以根据其他史料证明，雅典并没有滥用其帝国优势。

境的要求”（T 4. 1 = T 5. 25：τὰ δέοντα）。他承认，“好讼”是一项雅典特质，但是与此同时，他又将这一特质塑造为僭主的反面。换言之，雅典使节将雅典刻画为一座“好讼”的城邦，目的是将 φιλοδικεῖν（好讼，喜爱法律程序）与 τυραννίζειν（想当僭主）对立起来，以摆脱僭主这一真正的指控。我们在前面已经反复论及，在这个“城邦间法庭”上，科林斯对雅典的指控是“僭主城邦”。

1. φιλοδικεῖν 作为雅典性格

正如 Bernard Knox 所观察到的，φιλοδικεῖν 一词刻画了雅典特有的行为模式。[①] φίλος 作为一个构词组件，除了表达我们熟悉的“喜爱”含义之外，还可以表达“属己”的意思。[②] 因此以 φίλος 为前缀的词，有可能描述的是一种属己的特质。换言之，我们可以将以 φίλος 为前缀的词，理解为一种性格特质，内在于本性的一种行为模式。在上一节我们看到，φιλοδικεῖν 或 φιλόδικος 直接出现的文本仅有六例（T 6. 1，TT 6. 3 – 6. 7）。然而在以下同时代的文本中（T 6. 8，T 6. 10，T 6. 11，T 6. 14），虽然 φιλοδικεῖν 或 φιλόδικος 一词并没有直接出现，但是这些段落的内容同样刻画了这一特征，所以我们会看到，φιλοδικεῖν 或 φιλόδικος 出现在这些段落的古代注解中（T 6. 9，T 6. 12，T 6. 13，T 6. 15），作为对这些段落的解释或总结。从与修昔底德同时代的喜剧作品中我们清楚看到，好讼是一项突出的雅典特征。

---

① Bernard Knox, *Oedipus at Thebes*, p. 78 f. Bernard Knox 的目的是论证雅典与索福克勒斯《俄狄浦斯王》中的俄狄浦斯都具有僭主的特性，这些特性中的一个就是热衷于诉诸法律程序。但是我并不认为诉诸法律程序是僭主的行为模式，接下来我将证明，这一行为模式恰恰是僭主的对立面。在此，我只接受这一观点：热衷诉诸法律，是雅典特有的行为模式。

② 其中，“属己”的含义先于“喜爱”的含义。Robert Beekes, *Etymological Dictionary of Greek*, s. v. φίλος, p. 1573.

公元前423年上演[1]的阿里斯托芬喜剧《云》（*Nubes*）中，雅典人斯瑞西阿德斯（Strepsiades）说，没看到一群陪审员坐着，他就不信他看到的地方是雅典。

T 6.8（Ar. *Nu.* 206－208）

ὁρᾷς;

αἵδε μὲν Ἀθῆναι.

{Στ.} τί σὺ λέγεις; οὐ πείθομαι,

ἐπεὶ δικαστὰς οὐχ ὁρῶ καθημένους.

you see?

This is Athens right here.

Strepsiades [peering]. Surely not, I don't believe you:

I can't see jurors sitting in court on benches![2]

你看到吗?

这就是雅典。

斯瑞西阿德斯［盯］。当然不是，我不相信你：

<因为>我没看到陪审员坐在凳子上。

古代注疏家对这句话的解释如下。他将斯瑞西阿德斯的话总结为雅典人“好讼”。

---

① Ar. *Nu.* Hyp. 阿里斯托芬《云》存在两个版本的戏剧文本，一个文本上演于公元前423年，另一个可能修订于公元前420年至公元前416年。E. Christian Kopff认为应当将第二版文本的形成年份推定为公元前414/413年，Ian C. Storey捍卫传统观点，认为第二版文本形成于公元前418年。无论我们采信哪种观点，阿里斯托芬《云》第二版文本都是成书于《尼基阿斯和约》期间。关于两个版本及其日期的讨论，参见K. J. Dover, *Aristophanes: Clouds*, Oxford: The Clarendon Press, 1968, pp. lxxx－xcviii; Stephen Halliwell, *Aristophanes: Clouds. Women at the Thesmophoria. Frogs. A Verse Translation, with Introduction and Notes*, Oxford: Oxford University Press, 2015, p. 4, n. 3; Appendix, s. v. *Nephelai* (Clouds) I, p. 246. E. Christian Kopff, "The Date of Aristophanes, Nubes II", *AJP*, Vol. 111, No. 3, 1990, pp. 318－329. Ian C. Storey, "The Dates of Aristophanes' Clouds II and Eupolis' Baptai: A Reply to E. C. Kopff", *AJP*, Vol. 114, No. 1, 1993, pp. 71－84.

② Stephen Halliwell, *Aristophanes: Clouds. Women at the Thesmophoria. Frogs*, p. 28.

T 6.9（Schol. Ar. *Nu.* 208 c，1）

διασύρει τοὺς Ἀθηναίους ὡς <u>φιλοδίκους</u> καὶ μηδέποτε σιωπὴν ἄγοντας

he ridicules the Athenians as <u>litigious</u> and never leading silence

他嘲弄雅典人，说他们<u>好讼</u>，从不安静

换言之，成群的陪审员是我们可以用来辨识雅典的一个特征。对“好讼”这一雅典性格刻画得更为完整生动的是次年上演[①]的阿里斯托芬喜剧《马蜂》（*Vespae*）。该剧的歌队是被比喻为马蜂的雅典陪审团，主要角色是一对父子，沉迷上法庭、喜欢雅典政治家克里昂的父亲菲罗克勒翁（Philocleon，“love Cleon”）和讨厌克里昂、试图纠正父亲的儿子布得吕克勒翁（Bdelycleon，“loathe Cleon”）。[②]该剧的核心矛盾和被嘲弄的主要对象，是菲罗克勒翁患上的一种爱上法庭的疾病。该剧一开场，菲罗克勒翁和布得吕克勒翁家的奴隶珊提阿斯（Xanthias）就介绍并描述了老主人菲罗克勒翁的一种“怪病”（T 6.10：ἀλλόκοτον αὐτοῦ）：爱上法庭（T 6.11：φιληλιαστής）。

T 6.10（Ar. *V.* 71 –73）

νόσον γὰρ ὁ πατὴρ ἀλλόκοτον αὐτοῦ νοσεῖ,

ἣν οὐδ' ἂν εἷς γνοίη ποτ' οὐδὲ ξυμβάλοι,

εἰ μὴ πύθοιθ' ἡμῶν·

---

① Ar. *V.* Hyp. 36 –37. Lutz Lenz，“Anhang 1：Zur Hypothesis”，in *Aristophanes*：*Wespen*. Berlin，New York：De Gruyter，2014，pp. 311 –312.

② 这两个名字是阿里斯托芬的喜剧创造。关于角色的名字构成及上述英文译法，参见 Nikoletta Kanavou，*Aristophanes' Comedy of Names*：*A Study of Speaking Names in Aristophanes*，Berlin，New York：De Gruyter，2011，pp. 80 –83，n. 348. 另外有一种英文译法，分别是 Procleon（“拥护克里昂”）与 Contracleon（“反对克里昂”），这种译法参见 *Aristophanes* 1：*Clouds*，*Wasps*，*Birds*，translated，with notes，by Peter Meineck，introduced by Ian C. Storey，Indianapolis，Cambridge：Hackett Publishing Company，1998，p. 125.

For he, the father, has a disease strange from himself,[①]
Which none of you will know, or yet conjecture,
Unless we tell:[②]
因为他的父亲患上了一种自身罕见的疾病,
<这种病>没法知道，也无法理解,
除非你们听我们说:

T 6. 11 (Ar. *V.* 87 – 88)

φράσω γὰρ ἤδη τὴν νόσον τοῦ δεσπότου.
φιληλιαστής ἐστιν ὡς οὐδεὶς ἀνήρ·

I'll tell you the disease old master has.
He is a LAWCOURT – lover, no man like him.[③]
我现在告诉<你们>我主人的疾病。
他爱上法庭，无人能及。

与《云》一样，虽然这部剧的文本中并没有直接出现 φιλοδικεῖν 或 φιλόδικος 这两个词，但是很明显，珊提阿斯提及和他接下来打算详细描述（Ar. *V.* 88 – 110）的疾病，就是“好讼”。因此，古代注疏家会直接使用“好讼”一词来解释上面所提及的珊提阿斯的话。

T 6. 12 (Schol. *Ar.* V. 71 a, Col. 2. 3 – 2. 5)

παρόσον ὁ μὲν πατὴρ φιλόδικός
ἐστιν, ὁ δὲ υἱὸς μισόδικος καὶ τοῦτο
βδελυττόμενος.

---

① *Aristophanes*: *Wasps*, edited with introduction and commentary by Zachary P. Biles and S. Douglas Olson, Oxfod: Oxford University Press, 2015, p. 107.

② Benjamin Bickley Rogers, *Aristophanes I*: *The Acharnians*, *the Knights*, *the Clouds*, *the Wasps*. London: William Heinemann Ltd., New York: G. P. Putnam's Sons, 1930, p. 415, with minor alterations.

③ Benjamin Bickley Rogers tr., *Aristophanes I*: *The Acharnians*, *the Knights*, *the Clouds*, *the Wasps*, p. 415.

insofar as the father loves trials,
whereas the son hates trials and is
sick at this thing.
因为父亲喜爱诉讼，
而儿子痛恨诉讼，而且
对此感到厌倦。
T 6. 13 （Schol. *Ar.* V. 88 c，1）
φιληλιαστής] ἀντὶ τοῦ φιλόδικος.
LAWCOURT - loving] instead of the “litigious”
爱上法庭：替代“好讼” <一词>

“替代”（T 6. 13：ἀντί，instead of）一语常见于古代注疏中的词语解释部分：使用另一个同义词来“改述”（paraphrase）文本中的词汇。这是古代文法学家在为经典文本作注时的一个常用方法。[①] 换言之在这里，“好讼”（T 6. 13：φιλόδικος）与“爱上法庭”（T 6. 11，T 6. 13：φιληλιαστής）是一回事。具体来说，“爱上法庭”一词 φιληλιαστής 由 φίλος 和ἡλιαία（“法庭”，“法庭所在的建筑物”）构成，因此字面意思是“喜爱法庭”，[②] 在此处语境中的含义则是热衷于任职陪审团。[③]

在《云》中我们看到，无法庭，不雅典；在《马蜂》上面几行里我们又看到，以菲罗克勒翁为代表，有一些雅典人患上了“爱上法庭”疾病；接着我们还将在《马蜂》的下文中看到，布得吕克勒翁说，爱上法庭不仅仅是一位雅典公民的疾病，它根本就是雅典这

① David Mulroy，“Substitution Scholia and Thucydides' Use of Prepositions”，*TAPA*，Vol. 102，1971，pp. 365 - 366. David Mulroy 认为，至少在修昔底德的介词使用这个领域内，“替代”边注不同于其他两类古代边注，它的目的不是要揭示注解与原文之间的区别，而是要“改述”原文的内容。*Ibid.*，pp. 410 - 411. 在此我们只需理解，“替代”一词意味着注解与原文是一个意思。

② *LSJ* s. v. ἡλιαία，p. 768. 同时参见 Benjamin Bickley Rogers 对 T 6. 12 的翻译：“Lawcourt - Lover”。Benjamin Bickley Rogers tr.，*Aristophanes I*：*the Acharnians*，*the Knights*，*the Clouds*，*the Wasps*，p. 415.

③ Zachary P. Biles and S. Douglas Olson，*Aristophanes*：*Wasps*，p. 114.

座城邦的疾病，病入膏肓。

T 6. 14（Ar. *V.* 650 – 651）

{Βδ.} χαλεπὸν μὲν καὶ δεινῆς γνώμης καὶ μείζονος ἢ 'πὶ τρυγῳδοῖς
ἰάσασθαι νόσον ἀρχαίαν ἐν τῇ πόλει ἐντετοκυῖαν.

{Bd.} Hard were the task, and shrewd the intent,
for a Comedy – poet all too great
To attempt to heal an inveterate, old
disease engrained in the heart of the state. ①

［布得.］<这事>很难，<适合比我>聪明的人，
超乎喜剧诗人的能力
去医治那古老的痼疾，
在城邦的核心。

一方面，在阿里斯托芬的当代评论者看来，“古老的痼疾”（T 6. 14：νόσον ἀρχαίαν . . . ἐντετοκυῖαν）指的不仅仅是雅典法庭的陪审员制度，因为陪审员给薪制度在该剧上演之前不久才开始实施，因此这一痼疾称不上“古老”（T 6. 14：ἀρχαίαν）；布得吕克勒翁在此批评的是更广泛意义上的雅典民主制度。② 但是在古代注疏家看来，“长久的痼疾”指的就是全剧的核心概念：好讼。

T 6. 15（Schol. Ar. *V.* 651 a，1）

νόσον ἀρχαί<α>ν] τουτέστι τὸ φιλόδικον.

［old disease］ this is the litigiousness.

［古老的疾病］这是好讼。

---

① Benjamin Bickley Rogers tr.，*Aristophanes I*：*the Acharnians*，*the Knights*，*the Clouds*，*the Wasps*，p. 471.

② Zachary P. Biles and S. Douglas Olson，*Aristophanes*：*Wasps*，p. 288. 此外，评注者在前言中指出，整体来看，这部剧的宗旨是攻击雅典民主政体的两大制度支柱之一：法庭制度；该剧“戏剧辩论”（Agon）部分的演说意在表明，雅典的整个民主政体都出现了问题。*Ibid.*，pp. xlvii – xli.

因为我们此处的核心问题不是《马蜂》全剧或这篇演说词的政治内涵，[①] 所以在此我们不妨采信古代注疏家的简单理解，认为在城邦核心之处的“古老痼疾”，指的就是“好讼”。另一方面，布得吕克勒翁接续了珊提阿斯对他父亲一个人的病情描述（T 6.10，T 6.11），然后展现了雅典整个城邦的普遍病态。[②] 这样，珊提阿斯与布得吕克勒翁的话，实际上重构了上一年上演的剧作《云》中斯瑞西阿德斯描述的雅典全貌：必须是能看得到陪审团坐着的地方（T 6.8），那才是雅典。

通过阿里斯托芬在伯罗奔尼撒战争第一阶段差不多结束以后两部喜剧文本我们发现，许多雅典人爱上法庭，还有许多雅典人抱怨这一特点；通过古代注疏家对这些文本的“改述”（T 6.9，T 6.12，T 6.13，T 6.15）我们则发现，这些行为都被描述为“好讼”。据此我认为，E. G. Turner 和 Richard I. Winton 的看法或许太过专注于修昔底德文本，“好讼”一词可能本身具有更宽泛的含义。根据上述喜剧文本和注疏改述我们发现，“好讼”一词并不仅仅是说“喜爱提起诉讼”“过于热衷于伸张自己的权利”，[③] 它的意思还可以是爱当陪审员，爱去法庭（T 6.11，T 6.13），甚至，因为法庭与戏剧表演分

---

① David Konstan 强调，故事情节（菲罗克勒翁患法庭病和在家里对狗的审判）表明，城邦内的阶级冲突已经深入家庭层面，公民意识正在苏醒，年轻一代所代表的一方正在取得胜利；但是菲罗克勒翁的富有和歌队马蜂的贫困表明，观众（通过歌队）无法感同身受菲罗克勒翁的困境，因此阶级冲突不是本剧的核心关切。David Konstan，“The Politics of Aristophanes' Wasps”，*TAPA*，Vol. 115，1985，p. 42，p. 46. S. Douglas Olson 对该剧政治内涵的理解起源于对 David Konstan 上述看法的反驳。S. Douglas Olson，“Introduction：IV. The Politics of *Wasps*”，in Zachary P. Biles and S. Douglas Olson，*Aristophanes*：*Wasps*，pp. xlvii – xli，esp. p. xlviii，n. 31. S. Douglas Olson，“Politics and Poetry in Aristophanes' *Wasps*”，*TAPA*，Vol. 126，1996，pp. 129 – 150.

② 阿里斯托芬《马蜂》的评注者都请读者注意这一点：他父亲的“疾病”及其在城邦内的传播。Zachary P. Biles and S. Douglas Olson，*Aristophanes*：*Wasps*，p. 288. *The Comedies of Aristophanes*，*Vol.* 4：*Wasps*，edited with translation and notes by Alan H. Sommerstein，Liverpool：Liverpool University Press，1983（Aris and Philips Classical Texts），p. 196.

③ 参见上文。E. G. Turner，“ΦΙΛΟΔΙΚΕΙΝ ΛΟΚΟΥΜΕΝ（Thuc. i. 77）”，*CR*，Vol. 60，1946，pp. 5 – 7. Richard I. Winton，“φιλοδικεῖν δοκοῦμεν：Law and Paradox in the Athenian Empire”，*MH*，Vol. 37，No. 2，1980，pp. 89 – 97.

有同样一些元素，[①] 雅典人可以将法庭当作戏剧表演来观看，雅典人喜爱的是法庭上的“表演”。这样，我们应当赋予“好讼”一词以更宽泛的理解，将 φιλοδικέω 和 φιλόδικος 理解为一种行为模式：喜爱诉诸法律程序。这一理解近似 Bernard Knox 对俄狄浦斯王和雅典城邦共性之一的理解。[②] 接下来我将证明，这种理解能够在修昔底德此处文本中找到支持，这种理解还能够帮助我们明确该词在雅典使节演说（F 2）中的论证功能。

2. φιλοδικεῖν 作为 τυραννεῖν 之对立

与公共演说相关的同时代文本（TT 6. 3 – 7）告诉我们，“好讼”是一项较轻的罪名；同时代的喜剧文本（T 6. 8，TT 6. 10 – 11，T 6. 14）则告诉我们，“好讼”是一种雅典性格。基于这一理解再去重读雅典使节演说（F 2）论证部分的第三部分我们发现，雅典使节说雅典“好讼”（T 6. 1），事实上是使用了对雅典性格的一种常见描述；在此，雅典使节利用该词的轻微贬义面向。同时我们还将发现，修昔底德将这一性格呈现为另一种性格的反面：“当僭主”（τυραννεῖν），在此，雅典使节利用了该词的中性潜力。词义的两个面向及其感情色彩的两个面向，与“更好的方式”部目相关。

先前我们已经提到，在自我辩护的第三部分修辞论证，雅典人使用的是“更好的方式”部目。这种自我辩护的论证思路是：如果我们没有选择对我们明显更加有益的那种行为，那么就说明我们没有犯下那种罪行。[③] 这一部目涉及一好一坏两种行为，所以雅典使节在这一部分（Th. 1. 77）的演说内容也围绕两种行为模式展开。

T 6. 16（ = T 5. 22，Th. 1. 77. 2）

---

① Edith Hall，“Lawcourt Dramas：The Power of Performance in Greek Forensic Oratory”，*BICS*，Vol. 40，1995，pp. 39 – 58.

② Bernard Knox，*Oedipus at Thebes*，pp. 78 – 98.

③ 参见第二编第五章第三节第三小节以及 Cope，*Commentary II*，pp. 293.

καὶ οὐδεὶς σκοπεῖ αὐτῶν τοῖς καὶ ἄλλοθί που ἀρχὴν ἔχουσι καὶ ἧσσον ἡμῶν πρὸς τοὺς ὑπηκόους μετρίοις οὖσι διότι τοῦτο οὐκ ὀνειδίζεται· βιάζεσθαι γὰρ οἷς ἂν ἐξῇ, δικάζεσθαι οὐδὲν προσδέονται.

and no one sees why those are not reproached because of this: those who hold <an> empire from elsewhere and who are less mild toward their subjects than us; for it is possible for them to rule by force, whereas they don't need to rule by law in addition.

同时，没有人知道，为何这些<城邦的>这种行为没有得到谴责：他们在其他地方拥有帝国，对待他们的属邦比我们更不温和；他们可以诉诸暴力，<也就>无须再诉诸法律。

在上文我已经说明了将 βιάζεσθαι 和 δικάζεσθαι 分别译为“诉诸暴力”和“诉诸法律”的理由。[①] βιάζεσθαι 来自名词 βία（violence，暴力），δικάζεσθαι 则来自名词 δίκη（justice，正义），它们出自于同样的构词法（直接在名词后添加动词后缀 - ζω），在此发生了同一种变位（现在时中动态不定式）。古希腊语是屈折语，动词的同一种变位能够为不同词语带来同样的词尾，制造叠韵。如 C. D. Morris 所说，这会给句子“带来某种类似格言的特质”。[②] 修昔

① 我将 βιάζεσθαι 和 δικάζεσθαι 分别译为“诉诸暴力”和“诉诸法律”，因为这两个词都来自名词（βία，violence，暴力；δίκη，justice，正义），都使用了同样的构词法（直接在名词后添加动词后缀 - ζω）和同一种变位（现在时中动态不定式）。我认为，从选词到变位的一系列一致，无疑是修昔底德有意为之的，他的目的除了如 C. D. Morris 所说“通过押韵，给这个句子带来某种类似格言的特质”之外，必定还包括：他希望读者注意到这两个动作的来源。C. D. Morris, *Commentary*, p. 188. 在第六章中，我还将继续分析，这样理解如何能够帮助我们把握修昔底德在此的整体论证思路。

② Morris, *Commentary*, 188. 因为没有生活在古希腊语环境中，所以我们无法完整识别出今天留存的古代文本中，有哪些是古代格言。我们可以转而通过语音特征与结构特征来推测哪些句子属于当时流行的格言，包括：（1）韵脚，包括头韵和叠韵（assonance）；（2）模式化的节奏；（3）平衡、成对或相反的结构；（4）重复语法—语义结构中的相同单词；（5）元音协调。其中，叠韵就是 C. D. Morris 在修昔底德此处文本中（βιάζεσθαι . . . , δικάζεσθαι . . . ）所观察到的。Joseph Russo, “The Poetics of the Ancient Greek Proverb”, *Journal of Folklore Research*, Vol. 20, No. 2 – 3, 1983, p. 122.

底德基于成对论证模板,[①] 基于“更好的方式”部目,[②] 塑造了“诉诸法律”和“诉诸暴力”的直接对立:“诉诸法律”是雅典性格,是雅典“好讼”的体现;“诉诸暴力”则是科林斯人的指控,[③] 是雅典人所没有采取的“更好的方式”。雅典使节在第三部分(Th. 1. 77)的论点毋宁是:雅典“好讼”,所以雅典不是“僭主城邦”。在这样一个修辞论证的构造过程中,“好讼”承担了一半的论证功能,另一半将由对立的“当僭主”来完成。

我认为,修昔底德对立“诉诸暴力”与“诉诸法律”(T 6. 16 = T 5. 22),是为了在接下来的论证(Th. 1. 77)中对立“好讼”(φιλοδικεῖν)与“当僭主”(τυραννεῖν)。尽管没有直接提到这个动词,但是我们可以从两个方面来证实这一点。一方面,我们仍旧可以在阿里斯托芬那里找到佐证。布得吕克勒翁说他想纠正父亲好讼的毛病,但是这样做的话,他又害怕被人说自己想当僭主。

T 6. 17 (Ar. *V.* 503 – 507)

{Βδ.} ταῦτα γὰρ τούτοις ἀκούειν ἡδέ', εἰ καὶ νῦν ἐγώ,
τὸν πατέρ' ὅτι βούλομαι τούτων ἀπαλλαχθέντα τῶν
ὀρθροφοιτοσυκοφαντοδικοταλαιπώρων τρόπων
ζῆν βίον γενναῖον ὥσπερ Μόρυχος, αἰτίαν ἔχω
ταῦτα δρᾶν ξυνωμότης ὢν καὶ φρονῶν τυραννικά.

Ay, by charges such as these
our litigious friends they please.
Now because I'd have my father
(quitting all this toil and strife,

① 参见第二编第三章第一节,以及 T 3. 3,T 3. 4.

② 参见第二编第五章第三节以及 T 5. 21、T 5. 22 = T 6. 16,以及 Cope,*Commentary II*, p. 293.

③ 关于科林斯人第一篇演说(F 1)中的事实指控(T 5. 6)何以就是科林斯人第二篇演说(F 4)中提及的罪名(T 1. 5 = T 3. 9,T 1. 6 = T 3. 10),参见第二编第五章第一节的论证,以及亚里士多德对修辞论证的简明性的论说:T 5. 3,T 5. 4。

This up – early – false – informing –
troublesome – litigious life)
Live a life of ease and splendour,
live like Morychus, you see
Straight I'm charged with Tyrant leanings,
charged with foul conspiracy.[1]

[布得.] 好讼之人乐于听到这些指控。但如果现在我,
想要我的父亲离开这样一些生活方式
——早起上庭、诬告别人、疲倦劳苦——
去过体面的生活,就像墨利库斯一样,你会看到
我 <马上会> 被控诉,<说我> 做这些事情 <是因为> 我谋反,我想搞僭政。

这段话及其喜剧效果,取决于当时观众的一个共识:当僭主的企图与好讼的性格是互斥的。所以这个段落可以证明,在当时的雅典人看来,“当僭主”与“好讼”确实可以是一组反义词。另一方面,我们在第一章一开始已经提到,“僭主”一词的主要含义是“不受法律或宪政局限的绝对统治者”。[2] 僭主诉诸暴力,君主诉诸法律,是这两类一人制政体的主要区别。[3] 上一节我们已经论证,可以将“好讼”理解为凡事诉诸法律这一行为模式,这一节我们看到,这一行为模式是僭主行为模式的对立面。修昔底德对立“诉诸暴力”与“诉诸法律”(T 6.16 = T 5.22),这一意图先前被读者们忽略了。

因此,我们有理由将“好讼”理解为雅典的行为模式,理解为“当僭主”的反面,进而理解为“更好的方式”部目中实际所采取的那种行动方式。这种解读直接服务于雅典使节在第三部分(Th. 1.77)

① Benjamin Bickley Rogers tr., *Aristophanes I: the Acharnians, the Knights, the Clouds, the Wasps*, p. 455, p. 457.

② *LSJ* s. v. τύραννος: “an absolute ruler, unlimited by law or constitution.” p. 1836.

③ 我们在第一章考察的是该词的感情色彩;不诉诸法律而诉诸强制这一特征,在该词的词义中是一以贯之的。

的论点，进而服务于雅典使节的整体论点。第三部分的论点是：我们好讼（T 6. 1），但这恰恰说明，我们诉诸法律、而非诉诸暴力（T 6. 16 = T 5. 22）。雅典使节演说（F 2）全文的论点则是：我们不是僭主城邦，我们的帝国行动是公正的（T 4. 11）。在演说中，全文论点（T 4. 11）出现在第三部分论点（T 6. 16 = T 5. 22）之前，这使得修昔底德最敏锐的读者注意到，第三部分的论点是对全文论点的顺延，而这一论点是一个悖谬（paradox）：我们好讼，却没有得到赞扬。E. G. Turner 认为，雅典使节在此试图<u>提出</u>（*pro*pound）悖谬，[①] Richard I. Winton 则认为，雅典使节在此试图<u>澄清</u>（*ex*pound）悖谬；第三部分接下来的论证就是这一悖谬的澄清过程。[②] 我赞成第三部分的论证是解决一组悖谬，但是我认为，“好讼”一词的作用主要不是建立这个悖谬——如 Turner 所说，也不单单是澄清这个悖谬——如 Winton 所认为，而是作为铰链，连接悖谬及其解决。“好讼”一词，以其轻微贬义，作为“当僭主”的对立面，是雅典使节抗辩“僭主城邦”指控的核心。

这样，我们在这一章第二节开始时提出的三个疑问，就一一得到了解答。“好讼”一词描述的是爱上法庭、爱打官司、爱担任陪审团等一切行为，是习惯于将所有事务诉诸法律的一种行为模式，是一种雅典性格。该词具有轻微的贬义，但是与“当僭主”对立起来以后，就能够加入“更好的方式”部目，构造一项适合于法庭自辩的修辞论证，抗辩科林斯使节对雅典“想当僭主”的指控。故而一方面，雅典使节在自我辩护中以“好讼”一词刻画城邦，这进一步证明，科林斯使节指控雅典的罪名就是“僭主城邦”；另一方面，雅典人赋予“好讼”一词的具体含义——诉诸法庭，平等对待其他城邦——将帮助我们确认，“平等者之中的优越者”（*primus inter pares*）

---

① E. G. Turner, “ΦΙΛΟΔΙΚΕΙΝ ΔΟΚΟΥΜΕΝ（Thuc. i. 77）”, *CR*, Vol. 60, No. 1, 1946, p. 6.

② Richard I. Winton, “φιλοδικεῖν δοκοῦμεν: Law and Paradox in the Athenian Empire”, *MH*, Vol. 37, No. 2, 1980, p. 92.

就是“僭主城邦”比喻的主要含义。

现在，我们已经足够详尽地观察了修昔底德是如何构造这个法庭上交锋的各个修辞论证、雅典又是如何得到并辩解她面临的罪名的。这场法庭辩论是修昔底德在史撰层上呈现并论证雅典帝国主义的过程。我们看到了在公元前 5 世纪的希腊，一个拥有帝国的城邦会如何被控诉、如何自我辩护。修昔底德未曾明言的这场城邦间法庭辩论，改写了读者理解雅典帝国主义的期望视域：我们已经了解了控罪罪名，审视了双方论据，洞悉了双方的论证过程，再读到相关内容时，我们将有新的理解。因此接下来，让我们试图以见识过（也就是阅读过）这场法庭辩论的心灵，重回“僭主城邦”这个比喻。

第三编

重思比喻

第七章

我们在第一编提出，要在第1卷四篇演说词（FF 1－4）所塑造的那个城邦间法庭的基础上去理解，为何雅典人将自己的城邦称为“僭主城邦”（MM 2－4）。一个比喻，一个法庭，就是本书的核心关切。第二编首先考察了这个法庭。我们详细考察了修昔底德是如何通过演说词写作来构造这个城邦间法庭的。我们看到，在史书的史撰层文本上，雅典城邦遭到以科林斯为首的各个城邦的控诉（T 2.3＝T 7.3），各个城邦控诉雅典的罪名就是“僭主城邦”这个比喻。在第三编，我们将关注这个比喻。我们将以第1卷史撰层文本上的这个城邦间法庭为背景，重新考察“僭主城邦”比喻在修昔底德史书中的核心含义与历史生成。我们还将考察，这一比喻如何联系修昔底德与读者。修昔底德希望读者了解的雅典帝国主义，部分就包含在僭主城邦以及与之相关的两条线索之中。

一　寻找比喻的核心实质

在第一章末尾我们曾提到，20世纪70年代到80年代，包括

W. R. Connor、[①] Wolfgang Schuller、[②] Kurt Raaflaub、[③] Chistorpher Tuplin、[④] Thomas F. Scanlon[⑤] 在内的学者一度积极尝试回答，为什么伯利克里、克里昂、游弗木斯等雅典人泰然自若地称呼自己的城邦为僭主。在21世纪，只有 James V. Morrison 曾简略涉及这一问题。[⑥]

这里首先需要澄清，我们在此所关心的问题不是修昔底德的“刺僭主纪”（Th. 6. 53. 3 –59），也不是修昔底德对僭主制度作为一种城邦政体的看法。一些学者赋予“刺僭主纪”以典范意义，认为这段离题话能够在某些方面成为整体理解修昔底德史书的方法论模板。还有一些学者则试图从这段离题话中找到修昔底德对僭主制度的看法——众所周知，很少以第一人称视角叙事写作的史家修昔底德，他对雅典帝国和民主政体的看法，对读者而言是个谜题。Virginia J. Hunter 在一篇简短但很有影响的论文中提出，[⑦] 修昔底德在“刺僭主纪”所呈现的僭主制发展历程，就是雅典帝国的发展历程。Elizabeth A. Meyer 将“刺僭主纪”与“方法论”章节联系起来，认为这两段离题话相互映照，体现了历史写作的应有方法。[⑧] Pedro Barceló 则将“刺僭主纪”视为修昔底德的权力理论框架。[⑨] 我们之所以不关注这个问题，不是因为“刺僭主纪”不重要，而是因为这

---

① W. R. Connor, “Tyrannis Polis”, *Ancient and Modern: Essays in Honor of Gerald F. Else*, pp. 95 –109.

② Wolfgang Schuller, *Die Stadt als Tyrann: Athens Herrschaft über seine Bundesgenossen*, 1978.

③ Kurt Raaflaub, “Polis Tyrannis: Zur Entstehung Einer Politischen Metapher”, *Arktouros*, pp. 237 –252.

④ Christopher Tuplin, “Imperial Tyranny: Some Reflections on a Classical Greek Political Metaphor”, *History of Political Thought*, Vol. 6, 1985, pp. 348 –375.

⑤ Thomas F. Scanlon, “Thucydides and Tyranny”, *CA*, Vol. 6, No. 2, 1987, pp. 286 –301.

⑥ James V. Morrison, “Chapter 8: Athens the Tyrant – City and the Function of Political Metaphor”, *Reading Thucydides*, pp. 133 –158.

⑦ Virginia Hunter, “Athens Tyrannis: A New Approach to Thucydides”, *CJ*, Vol. 69, 1973, pp. 120 –126.

⑧ Elizabeth A. Meyer, “Thucydides on Harmodius and Aristogeiton, Tyranny, and History”, *CQ*, Vol. 58, No. 1, 2008, pp. 13 –34.

⑨ Pedro Barceló, “Thukydides und die Tyrannis”, *Historia*, Vol. 39, No. 4, 1990, pp. 401 –425.

项研究的整个出发点来自我们最开始的那个好奇：伯利克里、克里昂、游弗木斯这些雅典人，为什么将自己的城邦称为僭主。我们关心的是这个比喻本身的核心含义。在 W. R. Connor、Wolfgang Schuller、Kurt Raaflaub、Chistorpher Tuplin、Thomas F. Scanlon、James V. Morrison 的回答中，我认为最有道理且最有潜力的回答来自 Kurt Raaflaub。

1947 年，Jacqueline de Romilly 在 20 世纪最重要的雅典帝国主义研究之一《修昔底德与雅典帝国主义》（*Thucydide et l'impérialisme athénien*）中，是这样评论这一比喻的。在她看来，伯利克里在演说中（M 2）赋予该词最核心的含义，是属邦对雅典的憎恨。[①]

1977 年，在 Gerald L. Else 教授的祝寿论文集中，W. R. Connor 以一篇简明的文章最先对这个问题给出了回答。他认为原因很简单：僭政有害于城邦（也就是并非僭主的其他公民），但有益于僭主；他诉诸当时希腊人的这一普遍观念认为，将雅典比作僭主的三位雅典人，是为了强调雅典的好运和其他城邦因此而产生的嫉妒。[②] 这一回答诉诸直觉，但是提出而没有解决问题的根本矛盾：即便僭主能够从僭政中获益，但这些词汇仍然是贬义词。一般人应当避免在公开、正式的场合使用贬义词描述与自己相关的事情，因此我们仍然无法解释为什么他们对自己的城邦使用贬义词。

1978 年，Wolfgang Schuller 写了一部薄薄的小册子《城邦作为僭主：雅典对盟邦的统治》（*Die Stadt als Tyrann*：*Athens Herrschaft über seine Bundesgenossen*）来回应这个问题。他的重点落在修昔底德所刻画的僭主面貌上，这副面貌是非道德的、历史的、现实政治的。[③] 雅典与僭主分有同样一副面貌，那就是类似的统治方式：以军事手段垄断暴力，在经济上剥削被统治者，但是并不寻求对被统治者的直

---

① Jacqueline de Romilly，*ThAI*，p. 125.

② W. R. Connor，"Tyrannis Polis"，*Ancient and Modern*：*Essays in Honor of Gerald F. Else*，p. 98，p. 104.

③ Wolfgang Schuller，*Die Stadt als Tyrann*：*Athens Herrschaft über seine Bundesgenossen*，p. 13.

接控制，也不寻求无边界、无限制的统治范围。[①]

与他的分析在性质上相同的还有 Thomas F. Scanlon 发表于 1987 年的研究。他从狄奥多图斯的演说中还原了用于分析僭主与被统治者之间的心理关系的框架。在这个框架中，僭主拥有的“权力”（ἐξουσία）带来了“贪婪”（πλεονεξία），被统治者因为“贫困”（πενία）而具有“勇气”（τόλμα）；但是双方都受制于环境中的“偶然”（ξυντυχίαι）和个体的“激情”（ὀργῆ）。[②] Thomas F. Scanlon 认为，这一心理关系的互动框架描述了僭主的发展模式，这种模式适用于个体僭主与城邦僭主；因此“僭主城邦”不仅仅是一个比喻，还是一种现象。[③]

Wolfgang Schuller 所分析的雅典作为同盟的领袖与僭主的相似之处，就历史事实而言并没有问题。但是正如 Christopher Tuplin 所指出的，修昔底德史书中的“僭主城邦”比喻只是个比喻，并不适合用作历史分析的框架；修昔底德的读者对这个比喻的接受过程，并不是“在列出了僭政和帝国各自特征的列表上比照然后勾选”，看看有无相似之处、有多少相似之处。[④] 同样，Thomas F. Scanlon 还原的僭主—被统治者心理互动框架太过完备复杂，读者在读到“僭主城邦”比喻时，未必有能力、有意识想到这个框架中的所有元素，并一一比较。

Christopher Tuplin 将问题引向了修昔底德史书的接受维度，指引我们去考察修昔底德史书的读者和作者关系。他发表于 1985 年的研究提供了迄今为止最为具体的段落解读（MM 1 – 4），[⑤] 对

---

① Wolfgang Schuller, *Die Stadt als Tyrann: Athens Herrschaft über seine Bundesgenossen*, pp. 14 – 16.

② Thomas F. Scanlon, “Thucydides and Tyranny”, *CA*, Vol. 6, No. 2, 1987, p. 294. 其中，“激情”一词参见第五章表 4（D4）。

③ Thomas F. Scanlon, “Thucydides and Tyranny”, *CA*, Vol. 6, No. 2, 1987, p. 301.

④ Christopher Tuplin, “Imperial Tyranny: Some Reflections on a Classical Greek Political Metaphor”, *History of Political Thought*, Vol. 6, 1985, pp. 363 – 364.

⑤ Christopher Tuplin, “Imperial Tyranny: Some Reflections on a Classical Greek Political Metaphor”, *History of Political Thought*, Vol. 6, 1985, pp. 357 – 361.

W. R. Connor、Kurt Raaflaub、Wolfgang Schuller 等人的研究提出了最为系统的批评。[①] 对于已有证据段落及现有研究他强调，刻画僭主时，人们强调的是其违法性、权力的不受控制性，所以本体是僭主的比喻也都强调这个方面。[②] Christopher Tuplin 更大的贡献在于，解释不存在的文本证据，也就是，回答这样一个问题：为何僭主城邦比喻在公元前 5 世纪到前 4 世纪用得这么少。Christopher Tuplin 认为，这与僭主在其他政治语境中的罕见状况是相适应的。[③] 本书并不关心这一问题。

James V. Morrison 与 Christopher Tuplin 同样关注修昔底德史书的接受维度。在《阅读修昔底德》（*Reading Thucydides*）一书中，他强调了政治比喻的作用，认为修昔底德笔下的一系列政治比喻反映了他那个时代的政治修辞，这些政治比喻属于修昔底德历史政治分析的一种进路，修昔底德借此挑战并引导读者主动理解他的文本。[④] 他对政治比喻在读者—作者关系中的期待，类似 Elizabeth A. Meyer 对"方法论"章节的作用理解：那段文字"不是被钉在软木板上的一只死昆虫，得用放大镜来研究，而是应当在行动中来感知和理解的一只美丽的蝴蝶，它飞行着，被观察到，被记录下来，被研究分析"。[⑤] 一个政治比喻引导读者的方式，应当也如一只活跃的蝴蝶穿行在文本中。可惜的是在这篇论文中，他只将"僭主城邦"视为修昔底德的 11 个较重要的政治比喻之一，[⑥] 尽管

① Christopher Tuplin, "Imperial Tyranny: Some Reflections on a Classical Greek Political Metaphor", *History of Political Thought*, Vol. 6, 1985, pp. 361 – 366.

② Christopher Tuplin, "Imperial Tyranny: Some Reflections on a Classical Greek Political Metaphor", *History of Political Thought*, Vol. 6, 1985, p. 367.

③ Christopher Tuplin, "Imperial Tyranny: Some Reflections on a Classical Greek Political Metaphor", *History of Political Thought*, Vol. 6, 1985, p. 373.

④ James V. Morrison, "Chapter 8: Athens the Tyrant – City and the Function of Political Metaphor", *Reading Thucydides*, pp. 154 – 155.

⑤ Elizabeth A. Meyer, "Thucydides on Harmodius and Aristogeiton, Tyranny, and History", *CQ*, Vol. 58, No. 1, 2008, p. 34.

⑥ James V. Morrison, "Chapter 8: Athens the Tyrant – City and the Function of Political Metaphor", *Reading Thucydides*, pp. 141 – 151.

是最关键的那一个。在我看来，在 James V. Morrison 所列出的与外交有关的政治比喻列表中，头两个比喻之间——城邦作为僭主，雅典作为被告——事实上存在直接联系。正如我们在第二编所论证的，修昔底德在第 1 卷史撰层文本上安排的四篇演说词（FF 1 –4）形成了城邦间的一个法庭，在这个法庭上，雅典作为被告，面对“僭主城邦”这一指控。我已经论证，因为修昔底德将四篇演说词写得很像当时典型的雅典法庭演说，所以读者能够在读到科林斯人的“僭主城邦”指控时，敏锐并且自动将之作为前面那场法庭辩论的核心。古代理论提示我们，简明省略是修辞论证的运作机制之一（T 5. 3，T 5. 4），[①] 现代理论则提示我们，理解作者的召唤结构是意向读者的应尽责任。

让我们沿袭 Christopher Tuplin 的提示和 James V. Morrison 的研究，留在写作与阅读的互动语境中。我认为，比喻写作——包括在口头和纸面做出一个比喻——是为了以不同于平铺直叙的方式表达一个观点，而不是为了表达一整套复杂的概念体系或历史发展；比喻的阅读，也就是接收比喻及其所包含的信息与意义的过程，在于找到这个核心论点。这个核心论点可以只是一个十分单一的点，但是这个简单的点在使用和接收的过程中不断被强调。这就是一个比喻的核心实质。我们寻找的答案不应该是 Wolfgang Schuller 和 Thomas Scanlon 所提供的那样复杂的框架，而更有可能类似 W. R. Connor 最开始给出的那样一个简明回答。我认为，Kurt Raaflaub 的解释之一——僭主是“平等者之中的优越者”（*primus inter pares*，first among equals）——最接近修昔底德史书中“僭主城邦”比喻的核心实质。

在 Bernard Knox 教授的祝寿论文集中，Kurt Raaflaub 为我们在第一章提出的问题——僭主城邦比喻为何被应用于雅典——提供了回答。他的回答包含两个方面。首先，雅典拥有了不受控制的权力，

① 参见本书第五章第一节的相关论证。

这一点类似僭主；其次，雅典发展成为帝国，她在这一过程中不断压迫原来与她平等的城邦，这一点也类似僭主。[①] 我接受 Kurt Raaflaub 的观点并将更详尽地论证，僭主与帝国城邦在发展过程中的结构相似性——平等的消失——是修昔底德史书中“僭主城邦”比喻的核心实质。僭主是“平等者之中的优越者”，雅典是崛起于希腊城邦的平等网络中的帝国城邦。“僭主城邦”罪名的指控力量，在平等与优越的张力之中。

二 “平等者”

在第六章我们已经看到，雅典使节自我辩护的第三个部分（Th. 1. 77）是其核心。为了反驳科林斯人的“僭主城邦”指控，他的办法是将雅典塑造为一个“好讼”的城邦（T 6. 1：φιλοδικεῖν），并将这一性格与行为模式与“想当僭主”（τυραννεῖν）这一行为模式对立起来，进而诉诸“更好的方式”部目，最终论证雅典并不想当僭主。

雅典使节在这一部分的自我辩护，主要建立在这组对立关系之上。一方面，在这一部分论证的主旨句（T 6. 16 = T 5. 22）中雅典使节作出对比，说其他城邦“诉诸暴力”（βιάζεσθαι），而雅典“诉诸法律”（δικάζεσθαι）。另一方面，这一部分的内容也围绕这两种行为模式的对立展开。其中，“诉诸法律”这种行为模式的突出特点是雅典与盟邦享有平等地位。

T 7. 1（Th. 1. 77. 3. 1 –2）

οἱ δὲ εἰθισμένοι πρὸς ἡμᾶς ἀπὸ τοῦ ἴσου ὁμιλεῖν, …

and they are accustomed to being accompanied with us on the

① Kurt Raaflaub, “Polis Tyrannis: Zur Entstehung einer Politischen Metapher”, *Arktouros*, pp. 247 –248.

basis of equality[1], . . .

而 <盟邦> 习惯与我们以平等 <地位> 相处，……

T 7. 2（Th. 1. 77. 4）

ἀδικούμενοί τε, ὡς ἔοικεν, οἱ ἄνθρωποι μᾶλλον ὀργίζονται ἢ βιαζόμενοι· τὸ μὲν γὰρ ἀπὸ τοῦ ἴσου δοκεῖ πλεονεκτεῖσθαι, τὸ δ' ἀπὸ τοῦ κρείσσονος καταναγκάζεσθαι.

men are irritated, as it seems, more when being wronged <in law – suits>[2] than being forced. for <the former> seems to be being taken advantage of by a peer, whereas <the latter seems to be> being over – forced by a stronger one.

人们被激怒，看起来，是因为 <在庭审中> 遭到不公正对待，而非被暴力对待；因为 <前者> 看起来像是遭到平等者的贪婪对待，后者则像是遭到更强者的暴力强迫。

我们在上一章的论点是，雅典的自辩基于“好讼”（φιλοδικεῖν）与“当僭主”（τυραννεῖν）之间的对立。我们找出相关证据，制作了表 D5。从这个表中我们可以清楚看到，修昔底德使用了哪些表述来呈现这组对立。

D5　雅典自辩中的 φιλοδικεῖν 与 τυραννεῖν（Th. 1. 77）

表述	文本来源	表述	文本来源
φιλοδικεῖν“好讼”	1. 77. 1（T 6. 1）	τυραννεῖν“当僭主”	我的重建
δικάζεσθαι“诉诸法律”	1. 77. 2 （T 6. 16 = T 5. 22）	βιάζεσθαι“诉诸暴力”	1. 77. 2 （T 6. 16 = T 5. 22）
ἀδικούμενοι“在庭审中被不公正对待”	1. 77. 4（T 7. 2）	βιαζόμενοι“被暴力对待”	1. 77. 4（T 7. 2）

① “On the Basis of Equality”, Morris, *Commentary*, p. 188.

② A. W. Gomme 指出，分词ἀδικούμενοι 指的是在庭审案件中被不公正对待，所以这里补充了尖括号内的内容。*HCT* I, p. 245.

续表

表述	文本来源	表述	文本来源
τὸ μὲν γὰρ ἀπὸ τοῦἴσου δοκεῖπλεονεκτεῖσθαι “被占便宜”“被平等者”	1. 77. 4 （T 7. 2）	τὸ δ᾽ἀπὸ τοῦκρεἱσσονος καταναγκάζεσθαι “被暴力强迫”“被强者”	1. 77. 4 （T 7. 2）

我们看到，根据雅典使节所说的，雅典习惯诉诸法律反而令盟邦感觉是遭到了“平等者”的贪婪对待，这便是雅典“好讼”名声的来源。雅典使节即便承认好讼名声，也要通过这一名声申明自己的城邦依赖法律，因为依赖法律是依赖暴力的对立面，从而也就是僭主城邦的对立面。这样一来我们发现，雅典使节实际上选择了以平等来反驳僭主城邦这一控诉。这反过来说明，这一控诉的核心实质就是缺乏平等。雅典人的上述自辩初步证实了 Kurt Raaflaub 的看法：僭主城邦的核心含义必须基于缺乏平等。

三　“优越者”对“平等者”的背离

雅典使节争辩说雅典是“平等者”的一员，盟邦却认为，雅典是她们之中的“优越者”。“平等者之中的优越者”这一概念中，优越者（*primus*）是对平等者（*pares*）群体的挑战和背离。围绕雅典对其他城邦的关系，敌人、盟友甚至包括雅典自己，全部围绕平等这一概念展开论述。科林斯使节控诉雅典为僭主城邦，是因为雅典是平等者中的优越者；雅典使节自我辩护说，雅典一向平等对待盟邦，并不想成为僭主；雅典的盟邦控诉雅典，同样以平等为线索。接下来我们将看到，雅典的盟邦对雅典的控诉，与科林斯使节采用了同样的逻辑。

伯罗奔尼撒战争爆发之后第四年，即公元前 428/427 年，密提林人决定叛离雅典同盟、统一列斯堡岛（Lesbos）。雅典准备干涉，密提林人则前往奥林匹亚赛会（Olympia）发表演说，试图劝服斯巴达接纳密提林为盟友并予以帮助。

这次演说发表的语境与科林斯人发表演说的第一次伯罗奔尼撒同盟大会（F 1）都是由斯巴达人召开的泛希腊会议。出席第一次伯罗奔尼撒同盟大会的城邦不限于伯罗奔尼撒同盟成员，奥林匹亚赛会则面向希腊城邦。

T 7. 3 （ =T 2. 3，Th. 1. 67. 3）

οἱ δὲ Λακεδαιμόνιοι προσπαρακαλέσαντες τῶν ξυμμάχων τε καὶ εἴ τίς τι ἄλλο ἔφη ἠδικῆσθαι ὑπὸ Ἀθηναίων, ξύλλογον σφῶν αὐτῶν ποιήσαντες τὸν εἰωθότα λέγειν ἐκέλευον.

and having invited their allies and if any <city> also says <that she> was wronged by Athenians in respect of something else, the Lacedaemonians called their own customary assembly and urged to speak.

拉栖代梦人邀请他们的盟邦以及其他任何<城邦>——如果<这个城邦>认为自己遭到雅典人在别的方面犯罪的话——召开自己的例行集会，敦促发言。

T 7. 4 （Th. 3. 8. 1）

Οἱ δὲ ἐπὶ τῆς πρώτης νεὼς ἐκπεμφθέντες Μυτιληναίων πρέσβεις, ὡς αὐτοῖς οἱ Λακεδαιμόνιοι εἶπον Ὀλυμπίαζε παρεῖναι, ὅπως καὶ οἱ ἄλλοι ξύμμαχοι ἀκούσαντες βουλεύσωνται, ἀφικνοῦνται ἐς τὴν Ὀλυμπίαν·

And the envoys of the Mytileneans who were dispatched on their first ship arrived at Olympia, the Lacedaemonians told them to be present at the Olympia, in order that also other allies could give advice after listening.

被派遣乘着第一艘船<前来的>密提林使节们抵达奥林匹亚赛会，拉栖代梦人告诉他们去出席奥林匹亚赛会，以便其余盟友听取之后给出意见。

相似的语境提示读者，密提林使节演说与科林斯使节演说都属于其他城邦对雅典外交政策的批评，虽然科林斯来自敌对的伯罗奔尼撒同盟，而密提林在暴动之前原本是雅典的盟邦。

密提林使节演说与雅典使节演说（F 2）形成了对立。密提林使节演说是盟邦对雅典的批评，雅典使节演说则可以被视为雅典对密提林的提前自辩。密提林人的目的是通过暴动，在两极世界中转换阵营，脱离旧同盟，加入新同盟。密提林使节演说（Th. 3. 9 – 14）于是同时包含辩护和劝谕两个目的：他们既要论证暴动合理，又要说明结盟有益。按照 Colin MacLeod 的总结，这篇演说因此分为了三个部分：第一部分（Th. 3. 9 – 12）论证暴动合理，密提林有理由脱离雅典帝国；第二部分（Th. 3. 13）论证结盟有益，劝说斯巴达人接纳密提林为盟友；第三部分（Th. 3. 14）是总结。[①] 这篇演说既有法庭演说的成分，也有政治演说的成分。在此，我们关注的是第一部分。这部分类似法庭演说，同时直接回应了雅典使节的自辩（F 1）。雅典人的自我辩护部分基于对平等的论证，密提林人所控诉的雅典崛起过程，则主要基于城邦间平等关系的消失。正如 Simon Hornblower 所观察到的，平等概念将以多种词汇形态出现，主导密提林人接下来的论述。[②]

密提林人基于平等概念论证叛离有理，采用的是这样的思路。密提林人将城邦间结盟的平等原则分为心理平等与实力平等两类，建造了平等的两分法。在前者之上，雅典可以建立其帝国合法性；后者的维系则是盟邦暴动的基础。这一思路精彩地回应了内在于“平等者之中的优越者”概念的一项争议：雅典与盟邦之间的平等，指的不可能是力量的平等，雅典毕竟是同盟的首领；那么，“优越者”挑战和背离了什么方面的“平等”，才会招致其他城邦的控诉？

1. 观点与善意“相同”

在演说的最开始，密提林使节辩解说，虽然暴动看起来不是正义的行为，但是这种看法只适用于建立于平等原则之上的结盟关系。

---

① C. W. MacLeod, “Reason and Necessity: Thucydides III 9 – 14, 37 – 48”, *JHS*, Vol. 98, 1978, p. 64.

② Hornblower, *Commentary*, p. 392.

平等结盟，就不应当暴动。然后，他马上区分了两类平等原则，设立了论证的框架。

T 7.5 (Th. 3.9.2)

καὶ οὐκ ἄδικος αὕτη ἡ ἀξίωσίς ἐστιν, εἰ τύχοιεν πρὸς ἀλλήλους οἵ τε ἀφιστάμενοι καὶ ἀφ' ὧν διακρίνοιντο ἴσοι μὲν τῇ γνώμῃ ὄντες καὶ εὐνοίᾳ, ἀντίπαλοι δὲ τῇ παρασκευῇ καὶ δυνάμει, πρόφασίς τε ἐπιεικὴς μηδεμία ὑπάρχοι τῆς ἀποστάσεως·

And this claim is not unjust, if both those who are caused to revolt and from whom they separate would happen to be equal to each other with outlook and goodwill, as well as <to be> rivals in preparation and power, <and if> no fitting cause should begin the revolt.

这一看法[①]并非没有道理，如果那些被迫暴动的人和他们叛离的对象彼此之间在观点和善意方面是相同的，同时在备战和能力方面又是匹敌的，同时，<如果>暴动没有适当的理由。

密提林使节将两个城邦在一些方面的“相同”“匹敌”等平等要素，作为两个城邦结盟且不互相背叛的基本条件。具体说来，作为结盟条件的平等原则包括观点与善意“相同”（ἴσοι）以及备战与能力“匹敌”（ἀντίπαλοι）。如果缺乏这两方面的平等，那么，希腊人不该对脱盟行为怀有偏见，不应该认为暴动是不正义的。反过来说，在这两方面保持平等，就是两个城邦结盟的基本原则。

接着，密提林人还指出，同盟缔结以后，同盟领袖则应当以平等原则领导。密提林人表示，“只要<雅典人>以平等原则领导，我们就一直愿意跟随”。

T 7.6 (Th. 3.10.4)

① 指前文（Th. 3.9.1）所提及的希腊人对脱盟与暴动的偏见：脱盟暴动是不正义的。

καὶ μέχρι μὲν ἀπὸ τοῦ ἴσου ἡγοῦντο, προθύμως εἱπόμεθα· ἐπειδὴ δὲ ἑωρῶμεν αὐτοὺς τὴν μὲν τοῦ Μήδου ἔχθραν ἀνιέντας, τὴν δὲ τῶν ξυμμάχων δούλωσιν ἐπαγομένους, οὐκ ἀδεεῖς ἔτι ἦμεν.

And so long as they were maintaining their hegemony < on terms of > equality, we have been following < them > eagerly. Just when we witnessed that they both sent away hatred of the Medes and brought on enslavement of the allies, we were no longer sesure.

只要<雅典人>以平等原则领导，我们就一直愿意跟随。正是自从我们眼看<雅典人>送走米底人的仇恨，同时带来盟邦的奴役，我们就不再安全了。

古代注疏家将这里的“平等原则”（ἀπὸ τοῦ ἴσου）解释为荣誉与政治权利的平等。

T 7.7（Schol. *Th*. 3.10.4）

<ἀπὸ τοῦ ἴσου:> ἰσοτίμως καὶ κατ' ἰσονομίαν

< on terms of equality: > equally in honor and in accordance with equality of political rights.

<以平等原则：> 在荣誉方面平等地，根据政治权利之平等地。

可以假定，存在过这样一段时间，密提林与雅典的关系处于密提林使节所说的这种理想状态：两个城邦之间在观点和善意方面相同，在实力和备战方面匹敌；领袖城邦以荣誉和政治权利的平等原则领导其他盟邦。这种理想状态中并非没有“优越者”；但优越者必须给予其他平等者以荣誉和政治权利方面的平等。

从论证的第一部分来看，密提林人对理想的结盟状态的看法，与平等原则相关的，有如下几条。第一，雅典与盟邦之间应当是平等的。第二，平等原则应当包含观点与善意的对等（T 7.5），荣誉及权利的平等（T 7.6，T 7.7）；这是城邦间平等的表面形式。第三，平等原则还应包含实力与备战方面的平等，这是城邦间平等的深层形式。从接下来的论述我们将看到，实力与备战方面的平等，本身不足以单独构成城邦结盟的条件。

2. 实力与备战“匹敌”

在暴动合理性论证的第二部分，密提林人展示了观点与善意对等的消失，以及实力与备战匹敌的持续存在。雅典不再以平等原则领导盟邦（T 7.6），也就是说，雅典对所有盟邦不再拥有相同的观点和善意（T 7.5），这样一来，有能力维持实力与备战匹敌的城邦（T 7.5）的处境就日益危险。

T 7.8（Th. 3. 11. 1. 2 –5）

ὑποχειρίους δὲ ἔχοντες τοὺς πλείους, ἡμῖν δὲ ἀπὸ τοῦ ἴσου ὁμιλοῦντες, χαλεπώτερον εἰκότως ἔμελλον οἴσειν καὶ πρὸς τὸ πλέον ἤδη εἶκον τοῦ ἡμετέρου ἔτι μόνου ἀντισουμένου, …

they hold most < cities > as subjects, whereas they are in company with us on equal footings, they would naturally < find it > more difficult to bear because our < city > alone still opposes on equal terms comparing to most < cities that > already < submitted to them >, . . .

< 雅典 >掌控大部分< 城邦 >为臣属，却仍然以平等身份与我们共处，将会有可能更加难以忍受，< 因为 >我们仍然保持平等身份对抗，相比之下，大部分< 盟邦已经臣服 >，……

因为不是所有的盟邦都有能力保持实力与备战的对等，所以随着更多的盟邦沦为臣属，雅典与所有盟邦之间的力量对比也越来越悬殊。

T 7.9（Th. 3. 11. 1. 5 –7）

... ἄλλως τε καὶ ὅσῳ δυνατώτεροι αὐτοὶ αὐτῶν ἐγίγνοντο καὶ ἡμεῖς ἐρημ-ότεροι.

... furthermore, they were becoming more powerful than they < were before > and we < were becoming > more isolated.

……此外，他们变得比自己 < 以前 > 更强大，而我们变得越来越孤立。

观点与善意的相同消失以后，雅典与盟邦之间就只剩下了实力与备战的匹敌。

T 7. 10 (Th. 3. 11. 2)

τὸ δὲ ἀντίπαλον δέος μόνον πιστὸν ἐς ξυμμαχίαν·

and the rivalling fear < is > the only pledge in alliance.

匹敌的恐惧 < 是 > 结盟的唯一保证。

修昔底德重复了“匹敌”一词（T 7. 10：τὸ δὲ ἀντίπαλον δέος），是为了唤起读者对密提林人先前所说的理想结盟状态的回忆：观点与善意对等，实力与备战匹敌（T 7. 5：ἀντίπαλοι δὲ τῇ παρασκευῇ καὶ δυνάμει）。也就是说在修昔底德看来，实力与备战方面的匹敌，仅仅是恐惧的匹敌而已；而恐惧的匹敌，意味着先发制人的理由。

T 7. 11 (Th. 3. 12. 3)

εἰ γὰρ δυνατοὶ ἦμεν ἐκ τοῦ ἴσου καὶ ἀντεπιβουλεῦσαι καὶ ἀντιμελλῆσαι, τί ἔδει ἡμᾶς ἐκ τοῦ ὁμοίου ἐπ' ἐκείνοις εἶναι; ἐπ' ἐκείνοις δὲ ὄντος αἰεὶ τοῦ ἐπ-ιχειρεῖν καὶ ἐφ' ἡμῖν εἶναι δεῖ τὸ προαμύνασθαι.

for if out of like manner we had been able both to form counter-designs and to wait and watch against, what would've we needed, in like manner, to be at their discretion? and since they are always able to attack at their discretion, it is necessary for us to take retaliatory measures beforehand.

如果我们有能力同样构造反制措施、静待时机的话，那么在他们掌握主动的情况下，我们同样需要什么？<既然>他们一直掌握主动、可以进攻，<那么>我们就不得不先发制人。

我认为，密提林人在此所说的“构造反制措施、静待时机”的能力（T 7.11：δυνατοὶ ... ἀντεπιβουλεῦσαι καὶ ἀντιμελλῆσαι），就是密提林人先前所说的结盟原则中的“备战方面的匹敌”（T 7.5：ἀντίπαλοι δὲ τῇ παρασκευῇ）。其他平等要素均已消失，目前，密提林与雅典之间只剩下实力与备战方面的匹敌，R. I. Winton 也观察到，这样一种平等不是权力的平等，而是恐惧的平等。[①] 进一步来说，相互恐惧所带来的战略选择问题——是否先发制人——就成为密提林人用来论述暴动有理的最核心论据。

四　平等者网络

这就是密提林人奥林匹亚演说第一部分暴动有理的论证思路：理想状态下，存在两种平等，两个城邦就可以结盟。在雅典对盟邦的相同观点和同等善意消失以后，弱小城邦没有能力继续保持实力与备战的平等，有能力保持实力与备战匹敌的“自治”[②] 城邦就不得不选择先发制人，叛离雅典。这样我们就知道，“平等者之中的优越者”中的优越者，是破坏了哪些平等原则而成为优越者的。如果相同的观点和善意、匹敌的实力与备战不能同时存在，那么，雅典就破坏了她与盟邦之间的平等关系，雅典就成为一个“僭主城邦”。

---

① R. I. Winton, “Thucydides 3. 12. 3”, *CQ*, Vol. 48, 1998, p. 297.

② 关于自治的争议，我在此粗略接受 Bickerman 的看法，认为同盟中的自治意味着独立。Kurt Raaflaub, “Chapter 4: The Concept of Freedom after the Persian Wars: Its Meaning and Differentiation in Interstate Relations”, *The Discovery of Freedom in Ancient Greece*, first English edition, revised and updated from the German, translation by Renate Franciscono, Chicago and London: University of Chicago Press, 2004, p. 150.

这是我通过密提林人对雅典人的控诉，对“平等者之中的优越者”做出的更精细刻画。

基于密提林使节演说的这一刻画，首先我们可以修正和补充先前的学者对相关细节的评论。A. E. Raubitschek 认为，雅典是因为自降身份到与盟邦同等的位置上，他们才得到了盟邦的憎恨。[①] 换言之，他认为恰恰是平等给雅典带来了憎恶。密提林人的平等两分法并不支持这一推断：不是雅典给予盟邦平等而招来憎恶，而是雅典丧失了对盟邦的善意、不再以平等原则领导，才招来了盟邦的憎恶。

其次，我想补充 Kurt Raaflaub 对“优越者”的解读。[②] 我进而认为，修昔底德借助这一比喻所要表达的是这一比喻的反面，是公元前 5 世纪的威斯特法利亚之音：国际体系是由平等的政治单元构成的无政府网络。

“平等者之中的优越者”这一术语被广泛用来描述政治人物的政治地位、但从来没有在希腊文本中出现过，也很少被用于城邦间政治研究，很少被用于雅典帝国研究。在罗马史当中，该词组出现的时代背景是人们普遍厌恶君主制，该词组的出现是为了刻画这一情绪语境中的统治者，因此含有强烈的辩解意味。[③] 在雅典帝国研究中，只有 Kurt Raaflaub 借用了这一概念，其余学者提到这一概念时，则多数是在回应 Kurt Raaflaub。[④]

Kurt Raaflaub 对“优越者”采取了一种较弱的读法。他认为“优越者”仅仅指雅典相对于盟邦的优势地位，并不涉及雅典对盟邦的武力强迫。在他看来，从公元前 454 年左右开始，就有理由用

---

① A. E. Raubitschek，“The Athenian Speech at Sparta”，in Philip A. Stadter ed.，*The Speeches in Thucydides*，pp. 44 – 45.

② 再一次地，Kurt Raaflaub 认为“平等者之中的优越者”是雅典被称为“僭主城邦”的原因，这一观点可以在如下两处论述中读到：Kurt Raaflaub，“Polis Tyrannis：zur Entstehung einer politischen Metapher”，*Arktouros*，pp. 237 – 252；Kurt Raaflaub，“Chapter 4：The Concept of Freedom after the Persian Wars：Its Meaning and Differentiation in Interstate Relations”，*The Discovery of Freedom in Ancient Greece*，pp. 142.

③ Antony Andrewes，*The Greek Tyrants*，p. 21.

④ 例如 Christopher Tuplin.

“僭主城邦”比喻来指称雅典这个“平等者之中的优越者”。在这一年，雅典进行了一系列同盟制度改革，但并没有“强制镇压某个盟邦的暴动”，也没有导致盟邦“对霸权城邦领导实践的不满情绪不断增加”。[①] 这些制度改革包括同盟金库自提洛岛移到雅典，也包括雅典削弱同盟大会（synod）的权力。[②] 他还认为，这一比喻出现的时间与一系列与“主人—奴隶”相关的词汇从城邦内语境进入城邦间语境的时间差不多一样。他认为这不是巧合，僭主城邦比喻和在城邦间政治中使用“主人—奴隶”相关词汇，都是对这次同盟改革的反应。[③] Kurt Raaflaub 的主要目的是要推断“主人—奴隶”相关词汇出现的最晚时间。[④] 他使用“僭主城邦”比喻作为佐证，是为了增强以下这个观点的说服力：“主人—奴隶”词汇开始被用于城邦间关系，开始于雅典的提洛同盟改革。

相比“主人—奴隶”词汇出现的日期，我们更关心的是修昔底德想用“僭主城邦”比喻表达的核心内容。在分析密提林使节演说的前半部分时我们已经提出，在“平等者之中的优越者”概念深处存在一个问题：雅典与盟邦之间的平等，指的不可能是力量的平等；“优越者”所挑战是什么方面的“平等”？换言之，“优越者”拥有的是什么方面的优势？Kurt Raaflaub 的读法意味着自公元前454 年前后的同盟改革（Th. 1. 96. 2）以来，雅典与盟邦之间就已经失去了平等，雅典已经成为僭主城邦。但是雅典人于战争爆发前夜仍然在自辩（F 2）中声称，雅典习惯于“诉诸法律”，惯于平等对待盟邦。[⑤]

---

① Kurt Raaflaub, “Polis Tyrannis: Zur Entstehung einer Politischen Metapher”, *Arktouros*, p. 251.

② Th. 1. 96. 2. Kurt Raaflaub, “Chapter 4: The Concept of Freedom after the Persian Wars: Its Meaning and Differentiation in Interstate Relations”, *The Discovery of Freedom in Ancient Greece*, 139. 关于同盟大会功能的转变，参见 *ATL* 3. 138 – 141, quoted by Kurt Raaflaub, *ibid.*, p. 327, n. 118.

③ Kurt Raaflaub, “Polis Tyrannis: Zur Entstehung Einer Politischen Metapher”, *Arktouros*, pp. 251 – 252.

④ Kurt Raaflaub, “Chapter 4: The Concept of Freedom after the Persian Wars: Its Meaning and Differentiation in Interstate Relations”, *The Discovery of Freedom in Ancient Greece*, pp. 135 – 141.

⑤ 参见 T 6. 1, T 7. 1, 以及第六章、第七章第二节。

雅典是何时放弃了平等原则？密提林人或许会赞成 Kurt Raaflaub 的上述看法，雅典人则不会。密提林人作为盟邦，毋宁是觉得，只要观点与善意的对等不再，那么雅典就已经成为僭主城邦；雅典作为同盟领袖则认为，只要不诉诸暴力、而诉诸法律，那么雅典就不算是一个僭主城邦。R. I. Winton 在评论雅典人说自己“好讼”时正确地总结了雅典与盟邦的分歧：是雅典在法庭与诉讼中给予盟邦的平等，使得盟邦无法接受雅典施展任何一点事实上的权力优势。①

密提林人与雅典人的分歧表明，关于城邦间何以算是平等这个问题，确实存在可以论辩的空间。修昔底德通过带有法庭色彩的若干篇对话（FF 1－2；密提林人演说），刻画了理论上的讨论空间，展示了关于城邦间关系的不同立场之间的张力。这种史述包含了公元前 5 世纪关于城邦间关系的理论思考。因此，我们需要对 Kurt Raaflaub 的观点做如下补充：雅典成为平等者之中的优越者，在盟邦看来，始于提洛同盟改革；但是在雅典看来，迄至伯罗奔尼撒战争爆发时，他们仍然诉诸基于平等原则的法律、而非暴力。

同时我认为，我们无须在密提林人与雅典人的看法之间抉择；我们不妨后退一步，对修昔底德的僭主城邦比喻做更为基础、更为单一的一种解读：僭主城邦仅仅是一种控诉，亦即一种尖锐的批评，它表达了拥护城邦间平等关系的声音。Christopher Tuplin 质疑 Kurt Raaflaub 的看法，认为将僭主城邦解读为“平等者之中的优越者”存在如下问题：僭政与平等的对立不说明平等曾经存在，也不说明后来的平等政体如民主政体是出于贵族同侪对僭主的反抗。② 他同意缺乏平等是僭政的特点，但否认每个僭主都起自平等者之中。换言之，他不认可“平等者之中的优越者”的历史形成过程。然而，如果仅仅将僭主城邦比喻视为对当下城邦间关系中平等缺乏状况的批

---

① Richard I. Winton, “φιλοδικειν δοκουμεν: Law and Paradox in the Athenian Empire”, *Museum Helveticum*, Vol. 37, No. 2, 1980, p. 94.

② Christopher Tuplin, “Imperial Tyranny: Some Reflections on a Classical Greek Political Metaphor”, *History of Political Thought*, Vol. 6, 1985, pp. 364－365, n. 55.

评，或者说，将僭主城邦比喻视为对平等关系的呼唤，就可以反驳 Christopher Tuplin 的这种批评。僭主城邦比喻关注和控诉的，不是霸权城邦的历史形成，而是当下的平等缺乏。

僭主城邦比喻是对国际体系单元同质性及平等性的确认。在这一意义上，修昔底德的僭主城邦比喻是公元前 5 世纪的威斯特伐利亚之音。正如 Thomas F. Scanlon 所指出的，早前入侵的波斯从未明确被比作僭主城邦。[①] 这反而说明，由希腊城邦组成的一个平等者网络正是僭主城邦出现的前提。这一事实如果不加以强调，并不是不言自明的。为了强调这一事实，我们将借助 John Ma 的“同侪城邦互动机制”（Peer Polity Interaction）概念。John Ma 通过希腊化时期文字史料的解读重构了古典时期及希腊化时期的城邦体系历史，他将这个时期的希腊城邦体系称为一个“同侪城邦互动机制”。如果 John Ma 的重构成立，那么，僭主城邦就是对这一网络的破坏。

同侪城邦互动机制原本是考古学家为了考察资料不足的社会经济变革时期而提出的概念。John Ma 将这一概念移植到希腊化时期文字史料的解读及构建古典时期及希腊化时期城邦历史的构建当中来。[②] 首先，他通过希腊化时期的一系列铭文资料，绘制了一幅符号地图；这幅抽象的城邦间交往地图以法令往来、神圣使团、域外仲裁等政治、宗教、司法机制为载体，以既有的亲缘关系和共同的神圣信念为基础，反映了“自治的、相互连通的、具有意识形态自信的诸城邦之间的一个强大网络”。[③] 然后，他将古典时期与希腊化时期的希腊本土国际政治历史，视为这样一个互动网络的发展史。最后在这个意义上，John Ma 将雅典帝国及斯巴达霸权视为该互动网络发展的异常现象。我们完全可以接受 John Ma 基于希腊化时期史料、推及古典时期的这一历史重构。修昔底德的僭主城邦比喻作为一种

① Thomas F. Scanlon, “Thucydides and Tyranny”, *CA*, Vol. 6, No. 2, 1987, p. 287.

② John Ma, “Peer Polity Interaction in the Hellenistic Age”, *Past & Present*, Vol. 180, 2003, pp. 9 – 39.

③ John Ma, “Peer Polity Interaction in the Hellenistic Age”, *Past & Present*, Vol. 180, 2003, p. 13.

控诉，反映了这一互动网络中，“国际社会”对网络中缺乏平等这一异常状况的批评。换言之，修昔底德的僭主城邦比喻，就是对古希腊城邦构成的一个平等者互动网络的呼吁。直到今天仍然饱受争议的威斯特伐利亚基本信念——国际体系由同质的、平等的政治单元构成——①在修昔底德那里，已经是僭主城邦比喻所要传达的核心信息。

本章明确了“僭主城邦”比喻的实质：“平等者之中的优越者。”本章还阐明了“僭主城邦”比喻的理论含义：公元前5世纪的威斯特伐利亚之音。在公元前5世纪，雅典与她所处的希腊城邦体系已经积累了很长时间的平等互动；在成为其中的突出权势之前，她是作为平等成员存在于这个体系、特别是上面所描述的这样一个互动网络之内的。在雅典崛起为“优越者”之后，这一平等者组成的网络仍然没有消失。这与波斯和罗马不同。后二者在介入希腊城邦间体系之前，没有通过上述低政治领域活动与体系成员建立平等关系。在这个意义上，在其存续的70年时间里，② 雅典帝国之所以被称为“僭主城邦”，正是因为她根植于这样一个平等者网络。

僭主还存在其他特征。但是那些特征不是修昔底德将雅典比作僭主的原因。首先，“僭主城邦”是一个从国内政治现象移植到城邦

---

① 国际关系学对威斯特伐利亚体系的成员平等性，自始至终存在质疑。Peter M. R. Stirk 否认单元平等存在于20世纪之前的国际体系规范之中。Peter M. R. Stirk，“The Westphalian Model and Sovereign Equality”，*RIS*，Vol. 38，No. 2，2012，pp. 641 – 642. Stephen D. Krasner 否认单元平等性表现在《威斯特伐利亚和约》中。Stephen D. Krasner，“Westphalia and all That”，Judith Goldstein and Robert O. Keohane eds.，*Ideas and Foreign Policy*，Ithaca：Cornell University Press，1993，pp. 235 – 264.

② 柏拉图在《第七封书信》中（Pl. *Ep.* VII 332 b – c）曾有“雅典帝国凡七十年”之语：“ὅμως [332ξ] ἑβδομήκοντα ἔτη διεφύλαξαν τὴν ἀρχὴν ἄνδρας φίλους ἐν ταῖς πόλεσιν ἑκάσταις κεκτημένοι”，“likewise [332c] for seventy years they guarded safely the empire by having had friendly men in all of the cities。雅典人的海上同盟的起始时间可以这样计算。如果以提洛同盟的第一次同盟贡赋核定日期计算（Arist. *Ath.* 23. 5），雅典人的海上同盟始于公元前478年；如果按照萨拉米斯战役的日期开始计算，海上同盟始于公元前480年。雅典帝国覆亡于公元前404年伯罗奔尼撒大战结束的时候。由此计算，这一同盟/帝国大致持续了76年或74年。

间政治语境中的词汇，词汇移用以后，不需要百分之百地贴切于本义。[①] 一个比喻所要表达的，很可能并非一个复杂完整的比较框架，而仅仅是做比喻的人最想要争辩的一个点。换言之，即便一些面向确实属于雅典、属于僭主，即便有一些面向甚或同时属于雅典并属于僭主，但是这并不意味着这些面向是修昔底德在这个比喻中想要强调的点。[②] 正如 Lakoff 和 Johnson 所指出的，比喻的结构应该是偏颇的而非完备的。[③] 其次，要找到修昔底德想要强调的点，必须依赖修昔底德隐藏在叙事戏剧设置中的分析结构。就“僭主城邦”这一比喻而言，修昔底德将想要强调的点——雅典对平等原则的背离——塑造为史撰层文本中的一场法庭辩论的结论。修昔底德通过史撰层文本中的法庭辩论（FF 1 –4）重新建立了这一比喻用法的理据与过程，这一写作结构体现了修昔底德对帝国主义的分析。所以，没有经过修昔底德的分析性戏剧构造的其他面向，最多起到辅助性作用，引发一些回响，但那不是这一比喻的核心特征，也不是修昔底德希望借助系统性的比喻线索呈现去传达的信息。借助僭主城邦比喻，修昔底德及其笔下的演说者确认并呼吁城邦间体系的单元同质性和平等性。换言之，修昔底德的僭主城邦比喻使得我们有理由说，在本质上，公元前 5 世纪的希腊人看待他们的城邦体系，一如我们看待今天的国际关系体系。

---

① Kurt Raaflaub 观察到，这个政治比喻在刚刚被移植到城邦间关系语境中时，使用方法谈不上具有系统性。Kurt Raaflaub，“Polis Tyrannis：Zur Entstehung einer Politischen Metapher”，*Arktouros*，pp. 245 –246.

② Kurt Raaflaub 认为僭主比喻的使用目的是论战与宣传。Kurt Raaflaub，“Polis Tyrannis：Zur Entstehung einer Politischen Metapher”，*Arktouros*，p. 245，p. 246.

③ George Lakoff and Mark Johnson，*Metaphors We Live By*，Chicago University Press，1980，pp. 52 –55，转引自 James V. Morrison，“Chapter 8：Athens the Tyrant – City and the Function of Political Metaphor”，*Reading Thucydides*，p. 140，p. 245，n. 31.

第八章

现在我们已经理解，修昔底德通过僭主城邦比喻所要传达的核心信息：平等者之中的优越者。现在我们还很好奇，修昔底德是如何想到要用这样一个比喻来传达这一信息的。在这一章，我们将转向这个比喻的生成过程及修昔底德在其中的贡献。僭主城邦比喻的形成是国内政治概念向国际政治领域迁移的结果。词汇迁移其适用领域，在僭主城邦这个案例中，部分是由于雅典国内关于僭主的立法发生了急遽的改变。这一改变影响了修昔底德对雅典帝国主义的刻画。是法律修辞语境的变化，促使修昔底德选择以僭主城邦来刻画雅典帝国主义。

一　制造新比喻：移用及其动机

修昔底德是僭主一词获得绝对贬义的重要推动力量。我们在第一章第二节已经提到，在公元前 5 世纪与公元前 4 世纪之交，τύραννος及其同源词的感情色彩开始起变化。在修昔底德之前的作家那里，τύραννος 及其同源词基本是中性的、描述性的；而在修昔底德之后不久，在柏拉图那里，τύραννος 及其同源词本身变成了一个绝对意义上的贬义词。[①] 我们还试图与 Wilamowitz 和 A. Andrewes 的看法进行争辩，将记载了 τύραννος 及其同源词感情色彩变化的最早证据推断为修昔底德史书，而非柏拉图的哲学写作。因为通过梳理修昔底德在整部史书中提及的所有 τύραννος 及其同源词[②]之后我们发现，在当代语境中使用 τύραννος 及其同源词时，修昔底德的用法具有强烈的、控诉性贬义。特别是，当被用来指示集体而非个体时，修昔底德当代语境中的 τύραννος 一词仅指雅典，仅以“僭主城邦”这一比喻的形式出现。在修昔底德那里，“僭主城邦”一词包含明确的控诉性贬义，是修昔底德通过僭主城邦比喻推动了 τύραννος及其同源词的贬义化进程。

僭主原本是一个国内政治概念，僭主城邦比喻是一种移用。修昔底德是最早将僭主这一国内政治概念移用到国际政治论说中的人之一。Jacqueline de Romilly 指出，根据伯罗奔尼撒战争第一阶段阿奇达慕斯战争期间的一些喜剧作品和来自较晚的普鲁塔克的证据可以知道，[③] 指责其他个人或集体为僭主并非新鲜事。[④] W. R. Connor 据此认为，“修昔底德或许强化了这一比较；他或许赞同这一比较；但是看起来，他肯定没有创造 < 这个比喻 >”[⑤]。Christopher Tuplin 则排除了 Jacqueline de Romilly 所列出的部分证据，例如阿里斯托芬的《马蜂》第 498—499 行；他认为，将帝国直接比作僭主，修昔底

---

① “绝对意义上”的意思是，该词具有贬义，是因为它自身含有贬义，而不需要依靠语境来提供贬义解读的可能。参见第一章第二节对欧里庇得斯《美狄亚》（E. *Med.* 348 – 349）《疯狂的赫拉克勒斯》（E. *HF.* 29 – 30）、索福克勒斯《俄狄浦斯王》（S. *OT. passim*）、柏拉图《高尔吉亚》（Pl. *Grg.* 510 B）《政治家》（Pl. *Plt.* 310 C）等文本证据相关学术讨论的梳理。

② 参见表 1：“修昔底德史书中的 τύραννος、τυραννίς、τυραννικός 及其同源词”（D1）。

③ 主要是上演于公元前 424 年的阿里斯托芬喜剧《骑士》（*Equites*）和公元前 422 年上演的《马蜂》。参见下文 T 8.1，T 8.2，T 8.3，T 8.4。来自普鲁塔克的证据是指《伯利克里传》（Plu. *Per.* 12.2）。

④ Jacqueline de Romilly, *ThAI*, p. 125.

⑤ W. R. Connor, “Tyrannis Polis”, *Ancient and Modern: Essays in Honor of Gerald F. Else*, p. 97.

德是最早的有效证据。[1] Christopher Tuplin 无疑比 W. R. Connor 更为仔细：Jacqueline de Romilly 指出的是，僭主指控在伯罗奔尼撒战争早期司空见惯，她并没有能够证明，直接将雅典帝国比作僭主城邦不是修昔底德的首创。Christopher Tuplin 为这一比喻列出的证据更有道理一些：今天我们所拥有的关于这个比喻的证据，最早的确实来自修昔底德。

我们肯定无法声称我们拥有较完备的公元前 5 世纪的文献资料，相反，我们手头所有的很可能只是碰巧流传了下来。所以我们确实无法确认或否认，修昔底德是这一比喻的首创者，尽管我们现在暂有的证据支持这一点。但是至少我们可以很安全地认为，修昔底德是这一比喻的早期使用者之一，他在史撰中认可并加强了这一比喻。我观察到，为了使移用的词语更易于被读者理解，他复制了该词先前的常用语境，在城邦之间构造了常见于城邦之内的一个法庭。这一过程，我已经在本书第二编中详尽论证过了。

语言何以更新？新的比喻何以被制造？偶然的移用何以普及？这一过程的动力来自历史事态与历史写作。刚刚我们已经提到，偶然的移用得到普及，或许我们应该归功于修昔底德。那么，推动这一移用首次出现、制造这一新比喻的历史事态是什么？毕竟，只有新的事态才需要新的词汇和表达来描述。总的来说，Wilamowitz 认为，伯罗奔尼撒战争本身是政治思想的催化剂，极大地改变了政治理论与修辞写作的面貌。[2] 具体来说，Kurt Raaflaub 则将词汇用法的变革——即，僭主城邦比喻的出现——归给希波战争和雅典从盟邦成为帝国这一过程。他认为，与国内政治中的统治与奴役相关的一

---

① Christopher Tuplin, "Imperial Tyranny: Some Reflections on a Classical Greek Political Metaphor", *History of Political Thought*, Vol. 6, 1985, p. 352 f. 在下文提及的 T 8.1，T 8.2，T 8.3，T 8.4 中，确实不存在本体为雅典帝国、喻体为僭主的段落。

② Ulrich von Wilamowitz - Moellendorff, *Aristoteles und Athen* (Berlin: 1893), I, pp. 171 - 185, Quoted by John H. Finley, Jr., "Chapter I: Euripides and Thucydides", *Three Essays on Thucydides*, Cambridge Massachusetts: Harvard University Press, 1967, p. 3, n. 6. 在这篇论文中，John H. Finley, Jr. 反对 Wilamowitz 的看法。

系列词汇与概念——包括主人、奴役、僭主等——被移植到城邦间关系语境中，是语言对雅典帝国这一经验事态的回应。[①] 雅典帝国主义发展的转折点，应当就是促使人们开始将雅典比作僭主的那个关键事态。

现在的问题是，在雅典的帝国发展历程中，哪个阶段是关键转折点？在第七章我们提到，即便仅仅依据雅典与盟邦之间是否平等来评判，盟邦与雅典的意见就不可能一致。Kurt Raaflaub 认为，雅典从公元前454年左右的同盟改革（Th. 1. 96. 2）开始已经引起普遍恶感、因而产生了将雅典称呼为僭主城邦的情感基础，但我们已经指出，这一立场仅仅是盟邦的立场。另一种可能是克里昂上台。Virginia Hunter 则认为，雅典从温和合宪的领导者逐步发展为毫不遮掩的僭主，关键转折点是公元前427年克里昂关于密提林的政治演说。[②] 还有其他学者在其他意义上将克里昂的政策提议视为伯罗奔尼撒战争中雅典帝国性质转变的关键步骤，例如，Marc Cogan 将第3卷中的密提林决策连同普拉提阿陷落、柯西拉革命一起，视为雅典对外政策由现实考虑为重向意识形态考虑主导的转折阶段。[③] 克里昂的激进帝国主义政策路线是否是使人看到雅典如同僭主城邦的那个关键历史事态？

在伯罗奔尼撒战争第一阶段阿奇达慕斯战争的后半，公元前425年，雅典因为“意外好运”[④] 在派娄斯岛（Pylos）及斯伐刻帖里亚

---

① Kurt Raaflaub, “Chapter 4: The Concept of Freedom after the Persian Wars: Its Meaning and Differentiation in Interstate Relations”, *The Discovery of Freedom in Ancient Greece*, pp. 118 – 165, esp. p. 127 f.

② Virginia Hunter, “Athens Tyrannis: A New Approach to Thucydides”, *The Classical Journal*, Vol. 69, 1973, p. 122.

③ Marc Cogan, “Mytilene, Plataea, and Corcyra Ideology and Policy in Thucydides, Book Three”, *Phoenix*, Vol. 35, No. 1, 1981, pp. 1 – 21.

④ 虽然修昔底德将斯伐刻帖里亚呈现为好运的结果，但是学者仍然同样指出，雅典将军的将才发挥了重要作用。关于斯伐刻帖里亚叙事（Th. 4. 1 – 41）中的机运因素，参见 Francis MacDonald Cornford, *Thucydides Mythistoricus*, London: Edward Arnold, 1907, p. 88 f, Jacqueline de Romilly, *ThAI*, p. 173 f, Donald Kagan, *the Archidamian War*, p. 222, and n. 17。关于德摩斯梯尼在此役的功劳及其与机运的关系，参见 Donald Kagan, *The Archidamian War*, pp. 222 – 223。

（Sphacteria）俘虏了一百多名斯巴达囚徒。因为人质在手，雅典在战场上完全摆脱了束缚，以克里昂为代表的鹰派逐渐主导了雅典的战争路线和帝国政策。但是，通过阿里斯托芬在这几年间发表的喜剧我们发现，一方面，雅典公民中的一部分对克里昂的鹰派路线十分反感；另一方面，这些作品中提到的僭主，算不上是很严重的指控。

在公元前424年上演的《骑士》（*Equites*）中，阿里斯托芬笔下由骑士组成的歌队将雅典民众大会比作僭主，不是严肃的指控。第五场，德谟斯（Demos）① 听取了帕弗拉贡（Paphlagon）②和腊肠贩子的消息之后，骑士组成的歌队评价说，德谟斯权力很大。

T 8. 1（Ar. *Eq*. 1111 – 1114）
Ὦ Δῆμε, καλήν γ' ἔχεις {Str.}
ἀρχήν, ὅτε πάντες ἄν-
θρωποι δεδίασί σ' ὥς-
περ ἄνδρα τύραννον.
O Demos，your rule
is glorious indeed，seeing that all men
fear you like
a tyrannical man. ③
德谟斯，你拥有巨大的
权力，当所有人
都害怕你，如
同害怕一个僭主般的人。

在这里，歌队的意思是，德谟斯在雅典城邦政治中的地位，犹

① 象征雅典民众的戏剧人物。Nikoletta Kanavou，*Aristophanes' Comedy of Names*，p. 55 f.

② Paphlagon 指的是克里昂。Nikoletta Kanavou，*Aristophanes' Comedy of Names*，pp. 54 – 55.

③ *The Comedies of Aristophanes*，*Vol* 2：*Knights*，edited with a Translation and Notes by Alan H. Sommerstein，Liverpool：Aris & Phillips，1981，p. 113，with minor change.

如城邦政治中的僭主。这里并不是在将雅典城邦比喻为僭主。但我们仍然可以借此观察歌队的指控是否严肃。因为如果在城邦政治中的指责只是一句玩笑，那么就有助于我们推断，在城邦间关系中的相同比喻应该也是玩笑。我认为，歌队对德谟斯在城邦政治中的功能评价，并非严肃的指控。

在更晚的阿里斯托芬作品中我们将清楚看到，诗人借助角色之口清楚说明，僭主这一指控，既不常见，也不严肃。上演于公元前422年的阿里斯托芬喜剧《马蜂》中的布得吕克勒翁说，他已经五十年没有听过僭主这个罪名了：

T 8. 2 （Ar. *V.* 488 – 492）

ὡς ἅπανθ' ὑμῖν τυραννίς ἐστι καὶ ξυνωμόται,
ἤν τε μεῖζον ἤν τ' ἔλαττον πρᾶγμά τις κατηγορῇ.
ἧς ἐγὼ οὐκ ἤκουσα τοὔνομ' οὐδὲ πεντήκοντ' ἐτῶν·
νῦν δὲ πολλῷ τοῦ ταρίχους ἐστὶν ἀξιωτέρα,
ὥστε καὶ δὴ τοὔνομ' αὐτῆς ἐν ἀγορᾷ κυλίνδεται.

Ay "Conspiracy" and "Tyrant,"
These with you are all in all,
Whatsoe'er is brought before you,
be the matter great or small.
Everywhere the name of Tyrant,
now for fifty years unknown,
Is than cheap salt – fish at Athens
commoner and cheaper grown. ①

于我们，啥都是僭政，<啥都有>与谋者，
无论有人起诉的是大事还是小事。
我自己未曾在过去五十年里听到<这一罪名的>名字。

① Benjamin Bickley Rogers tr. , *Aristophanes I*: *the Acharnians*, *the Knights*, *the Clouds*, *the Wasps*, p. 453, p. 455.

现在却比咸鱼更加划算，这个名字在市场里到处回荡。

与《骑士》中的骑士歌队一样（T 8.1），布得吕克勒翁在这里提到的是城邦政治中的僭主指控。根据他的这些证言我们了解了关于僭主指控的这些事实。第一，这一指控十分罕见，“五十年来”都不曾正式出现。第二，这一指控也并不严肃，“比咸鱼更加划算”，同时它不出现在法庭里，而是“回荡在市场里”（T 8.2）。接下来，他打比方举例子，说明现在这个罪名已经沦为日常吵架的指责：菜市场里的一切争执都可能牵扯上僭政，买鱼会被控以“想当僭主”罪名，买葱也会。

T 8.3（Ar. *V.* 495）

“οὗτος ὀψωνεῖν ἔοιχ' ἄνθρωπος ἐπὶ τυραννίδι.”

“This man looks like to buy fish for the purpose of tyranny.”

“看起来这人买鱼是因为他想当僭主。”

T 8.4（Ar. *V.* 498 –499）

“εἰπέ μοι· γήτειον αἰτεῖς· πότερον ἐπὶ τυραννίδι;

ἢ νομίζεις τὰς Ἀθήνας σοὶ φέρειν ἡδύσματα;”

“Tell me：you ask for onion；whether for the purpose of tyranny?

or do you believe that Athens would carry you spices?”

“告诉我：你要葱，是不是要搞僭政？

还是你认为雅典会给你进贡香料？”

这是公元前422年春天在雅典上演的喜剧。因为阿里斯托芬作品定年相对可靠，所以据此我们可以推测，在克里昂主导雅典对外政策的公元前5世纪20年代，在阿奇达慕斯战争就要结束的那几年，在雅典城里，“僭主”几乎从未被当作一个正式起诉罪名，而是作为日常用语频繁出现。

从阿里斯托芬提供的上述文本证据中我们看到以下两个事实。第一，一些雅典公民反感克里昂鹰派路线；第二，在这个时期指责某人某集体为僭主，不算严肃指控，更像是纯粹的个人批评意见。这两个事实加起来说明，尽管反感雅典对外政策做法，但是雅典公民却没有想到要在批评雅典对外政策时将雅典比作一个僭主，这是因为，在这个时期控诉某人某集体为僭主，听起来甚至有可能像是在开玩笑，没有那么严肃。而我们在第一章第二节及上文已经提及，我们确信，修昔底德使用僭主城邦比喻含有明确的、绝对意义上的贬义。这说明，制造僭主城邦这个新比喻的历史事态，不是雅典对外政策的转向，不是克里昂。

在公元前 422 年的春天，布得吕克勒翁对雅典的观众说，自己已经“五十年”没有听过僭主指控了。Lutz Lenz 认为“五十年”是虚指，他据此认为，布得吕克勒翁在这里提到的僭主暗指波斯大王及更早的庇西斯特拉图家族的僭主企图。[①] 也就是说在这一年的雅典观众的历史记忆中，僭主还是公元前 6 世纪末和公元前 5 世纪初的人物。在此之前两年，修昔底德已经因为安菲玻里失守而被流放，离开了雅典。[②] 修昔底德离开雅典时，想当僭主还是一个很随意的指控，关乎的是比较遥远的历史经验记忆。这一年的雅典人，大多没有亲眼见过任何一个僭主。

但是我们知道，雅典不久就经历了公元前 411 年、前 404 年两次寡头政变，并由此加强了反僭主立法。政变与相应的立法不可能对与僭主相关的词语在雅典的使用没有影响。据此我们可以提出一个新的解决方案：如果克里昂激进帝国主义路线并非新比喻产生的主要动力和直接影响的话，那么，有可能是雅典关于反僭主立法的具体法律语境促成了语境迁移，制造了这样一个全新的比喻。考虑到僭主一词本来属于国内政治语境，这一推断显得更为可信。

---

① Lutz Lenz, *Aristophanes* Wespen, p. 147.

② Th. 4. 104 – 108, 5. 26. 5.

二 陶片放逐法与德谟芳图斯法令

民主雅典处理僭主威胁的相关法律，构成了“僭主城邦”比喻中的喻体“僭主”的使用语境。公元前5世纪的雅典有反僭主的持续传统。刺杀希帕尔库斯的“僭主刺客”哈墨狄乌司（Harmodius）与阿里斯托革同（Aristogeiton）作为城邦正式仪式的崇拜对象，在泛雅典娜节一直被纪念。[①] 修昔底德也特意将这一段历史插叙在西西里叙事之中（刺僭主纪：Th. 6. 53. 3 – 59）。就具体法律而言，雅典处理与僭主相关事务的法律有两类：陶片放逐法和反颠覆法。陶片放逐法和反颠覆法同时存在，但重要性此消彼长，在不同的时期分别主导雅典防范僭主威胁的法律语境。这两个法律语境差别非常大，雅典人使用僭主及其相关词汇势必受到法律语境变化的影响，修昔底德的历史写作和他对雅典帝国主义的刻画想必也是如此。

1. 陶片放逐法

陶片放逐法制定于克里斯提尼（Cleisthenes）时期。该法律第一次付诸使用是针对雅典僭主庇西斯特拉图的亲戚希帕尔库斯。[②] 公元前416年，[③] 雅典民众将雅典政治人物海珀布鲁斯（Hyperbolus）陶片放逐以后，就再也没有举行过陶片放逐投票。[④] 根据这两个事实，

---

① Julia L. Shear, “The Tyrannicides, Their Cult and the Panathenaia: A Note”, *JHS*, Vol. 132, 2012, pp. 107 – 119.

② Arist. *Ath.* 22. 1, 4.

③ 关于这次陶片放逐发生的日期及其争议，参见 Donald Kagan, *The Peace of Nicias and the Sicilian Expedition*, p. 145, n. 28。Donald Kagan 对这个问题的归纳大致如下。关于这次陶片放逐发生的日期，学者有三种看法：公元前417年，公元前416年，或公元前415年；文献证据则包括三项：修昔底德（Th. 8. 73. 3），迢彭浦斯（Theopompus）（*FGrH* 115 fr. 96 B），以及“安多基德斯”（[And.] 4）。支持公元前417年这一结论的学者，诉诸修昔底德和迢彭浦斯；支持公元前415年的学者有 A. E. Raubitschek（*TAPA* 79［1948］, pp. 191 – 210），其文本证据是“安多基德斯”；支持公元前416年的学者如 Charles Fuqua（*TAPA* 96［1965］, pp. 173 – 175），其文本证据是“安多基德斯”与迢彭浦斯。

④ Plut. *Nic.* 11. 4 – 6.

历史学家一般认为，陶片放逐法的适用年代大致在公元前 490 年至公元前 416 年。陶片放逐法的惩罚手段是流放。

雅典的民主政体建立起来以后，雅典人设立陶片放逐法，立法目标是平等的公民之中较为强大的、有权力的公民。在最开始，这些有权力的公民就是后来成为僭主的人，例如庇西斯特拉图。

T 8. 5 （Arist. *Ath.* 22. 3）

ἔτει δὲ μετὰ ταῦτα δωδεκάτῳ νικήσαντες τὴν ἐν Μαραθῶνι μάχην, ἐπὶ Φαινίππου ἄρχοντος, διαλιπόντες ἔτη δύο μετὰ τὴν νίκην, θαρροῦντος ἤδη τοῦ δήμου, τότε πρῶτον ἐχρήσαντο τῷ νόμῳ τῷ περὶ τὸν ὀστρακισμόν, ὃς ἐτέθη διὰ τὴν ὑποψίαν τῶν ἐν ταῖς δυνάμεσιν, ὅτι Πεισίστρατος δημαγωγὸς καὶ στρατηγὸς ὢν τύραννος κατέστη.

In the twelfth year after this they won the battle of Marathon, in the archonship of Phaenippus. After waiting for two years after their victory, when the demos was now confident, they then first used the law about ostracism, which had been enacted because of their suspicion of the men in powerful positions, because Peisistratus from being a demagogue and general had been established as a tyrant。①

这之后第十二年，他们赢了马拉松战役，在斐尼普斯任执政官的那一年。他们胜利两年之后，民众踌躇满志，这个时候，他们第一次使用了陶片放逐这个法律，该<法律>被颁布是因为他们怀疑那些有权力的人，由于庇西斯特拉图因为是民众煽动家和将军而成为僭主。

但是在陶片放逐法主导反僭主事务的时期，雅典面临被僭主颠覆的威胁并不大。因此，陶片放逐法更多被用于城邦内的党派斗争。

① Edited with an introduction, translation & commentary by P. J. Rhodes, *The* Athenian Constitution *written in the School of Aristotle*, Liverpool University Press, 2017, p. 83, p. 85, with minor alterations.

雅典的政治人物频繁利用陶片放逐法来对付政敌。[①] 修昔底德对此势必并不陌生。公元前5世纪40年代，伯利克里就是通过陶片放逐法放逐了他的政治对手美莱西亚斯之子修昔底德斯（Thucydides, son of Melesias）。[②] 根据雅典人隔代交替取名的习惯,[③] 以及雅典帝国早期领导客蒙（Cimon）与史家修昔底德[④]葬在同一片墓园这一可能，这位修昔底德斯应该与我们的史家本人来自同一个家族。[⑤]

《雅典政制》的作者接着提到，早在陶片放逐法建立的第四年，就开始被用来对付一个不是僭主的人。

T 8. 6（Arist. *Ath.* 22. 6）

ἐπὶ μὲν οὖν ἔτη γ′ τοὺς τῶν τυράννων φίλους ὠστράκιζον, ὧν χάριν ὁ νόμος ἐτέθη, μετὰ δὲ ταῦτα τῷ τετάρτῳ ἔτει καὶ τῶν ἄλλων εἴ τις δοκοίη μείζων εἶναι μεθίσταντο· καὶ πρῶτος ὠστρακίσθη τῶν ἄπωθεν τῆς τυραννίδος Ξάνθιππος ὁ Ἀρίφρονος.

For three years, then, they proceeded to ostracise the friends of the tyrants, on account of whom the law had been enacted, but after that, in the fourth year, they took to removing any of the others who is believed to be greater than others; and the first of those unconnected with the tyranny to be ostracised was Xanthippus son of Ariphron. [⑥]

---

① Martin Ostwald, "The Athenian Legislation against Tyranny and Subversion", *TAPA*, Vol. 86, 1955, p. 110.

② Plu. *Per.* 11, 14.

③ 柏拉图《剌喀司》（*Laches*）中明白提到，美莱西亚斯之子修昔底德斯之孙名从祖父，他的名字也是修昔底德斯。Pl. *La.* 179 A.

④ 客蒙与美莱西亚斯之子修昔底德斯一样，是伯利克里的早期政治对手。Plu. *Per.* 9.

⑤ 关于修昔底德与客蒙存在家族联系、关于修昔底德葬在色雷斯这两个可能存在的事实，参见 Luciano Canfora 对史家修昔底德生平的讨论。Luciano Canfora, "Chapter 1: Biographical Obscurities and Problems of Composition", in Antonios Rengakos and Antonios Tsakmakis eds. *Brill's Companion to Thucydides*, pp. 6 – 11.

⑥ P. J. Rhodes, *The* Athenian Constitution *written in the School of Aristotle*, p. 85, with minor alterations.

在那些年里，他们不断陶片放逐僭主的朋友，这些人是这项法律被建立起来的原因，然而在此之后到了第四年，他们改变了<做法>，只要有人被认为比旁人要更强大；在与僭主无关的人当中，第一个被陶片放逐<的是>阿力弗戎的儿子刻桑提普。

来自《雅典政制》的这两则史料明确了两点。第一，陶片放逐法的立法目标就是僭主。陶片放逐法是雅典对付僭主的主要手段。第二，即便在“第四年”以后，陶片放逐法的目标仍然是“被认为比旁人更强大的人”（T 8.6：τῶν ἄλλων εἴ τις δοκοίη μείζων εἶναι）。陶片放逐法用“有权力的”“比旁人更强大”等特点来描述僭主，这个含义与我们所认为的僭主城邦比喻的核心含义——“平等者之中的优越者”——有类似之处。

到了最后一次使用陶片放逐法的时候，被放逐的海珀布鲁斯甚至不是“被认为比旁人更强大的人”（T 8.6），而是试图通过制度漏洞取得权力的较弱的政客。

T 8.7（Plu. *Nic.* 11.4－5）

οὗτος ἐν τῷ τότε χρόνῳ τοῦ μὲν ὀστράκου πόρρω τιθέμενος ἑαυτόν, ἅτε δὴ τῷ κύφωνι μᾶλλον προσήκων, ἐλπίζων δὲ θατέρου τῶν ἀνδρῶν ἐκπεσόντος αὐτὸς ἀντίπαλος τῷ λειπομένῳ γενέσθαι, καταφανὴς ἦν ἡδόμενός τε τῇ διαφορᾷ καὶ παροξύνων τὸν δῆμον ἐπ' ἀμφοτέρους. συνιδόντες οὖν τὴν μοχθηρίαν οἱ περὶ τὸν Νικίαν καὶ τὸν Ἀλκιβιάδην, καὶ λόγον δόντες ἀλλήλοις κρύφα, καὶ τὰς στάσεις συναγαγόντες εἰς ἓν ἀμφοτέρας καὶ ἀναμείξαντες, ἐκράτησαν ὥστε μηδέτερον αὐτῶν, ἀλλὰ τὸν Ὑπέρβολον ἐξοστρακισθῆναι.

This fellow at that time thought himself beyond the reach of ostracism, since, indeed, he was a likelier candidate for the stocks; but he expected that when one of the rivals had been banished he might himself become a match for the one who was left, and so it was plain that he was pleased at their feud, and that he was inciting the people against both of them. Accordingly, when Nicias and Alcibiades became aware of his baseness, they took secret counsel with one another, united and harmonized their factions, and carried the day, so that neither of them was ostracised, but Hyperbolus instead. ①

在那段时间，一方面，这个人<认为>自己远非陶片放逐法的目标，因为他更应当被铐起来，另一方面，他指望两个人中的任何一个被放逐之后，他自己就能够与剩下那个并驾齐驱，<所以>很明显，他乐见纷争，鼓动民众反对<他们>两个。这样一来，尼基阿斯和阿尔喀比亚德意识到他在使坏之后，他们秘密协议，放下歧见，达成统一，联起手来，然后他们占据了上风，所以不是他们当中的任何一个、而是海珀布鲁斯被陶片放逐了。

这是雅典人最后一次使用陶片放逐法。陶片放逐法所防范的对象，在最开始的三年中是僭主，他拥有决定其统治地位的政治权力（T 8.5）；之后，防范对象是“被认为比旁人更强大的人”（T 8.6），他拥有相对强大的权力；最后，陶片放逐法的适用对象连“被认为比旁人更强大的人”都不是，海珀布鲁斯的权力需要通过陶片放逐法限定的政治结构及地位来提供（T 8.7）。被防范对象越来越不可能成为僭主，陶片放逐法的重要性日益下降。雅典城邦被僭政颠覆的危险日益降低，直到公元前 411 年，在伯罗奔尼撒战争晚期艰难度日的雅典发生寡头政变。

2. 反颠覆法

与此同时，自从公元前 6 世纪以来，雅典一直施行反颠覆法。颠覆城邦政体是针对雅典城邦的犯罪，属于公审案件（εἰσαγγελί-

① Bernadotte Perrin tr., *Plutarch's Lives in ten volumes: III, Pericles and Fabius Maximus, Nicias and Crassus*, London: William Heinemann Ltd., New York: G. P. Putnam's Sons, 1916, Reprinted 1932, p. 249.

α，state prosecution）。实际成为、试图成为或阴谋成为僭主，都属于颠覆罪行的一种。[1] 雅典的反颠覆法由德拉科（Draco）在公元前7世纪、或由梭伦在公元前6世纪建立。在公元前5世纪末期，因为公元前411年寡头政变的缘故，反颠覆法以德谟芳图斯法令的形式重新颁布。

雅典的反颠覆法最早或许可以追溯至德拉科时期。Martin Ostwald是根据普鲁塔克在《梭伦传》（*Solon*）中的如下记载推断出来的。

T 8. 8（Plu. *Sol.* 19. 4）

ὁ δὲ τρισκαιδέκατος ἄξων τοῦ Σόλωνος τὸν ὄγδοον ἔχει τῶν νόμων οὕτως αὐτοῖς ὀνόμασι γεγραμμένον· ‘ἀτίμων ὅσοι ἄτιμοι ἦσαν πρὶν ἢ Σόλωνα ἄρξαι, ἐπιτίμους εἶναι, πλὴν ὅσοι ἐξ Ἀρείου πάγου ἢ ὅσοι ἐκ τῶν ἐφετῶν ἢ ἐκ πρυτανείου καταδικασθέντες ὑπὸ τῶν βασιλέων ἐπὶ φόνῳ ἢ σφαγαῖσιν ἢ ἐπὶ τυραννίδι ἔφευγον ὅτε ὁ θεσμὸς ἐφάνη ὅδε.’

Yet Solon's thirteenth table contains the eighth of his laws recorded in these very words："As many of the disfranchised as were made such before the archonship of Solon, shall be restored to their rights and franchises, except such as were condemned by the Areopagus, or by the ephetai, or in the prytaneium by the kings, on charges of murder or homicide, or of seeking to establish a tyranny, and were in exile when this law was published."[2]

梭伦的第十三块法表以如下措辞记载了第八条法律："在梭伦当政期间被剥夺公民权的人，<可以>恢复<他们的>法律权利，除了因为谋杀、杀人、僭主罪名而被战神山议会、杀人

① David D. Philips, *The Law of Ancient Athens*, Ann Arbor: University of Michigan Press, 2013, p. 464.

② Plutarch, translated by Bernadotte Perrin, *Plutarch's Lives in Ten Volumes*: *I*, *Theseus and Romulus*, *Lycurgus and Numa*, *Solon and Publicola*. Cambridge, Massachusetts: Harvard University Press, London: William Heinemann Ltd., 1967, p. 455, p. 457, with minor alteration in spelling.

裁判庭、议事会主席团的王者执政官们判决有罪、因此在逃的那些人以外。”

Martin Ostwald 认为，为犯罪者恢复权利这个事实意味着在梭伦当政之前，战神山议会、杀人裁判庭、议事会主席团的王者执政官就可以依据某项法律做出谋杀、杀人、僭主判罪。① 因此梭伦的反僭主法不是雅典最早的反僭主法。他最终推断，这项法律应该是德拉科在公元前 7 世纪的立法。②

根据普鲁塔克《梭伦传》的上述记载和亚里士多德学派《雅典政制》的如下记载我们还知道，梭伦也制定过反僭主法。《雅典政制》的作者认为在梭伦的时期，雅典关于僭主罪行的规定是十分“宽柔”的。

T 8. 9（Arist. *Ath*. 16. 10）

ἦσαν δὲ καὶ τοῖς Ἀθηναίοις οἱ περὶ τῶν τυράννων νόμοι πρᾳοι κατ' ἐκείνους τοὺς καιρούς, οἵ τ' ἄλλοι καὶ δὴ καὶ ὁ μάλιστα καθήκων πρὸς τὴν τῆς τυραννίδος <κατάστασιν>. νόμος γὰρ αὐτοῖς ἦν ὅδε. ‘θέσμια τάδε Ἀθηναίων καὶ πάτρια· ἐάν τινες τυραννεῖν ἐπανιστῶνται ⟦ἐπὶ τυραννίδι⟧, ἢ συγκαθιστῇ τὴν τυραννίδα, ἄτιμον εἶναι καὶ αὐτὸν καὶ γένος.’

Also the Athenians' laws about tyrants were mild at that time, in general and in particular the law applying to the establishment of tyranny; for this was their law: These are statutory and traditional rules of the Athenians: if any men rise up for tyranny or he joins in estab-

---

① Martin Ostwald, “The Athenian Legislation against Tyranny and Subversion”, *TAPA*, Vol. 86, 1955, pp. 105 – 106.

② Martin Ostwald, “The Athenian Legislation against Tyranny and Subversion”, *TAPA*, Vol. 86, 1955, p. 114.

lishing the tyranny, he shall be *atimos*,① both himself and his descendants'. ②

在那个时候，雅典人曾拥有的关于僭主的法律是温和的，包括其他法律，特别是也包括制裁僭政建立的法律。因为他们的法律那时是这样规定的。"雅典人及先祖的法律是这些；只要有人站出来［为着僭政的目的］成为僭主，或者参与建立僭政，他和他的家族都要被剥夺荣誉。"

根据这两段记载我们知道，在公元前5世纪之前，雅典已经拥有反颠覆法；在公元前5世纪，反颠覆法与陶片放逐法共存。

公元前411年，雅典发生"四百人"寡头政变。③ 这一年，战争已经进行到第二阶段，雅典日益无力应对战争。修昔底德特别指出，这是近一个世纪以来，雅典民主政体第一次被颠覆。在阿里斯托芬的《马蜂》上演那年春天还没有亲眼见过僭主政体的雅典人，在这一年亲眼见证了民主政体被寡头政体取代。

T 8.10（Th. 8.68.4.5 -9）

χαλεπὸν γὰρ ἦν τὸν Ἀθηναίων δῆμον ἐπ' ἔτει ἑκατοστῷ μάλιστα ἐπειδὴ οἱ τύραννοι κατελύθησαν ἐλευθερίας παῦσαι, καὶ οὐ μόνον μὴ ὑπήκοον ὄντα, ἀλλὰ καὶ ὑπὲρ ἥμισυ τοῦ χρόνου τούτου αὐτὸν ἄλλων ἄρχειν εἰωθότα.

for it was hard to bear <that> the Athenian demos, in the pe-

---

① 关于如何理解 ἄτιμον 一词，我们需要依赖 Heinrich Swoboda、Martin Ostwald、Sviatoslav Dmitriev 的研究。这个词的字面意思可以是剥夺荣誉，剥夺公民权。*LSJ*, s. v. ἄτιμος, p. 270. 最早的研究来自 Heinrish Swoboda, ἄτιμος 所指的惩罚措施至重可以是没收财产、以流亡代替死刑，至轻则可能是限制公民权。最晚近的结论来自 Sviatoslav Dmitriev，他认为 ἄτιμος 指的是一种针对集体的惩罚措施。Heinrich Swoboda, "Arthmios von Zeleia", *Archäologisch - epigraphische Mitteilungen aus Österreich - Ungarn*, Vol. 16, 1893, pp. 49 -68. Martin Ostwald, "The Athenian Legislation against Tyranny and Subversion", *TAPA*, Vol. 86, 1955, pp. 103 - 128. Sviatoslav Dmitriev, "Athenian 'ATIMIA' and Legislation against Tyranny and Subversion", *CQ*, Vol. 65, No. 1, 2015, pp. 35 -50.

② P. J. Rhodes, *The* Athenian Constitution *written in the School of Aristotle*, p. 73.

③ 四百人政变及政权的主要史料来源是修昔底德和亚里士多德学派的《雅典政制》。Th. 8.63.4 -97.1；Arist. *Ath.* 29 -33.

riod of almost < one > hundred years since the tyrants were put down, made an end to < their > freedom, < because they > not only never even were subjects, but also in more than half of this period they had been accustomed to ruling others.

推翻僭主差不多一百年以来，雅典民众很难承受丧失自由，<因为>他们不仅从来未曾臣服，而且在这段时期超过一半的时间当中习惯于统治其他人。

如果将克里斯提尼在公元前508/507年的改革视为公元前5世纪雅典施行的民主政体的开端，那么公元前411年雅典的寡头政变大约就发生在其民主政体建立以来的第一百年。[①] 这一政权很快就被推翻，延续时间大约四个月。[②] 公元前404年，雅典在伯罗奔尼撒战争中最终战败，民主政体再次被颠覆，斯巴达将军莱山德（Lysander）在雅典扶植了三十僭主政权。[③] 在四百人政权或三十僭主政权被推翻之后，[④] 一个名叫德谟芳图斯的人动议通过了一项法令。我们得以了解这一法令，是因为雅典的演说家安多基德斯（Andocides）在他的演说《论密仪》（*De mystriis*, *On the mysteries*）中引用了法令的原文。[⑤]

围绕德谟芳图斯法令的真实性，学者有相当的争议。2012年，Mirko Canevaro 和 Edward M. Harris 考查了安多基德斯《论密仪》中原文援引的档案史料。他们认为这些都不是公元前5世纪末4世纪初在雅典通过的真实法令。这其中就包括了德谟芳图斯法令。[⑥] 这一观点挑战了自19世纪以来、由 J. Droysen 奠基的传统看法，即，安

---

① Donald Kagan, *The Fall of the Athenian Empire*, p. 106.

② Th. 8. 97. 1; Arist. *Ath.* 33. 1.

③ 三十人政权的主要史料来源是色诺芬（Xenophon）《希腊志》（*Hellenica*）和亚里士多德学派的《雅典政制》。X. *HG.* 2. 3; Arist. *Ath.* 34 – 40.

④ Alan H. Sommerstein, "The Authenticity of the Demophantus Decree", *CQ*, Vol. 64, No. 1, 2014, p. 49.

⑤ And. 1. 96 – 98.

⑥ Mirko Canevaro and Edward M. Harris, "The Documents in Andocides' *On the Mysteries*", *CQ*, Vol. 62, No. 1, 2012, p. 98, pp. 119 – 125.

多基德斯在《论密仪》中所援引的法令历史上是真实存在的。① 2014年，Alan H. Sommerstein 反驳了 Mirko Canevaro 和 Edward M. Harris 关于德谟芳图斯法令的上述论证，认为安多基德斯《论密仪》的第 96—98 节确实是德谟芳图斯法令的真实内容，虽然这段文本确实有可能是晚至希腊化时代才被放入安多基德斯演说文本当中的。② 在此，我们关心的不是安多基德斯的文本，而是德谟芳图斯法令的内容及那个时代的雅典反僭主法。所以，我们可以采取一种比较安全、适合此处论证需要的立场：接受 Alan H. Sommerstein 的看法，认为安多基德斯所援引的德谟芳图斯法令，至少在内容上是真实的。

这条法令于公元前 411/410 年由一个叫德谟芳图斯的人起草并动议，公元前 403 年被再次颁布。③ 德谟芳图斯法令规定，对于试图颠覆民主政体的罪犯要施以严厉惩罚，并要求雅典民众对无瑕牺牲以如下誓言发誓：

T 8. 11 （And. 1. 97. 4 –8）

κτενῶ καὶ λόγῳ καὶ ἔργῳ καὶ ψήφῳ καὶ τῇ ἐμαυτοῦ χειρί, ἂν δυνατὸς ὦ, ὃς ἂν καταλύσῃ τὴν δημοκρατίαν τὴν Ἀθήνησι. καὶ ἐάν τις ἄρξῃ τιν' ἀρχὴν καταλελυμένης τῆς δημοκρατίας τὸ λοιπόν, καὶ ἐάν τις τυραννεῖν ἐπαναστῇ ἢ τὸν τύραννον συγκαταστήσῃ.

I shall kill, by word and deed, by vote and by my own hand, if I can, anyone who subverts the democracy at Athens, and anyone who holds any office after the democracy has been subverted, and anyone who sets himself up to be tyrant or helps to set up the tyrant. ④

---

① Mirko Canevaro and Edward M. Harris, "The Documents in Andocides' *On the Mysteries*", *CQ*, Vol. 62, No. 1, 2012, p. 98, n. 6.

② Alan H. Sommerstein, "The Authenticity of the Demophantus Decree", *CQ*, Vol. 64, No. 1, 2014, p. 56, p. 50.

③ 吕库古斯（Lycurgus）的《诉列奥克拉底》（*Against Leocrates*）和德摩斯梯尼的《诉勒普提尼》（*Against Leptines*）都曾提到德谟芳图斯法令。Lycurg. 1. 127, D. 20. 159.

④ *Antiphon and Andocides*, translated by Michael Gagarin and Douglas M. MacDowell, p. 126.

> 只要我能，我将杀死推翻雅典民主政体的任何人，以言以行，以法令，以自己之手。同时，只要有人推翻雅典的民主政体，只要有人在民主政体被推翻后出任任何职务，只要有人站出来成为僭主或者参与建立僭政，<我都将杀死他>。

德谟芳图斯法令是对雅典反颠覆法的重新颁布。

毋庸置疑，德谟芳图斯法令与先前的反颠覆法处理的是同样的罪行，处罚方式却更为严厉。德谟芳图斯法令与梭伦法在提及与僭主相关的犯罪活动时，措辞十分相似。两者在一个条件句的前提子句（protasis）使用了同样的动词和宾语。德谟芳图斯法令的前提之一是，“只要有人站出来成为僭主、或者参与建立僭政”（T 8.11：ἐάν τις τυραννεῖν ἐ παναστῇ ἢ τὸν τύραννον συγκαταστήσῃ），与《雅典政制》中所提到的梭伦反僭主法前提“只要有人站出来［为着僭政的目的］成为僭主或者参与建立僭政”（T 8.9：ἐάν τινες τυραννεῖν ἐ πανιστῶνται . . . , ἢ συγκαθιστῇ τὴν τυραννίδα）是一样的。前提子句的相同凸显了结论子句（apodosis）的区别。这样的人在庇西斯特拉图时代，“他和他的家族都要被剥夺荣誉”（T 8.9：ἄ-τιμον εἶναι καὶ αὐτ ὸν καὶ γένος），而这样的罪犯到了公元前 410 年，则需要“被宣布为雅典的公敌，处死，没收财产，什一充公”。[①] 德谟芳图斯法令对谋求当僭主的人的处罚，比梭伦反僭主法对谋求当僭主的人的处罚，要严厉得多。

然而，学者无法就这样一个问题达成一致意见：德谟芳图斯法令是对德拉科法的重新颁布、还是对梭伦法的重新颁布？安多基德斯本人在演说中将德谟芳图斯法令归为“梭伦的法律”。[②] Martin Ostwald 则指出，安多基德斯的说法早就被认为是有问题的。[③] Mirko

---

① And. 1. 96.

② And. 1. 95：κατά γε τὸν Σόλωνος νόμον.

③ Martin Ostwald, “The Athenian Legislation against Tyranny and Subversion”, *TAPA*, Vol. 86, 1955, p. 106, n. 17.

Canevaro 和 Edward M. Harris 认为存在两种可能性，要么德谟芳图斯法令是对梭伦法的重新颁布，要么德谟芳图斯法令被称为“梭伦的法律”，是因为那个时代的演说家将雅典的所有法律都称为“梭伦的法律”。[①] Martin Ostwald 则最为激进。在他看来，德谟芳图斯法令是对德拉科法的重新颁布。[②] 为这一问题给出确定的回答十分困难，我们现有的资料也不是特别可靠。[③] 因此，我们不妨采取一个比较安全的立场：德谟芳图斯法令是对原有的雅典反颠覆法的重新颁布，无论原有的雅典反颠覆法是来自德拉科还是来自梭伦。我们可以确定的是，德谟芳图斯法令大大强化了对僭主企图的防范。

德谟芳图斯法令改变了普通雅典人对僭主的看法。一方面，法令所声明的惩罚力度惊人。法令授权每一个雅典公民不需经过审判就可以杀害其他雅典人，如 Alan H. Sommerstein 所说，这甚至可能导致城邦内的大屠杀。[④] 所以我们可以想象，在德谟芳图斯法令颁布之后的雅典，指控他人想当僭主，不再是能够轻易被拿来开玩笑的事情。另一方面，德谟芳图斯法令是雅典公共生活中一件引人注目的大件事，它的发布和宣传改写了雅典人对僭主罪行的公共知识和集体行动机制。根据法令末尾所提到的要求，[⑤] 考虑时间可行性，参

---

① Mirko Canevaro and Edward M. Harris, “The Documents in Andocides' *On the Mysteries*”, *CQ*, Vol. 62, No. 1, 2012, pp. 124 – 125.

② Martin Ostwald, “The Athenian Legislation against Tyranny and Subversion”, *TAPA*, Vol. 86, 1955, pp. 104 – 110, esp. p. 105 f, n. 8.

③ 亚里士多德学派的《雅典政制》与普鲁塔克的《梭伦传》作为追溯雅典反颠覆法至7世纪或6世纪之证据的问题在于，前者写于公元前4世纪，后者写于公元1世纪，写作时间都远远晚于它们各自涉及的历史事实，同时这两段文本各自的作者也并不是以可靠出名的史家。关于《雅典政制》的写作时间及历史可靠性，参见 P. J. Rhodes, *A Commentary on the Aristotelian* Athenaion Politeia, Oxford: Oxford University Press, 1985, pp. 51 – 53, p. 60。P. J. Rhodes 认为，《雅典政制》的成书时间不早于公元前 335/4 年，不晚于公元前 329 年。关于普鲁塔克传记中与修昔底德史书相关的内容的历史可信性，A. W. Gomme 有两项批评。他认为第一，普鲁塔克的史料研判水准一般，因为他不区分第一手、第二手、第三手历史资料。第二，普鲁塔克对古典时代的政治状况认识不足。A. W. Gomme, *HCT* I, pp. 54 – 84, esp. pp. 58 – 61.

④ Alan H. Sommerstein, “The Authenticity of the Demophantus Decree”, *CQ*, Vol. 64, No. 1, 2014, pp. 49 – 50.

⑤ And. 1. 98.

照同时期的其他宣誓仪式，David A. Teegarden 重构了德谟芳图斯法令颁布后雅典人对法令中的誓言做宣誓的仪式：雅典的 10 个大区（phyle，tribe）分别组织宣誓仪式，每个大区决定本区宣誓仪式的时间地点；在这个选定的时间和地点，该大区以区内德谟（deme）为单位，逐一上台集体宣誓，其他德谟的公民留在台下作观众；这样，该大区有多少个德谟，这个大区的公民就会重复听到多少次德谟芳图斯法令誓言。[①] 根据 Julia L. Shear 的重构，刻有德谟芳图斯法令的石碑与两位“僭主刺客”哈墨狄乌司和阿里斯托革同[②]的雕塑一起被放置在议事会厅（bouleuterion）。Julia L. Shear 认为，宣誓仪式塑造了雅典公民的记忆，并置的雕塑及法令石碑则将这一记忆变为雅典人的日常所见。[③] J. McGlew 认为，法令的日常性与其有效性并行不悖，[④] John Lombardini 同样观察到，德谟芳图斯法令的地点和措辞就这样改变了雅典政治的公共领域，这些改变使得雅典危机中的民众动员更加容易。[⑤]

德谟芳图斯法令改变了雅典人面对僭主犯罪图谋的反应行动机制，也改变了雅典人对僭主指控的使用方法。David A. Teegarden 认为，德谟芳图斯法令及其宣誓过程保存并宣传了雅典人在反对第一次寡头革命中获得的经验，这对雅典人成功动员起来、推翻公元前 5

---

① David A. Teegarden, “The Oath of Demophantos, Revolutionary Mobilization, and the Preservation of the Athenian Democracy”, *Hesperia*: *The Journal of the American School of Classical Studies at Athens*, Vol. 81, No. 3, 2012, pp. 450 – 451.

② 修昔底德对两人的事迹有特别插叙记载：Th. 6. 53. 3 – 59.

③ Julia L. Shear, “Chapter 13: The Oath of Demophantus and the Politics of Athenian Identity”, in Alan H. Sommerstein and Judith Fletcher eds., *Horkos*: *The Oath in Greek Society*, Bristol: Phoenix Press, 2007, pp. 158 – 159.

④ J. McGlew, “Fighting Tyranny in Fifth – Century Athens: Democratic Citizenship and the Oath of Demophantus”, *BICS*, Vol. 55, No. 2, 2012, p. 98.

⑤ John Lombardini, “Responding to Emergency in Democratic Athens: The Case of Anti – Tyranny Legislation”, *Polity*, Vol. 47, No. 4, 2015, pp. 472 – 477.

世纪的第二次寡头革命有方法上的示范效应。[①] 我认为，德谟芳图斯法令还势必改变了雅典人对想当僭主这种犯罪行为的看法。长久以来，雅典虽然长期适用针对僭主的陶片放逐法，但是在“大约一百年”的时间里，[②] 僭政颠覆城邦的威胁日益减少，针对僭主的立法日益废弛。于是我们从阿里斯托芬喜剧中看到，在这一时期，相互指责对方有僭主图谋，实在司空见惯。Douglas M. MacDowell 指出，在伯罗奔尼撒战争期间的雅典城邦政治中，无依据地指控政敌“共谋”“想当僭主”的情况，在阿里斯托芬喜剧中并不罕见。[③] 这也就是为什么在这一时期，陶片放逐法更多被用作党派斗争的法律工具，[④] 而非有效的反僭主立法。公元前 411 年之后，僭政威胁再现，颠覆危险再现。德谟芳图斯法令加强了反僭主立法，雅典的法律语境随之发生剧变，普通雅典人对僭主控诉的态度势必较先前更为审慎。毕竟，僭主威胁不再遥不可及，僭主指控意味着无须审判的杀人，很难再被当成玩笑。

这样我们看到，在公元前 5 世纪，雅典防范僭政的法律体系分为两个时期，分别由陶片放逐法和德谟芳图斯法令主导，我们不妨称为反僭主法的“陶片放逐法语境”和“德谟芳图斯语境”。这两个语境各自的主导法律不同，处罚手段严厉程度殊异。在陶片放逐法语境中，雅典人可以随意指责对方有僭主图谋；在德谟芳图斯语境中，指责对方有僭主图谋无异于提出杀人的要求，因为根据德谟芳图斯法令的规定，普通公民对阻止僭主图谋负有责任，他们可以杀掉嫌疑犯而无须审判，无须受到惩罚。

陶片放逐法语境的终结不早于公元前 416 年，即海珀布鲁斯被

---

① David A. Teegarden, “The Oath of Demophantos, Revolutionary Mobilization, and the Preservation of the Athenian Democracy”, *Hesperia: The Journal of the American School of Classical Studies at Athens*, Vol. 81, No. 3, 2012, pp. 433 –465.

② T 8. 10.

③ TT 8. 1 –4. Douglas M. MacDowell, *Aristophanes: Wasps*, Oxford: the Clarendon Press, 1971, p. 180.

④ Martin Ostwald, “The Athenian Legislation against Tyranny and Subversion”, *TAPA*, Vol. 86, 1955, p. 110.

放逐那一年；不晚于公元前411年，即四百人政变与德谟芳图斯法令颁布那一年。修昔底德清楚四百人政变的过程，他是这一事件的主要记录者；修昔底德应该没有参与德谟芳图斯法令的宣誓仪式，因为他已经于公元前424年离开雅典，进入了长达二十年的流放时期。[①] 但是他对德谟芳图斯法令及其宣誓仪式——如果我们同意，过程真的如 David A. Teegarden 所重构的那样——应该不至于一无所知，因为法令内容实在惊人，宣誓仪式也令人印象深刻。虽然遭到放逐、远离雅典，但是在这二十年里，活动于希腊各处的雅典人势必曾向我们的史家谈起那次令人印象深刻的法令宣誓，谈起故乡已经剧变的法律环境。[②] 我们现在的问题是，修昔底德使用“僭主城邦”比喻时，他的头脑处于陶片放逐法语境、还是已经进入了德谟芳图斯语境？

我推测，修昔底德是在陶片放逐法语境中写下了含有僭主城邦比喻的段落（MM 1－4），然后在德谟芳图斯语境中为这一比喻补充了史撰论证：他将这个比喻视为一个罪名，然后在史撰层文本上为之塑造了一场并不真实存在的法庭辩论（FF 1－3）。[③] 也就是说，他像阿里斯托芬剧中的其他雅典人一样，[④] 在陶片放逐法语境中漫不经心地做了这个比喻；多年以后，当僭主这个词成为一种严重指控，而雅典也最终战败，他陷入了对雅典战败原因的更深刻思考。这时他发现，先前随意写下的僭主城邦是个很好的批评概念，可以利用；但是时过境迁，他需要多写点什么，以便充分利用这个指控，做出最严厉的批评。

---

① Th. 5. 26. 5.

② 我会想到这一可能性，是因为读到 Donald Kagan 教授使用同样的方法推断了远征前雅典人对西西里的知识。Donald Kagan，*The Peace of Nicias and the Sicilian Expedition*，p. 165.

③ 我们在第三章第二节末尾已经提到，史撰层上的这场法庭辩论（FF 1－4）可以被视为这一比喻的史撰性论证（historiographical argumentation of the metaphor）。

④ TT 8. 1－4.

三　强化既有比喻

为了增强已经写下的僭主城邦比喻（MM 1 –4），修昔底德在史书第 1 卷增补了科林斯使节演说（F 1）、雅典使节演说（F 2），与既有的斯巴达公民大会场景叠加，形成双重文本结构。[①] 这一推测符合修昔底德对自己写作过程的声明，符合历代修昔底德学家的既有观察，也符合本书第三章到第五章的重构。

首先，我推测的写作过程符合修昔底德对自己写作过程的声明。修昔底德在其史书的两个前言都申明，自己的写作过程一直伴随战争的进程。

T 8. 12 （Th. 1. 1. 1. 1 –4）

Θουκυδίδης Ἀθηναῖος ξυνέγραψε τὸν πόλεμον τῶν Πελοποννησίων καὶ Ἀθηναίων, ὡς ἐπολέμησαν πρὸς ἀλλήλους, ἀρξάμενος εὐθὺς καθισταμένου κ-αὶ ἐλπίσας μέγαν τε ἔσεσθαι καὶ ἀξιολογώτατον τῶν προγεγενημένων, …

Thucydides < the > Athenian wrote the war of the Peloponnesians and < the > Athenians, how they fought each other; < he > began immediately after < the war > broke out, expecting < that this war > would be great and < be > most worthy of words than former < wars >, …

雅典人修昔底德写了伯罗奔尼撒人和雅典人的战争，他们是怎样彼此作战的；战争一爆发他就开始 < 写作 >，< 因为他 > 预计 < 这场战争 > 将很大，将比先前的 < 战争 > 都更加值得 < 写下来 >，……

T 8. 13 （Th. 5. 26. 5. 1 –2）

ἐπεβίων δὲ διὰ παντὸς αὐτοῦ αἰσθανόμενός τε τῇ ἡλικίᾳ καὶ προσέχων τ-ὴν γνώμην, ὅπως ἀκριβές τι εἴσομαι·

---

① 参见表 3（D3）及第三章第二节的相关论述。

I survived this entire < war >, both having the necessary understanding at my prime age and taking heed to the judgement, so that I will know as precisely as possible.

我活过了这场战争的全程，＜那时我＞已界盛年，有相当的理解力，并且我注意判断，以便尽可能准确了解。

在第一前言，修昔底德声明他的写作活动开始于战争开始的时候（T 8. 12：αρξάμενος εὐθὺς καθισταμένου）；在第二前言，修昔底德声明他对战争的理解伴随了战争的整个进程。也就是说，在伯罗奔尼撒战争长达 27 年的进程中，修昔底德一直在写作“这场战争”。[①] 无论统一派如何强调修昔底德思想与写作的一贯性，事实就是，在长达 27 年的观察、思考和写作过程中，史家不可能对自己的作品完全不做修改，他的思想不可能完全不发生变化。修昔底德漫长的写作过程成为“修昔底德问题”分析派的基本事实依据，第 1 卷和第 5 卷的两则史书“前言”（T 8. 12，T 8. 13）则成为分析派的探究起点。

我的推测也与修昔底德学家、特别是分析派学者对第 1 卷的现有观察相符。

关于修昔底德问题，我们在第二章末尾已经提到，目前我们所看到的修昔底德史书不完整、未经充分修改、未经定稿、前后文颇有彼此龃龉之处。据此，“分析派”学者认为，我们因此可以从修昔底德史书中区分出他写于不同阶段的许多“文本层”，“统一派”学者则强调，修昔底德史书大致完成于同一时期，即战争结束之后。其中，分析派的研究重点，早期集中于伯罗奔尼撒战争第一阶段[②]与

---

① Nicole Loraux 恰如其分地强调了这样一个事实：修昔底德写作活动的直接和唯一对象，就是史书第一句话中的宾语“伯罗奔尼撒人与雅典人的战争”（T 8. 12：τὸν πόλεμον τῶν Πελοποννησίων καὶ Ἀθηναίων）。Nicole Loraux，“Thucydide a écrit la Guerre du Péloponnèse”，*Métis*，Vol. 1，1986，pp. 144 – 145.

② 战争第一阶段（公元前 431 至公元前 421 年）依据斯巴达国王之一的名字和其时长，又称“阿奇达慕斯战争”“十年战争”。

伯罗奔尼撒战争第二阶段[①]在修昔底德史书中的区别体现，后期则转向史书中更加丰富的文本层次。

修昔底德反对时人的看法，不认为伯罗奔尼撒战争的两个阶段应当被视为两场战争。所以，他在结束了第一阶段阿奇达慕斯战争的叙事后、重启和平过渡时期（即，尼基阿斯和约时期）与第二阶段战争叙事之前，写下了第二个前言（Th. 5. 26）。这使得修昔底德史书中存在两个前言（Th. 1. 1. 1 与 Th. 5. 26）。基于这一事实，Wolfgang Franz Ulrich 最先在 19 世纪提出，修昔底德的写作计划分为两层：他开始计划写下阿奇达慕斯战争，后来计划将德西利亚战争与之联系起来，作为长达 27 年的一场战争；修昔底德在写作过程中先后有两个写作计划。[②]

“两个写作计划”假说成为分析派修昔底德学者的理论基石之一。其中，第 1 卷的复杂结构引起了最多的关注。第 1 卷不同于后面诸卷的复杂结构表明，这一卷经历了最多次的修改甚或重写。Eduard Schwartz 认为在第二个写作计划阶段，修昔底德的思想变得更为深刻了。因此在公元前 404 年战争结束以后，修昔底德增补了一些内容，特别是与战争起因相关的内容，这其中就包括科林斯使节演说（F 1）和雅典使节演说（F 2）。[③] G. B. Grundy 则基于同一思路，给出了另外的结论。他认为，科林斯人第二次演说（F 4 = M 1）及紧随其后、但不属于同一情境的伯利克里的战前演说，是参战双方对整个 27 年战争的整体规划，而非对 10 年战争的具体规划，因

---

① 战争第二阶段（公元前 413 至公元前 404 年），根据斯巴达在雅典北部亚狄珈平原的德西利亚（Decelea）建立的要塞，又称“德西利亚战争”；根据这一阶段末期在小亚细亚（Asia Minor）沿岸发生的一系列海战，又称“爱奥尼亚战争”（the Ionian War）。修昔底德史书仅写到公元前 411 年。

② Wolfgang Schadewaldt, *die Anfänge der Geschichtsschreibung bei den Griechen*, pp. 241 – 242. 对于分析派的这一核心论据，统一派的代表学者 John H. Finley Jr. 给予了反驳。他认为没有必要在史书最开始就申明战争将进行 27 年。John H. Finley Jr. , “Chapter 3: The Unity of Thucydides' *History*”, *Three Essays on Thucydides*, p. 165.

③ Eduard Schwartz, *Das Geschichtswerk des Thukydides*, pp. 115 – 116. 同时参见 Wolfgang Schadewaldt, *die Anfänge der Geschichtsschreibung bei den Griechen*, p. 243.

此，这两篇演说词的写作时间是在27年战争结束以后，也就是在公元前404年以后。[①]

还有一些学者不属于分析派，不认为修昔底德在写作过程中先后形成了两个写作计划，但是他们也观察到第1卷相关演说词的特点。Jacqueline de Romilly根据雅典人演说（F 2）的抽象性质——包括其抽象内容、普遍性话题以及不具姓名而以城邦指代的使节——将这次演说的写作推断在一个较晚的时间，并认为修昔底德面对的是公元前404年以后的读者。[②] 她的上述理据同样适用于科林斯人第一篇演说（F 1）。这样，Jacqueline de Romilly也会支持将科林斯使节演说（F 1）的写作时间放在公元前404年以后。

我倾向于认为，修昔底德确实曾经先后有两个写作计划，接受分析派、特别是Eduard Schwartz对修昔底德写作过程的如下重构。公元前431年，“战争一爆发”（T 8.12），他就开始计划写下这次战争；公元前421年，他在流亡中完成了对阿奇达慕斯战争的写作。战争于公元前413年再次爆发、雅典于公元前404年最终失败以后，他计划将战争的第二阶段纳入他的写作，而这需要他对先前的叙事和归因做不少调整。包含战争起因说的第1卷由此呈现出复杂的结构。

我接受这一立场，是因为关于修昔底德写作的“两个计划”假说与雅典反僭主法律的两个语境能够联系起来。如果本章先前的看法——在公元前5世纪的雅典，反僭主法分为陶片放逐法语境和德谟芳图斯语境两个时期——能够成立，那么，修昔底德写作的第一个计划时期与陶片放逐法语境大致相当，第二个写作计划时期则应该无可置疑地落在德谟芳图斯语境之内。他先是记下了战争的进程；

---

① George Beardoe Grundy, *Thucydides and the History of His Age*, Vol. I, Oxford: Basil Blackwell, 1948, p. 321, n. 1. 但是，这有可能基于一则战争之初已经被记下的笔记。诚然，修昔底德学家都观察到，科林斯使节在第二篇演说中提到了战争第二阶段才实施的一些战争措施。但是这并不难解释：这些后来才施行的举措完全可能是修昔底德后来的增补。

② Jacqueline de Romilly, *ThAI*, p. 263 f.

在这一时期，他使用僭主指控就像阿里斯托芬笔下的喜剧人物一样，[1] 虽然带着批评讽刺，但是并非严肃指控。虽然很可能没有看过《马蜂》和《骑士》，[2] 但是他清楚雅典人及希腊人是如何随意、戏谑地对待“僭主”这一罪名。后来，雅典战败，僭主指控也因为雅典民主政体两次遭到倾覆而成为严肃、可怕的指控。他发现，由于法律语境的剧变，僭主城邦比喻具有了巨大的控诉潜力。但是，脱离了法律语境，这种控诉的强度无法被读者感知。于是，他在增补第1卷时加上了科林斯使节演说（F 1）和雅典使节演说（F 2）。这两篇演说将陶片放逐法语境下的僭主指控转移到德谟芳图斯语境，由此强化了僭主城邦指控。一言以蔽之，第1卷的法庭辩论强化了僭主城邦指控，强化了僭主一词的负面感情色彩。

综上所述，修昔底德第1卷的“法庭辩论”在多个方面具有重大意义。首先，在词汇发展的意义上，这一“辩论”使得僭主城邦这一比喻脱离了陶片放逐法语境，具有了明确的控诉性贬义。其次，在政治思想史意义上，这一“辩论”展现了修昔底德同时代人及修昔底德自己对雅典帝国主义的控诉和抗辩，形成了古希腊帝国主义最重要的一组辩证分析。最后，在读者与作者的互动意义上，这一“辩论”帮助作者更好地影响读者：它为僭主城邦比喻成为一个罪名奠定了戏剧环境，读者将带着这一戏剧情节（众城邦以僭主之名控诉雅典）及其结果（罪名成立），继续阅读史书，直面雅典人一次又一次将自己的城邦比作僭主这一奇特事实。

---

① 参见上文引文 TT 8. 1 –4.

② 修昔底德于公元前424 年被流放，因此他肯定没有看到公元前422 年在雅典上演的《马蜂》。上演喜剧的小酒神节（Leneia）的举办时间是在冬末春初。公元前424 年，修昔底德任将军，这年的小酒神节时他很有可能已经不在雅典，而在安菲玻里指挥舰队。因此，他很有可能也没有看到《骑士》。

第九章

现在，我们再次回到了我们最初的困惑：各种各样的雅典政治家为何一次又一次将自己的城邦比作一个僭主？我们如何理解他们做出的比喻？回答前一个问题，我们从比喻文本的制造者视角出发；回答后一个问题，我们从比喻文本的接收者视角出发。在这一过程中，我们最初的惊讶将得到回答，修昔底德与读者的复杂关系也将得到刻画。修昔底德刻画的雅典帝国主义，通过僭主城邦这个比喻所关联起来的两条线索（FF 1－4 ＋ MM 1－4）形成了对读者的召唤结构；我们遍历这一召唤结构，就这样理解了修昔底德笔下的雅典帝国主义。

一　比喻文本的制造者

首先是文本制作者的视角。就事实层文本来看，在演说中做出僭主城邦比喻的雅典人均身处陶片放逐法语境。伯利克里的最后一次演说（M 2）发表于公元前 429 年，克里昂参与的密提林辩论（M 3）发生于公元前 427 年，游弗木斯在西西里城邦卡马林纳公民大会上的发言则发生在公元前 415 年。公元前 411 年雅典的四百人寡头革命见证了德谟芳图斯语境的开端。因此，在修昔底德的历史戏剧中，这些雅典人做出这个比喻时，僭主指控司空见惯，并不严肃。

其次我们已经在第二编论证，修昔底德在第 1 卷的史撰层文本上，通过四篇演说词（FF 1－4）构造了一个城邦间法庭。通过这个“城邦间法庭”上控辩双方、也就是科林斯使节与雅典使节的言辞交锋，雅典被控诉为一个僭主城邦，斯巴达公民大会和伯罗奔尼撒同盟大会的两次投票结果都表明，这一控诉得到了“法庭听众”——或者可以说，“陪审团”——的认可。雅典“僭主城邦”这一“罪名”成立了。法庭辩论是为了构造一个法律事实，无论雅典人是否赞成这个事实，他们都像一般的“罪犯”那样，接受了这个法律事实。对于第一章提出的关于僭主城邦比喻的疑问——为什么各种各样的雅典人使用如此负面的比喻形容自己的城邦，泰然自若——我们的最终答案就是这样的：这是一个控诉，一个罪名，因此也将在成立之后成为一个法律事实。雅典人即使不喜欢、甚或不认同这个事实，但他们仍然会接受这个事实，他们可以直接使用一个业已成立的“罪名”。

就这一比喻文本而言，修昔底德史书中有两类文本制造者：一类制造者通过法庭控诉，论证比喻，另一类制造者接受法律事实，使用比喻。与之相应，围绕僭主城邦比喻，修昔底德有一动一静两条写作线索。[①]

一条是动态的论证线索，这涉及僭主城邦比喻文本的第一类制造者。这条线索体现在第1卷的“法庭辩论”中（FF 1－4）。“僭主城邦”比喻在第1卷的“法庭辩论”（FF 1－4）中被建立起来以后，作为一项法律事实得到确认。相应地，这个比喻的含义、感情色彩在可见的将来——也就是修昔底德史书这个文本空间中——都不会再发生变化。因此，其他演说者——也就是MM 2－4的演说者伯利克里、克里昂、游弗木斯——提及这个比喻时，不再对这个比喻本身进行任何论证，不再试图加强或削弱这个比喻，他们的使用也不再改变这一比喻的感情色彩。这与法庭判决的争端解决功能相

① 参见第二章第二节后半部分的论述。

适应。[①] 判决是一个关键时间点，在判决之前，关于这一比喻罪名的意见是动态的；在判决之后，这一比喻被封装为一个罪名，一项法律事实，争端不复存在。[②] 这一观察与学者的这一既有观察并不矛盾：这一比喻属于政治的常用语料库。[③] 但是修昔底德不是直接从语料库中选取这一政治比喻的；相反，他通过呈现一组模拟的法庭辩论，重新呈现了这一比喻进入语料库的过程。这样，每一位读过第1卷的读者都明白，这一比喻具有明确的控诉性贬义。[④]

另一条是静态的援引线索，这涉及僭主城邦比喻文本的第二类制造者。这条线索体现在伯利克里、克里昂、游弗木斯的演说词中（MM 2 - 4）。判决成立以后，雅典人对于这一罪名不再抱有争议。无论是否认为他们的帝国具有正当性，他们都将带着这个“罪名”继续展开历史。正如法庭判决所制造的法律事实，无论被告是否从内心接受并承认，他都将带着这个“罪名”继续生活。我们无须徒劳地将“僭主城邦”解释为一个中性而不带贬义的名号，[⑤] 也无须费力论证雅典人真心实意地接受了这一罪名。修昔底德将“僭主城邦”呈现为一项法律事实，既可以包容贬义内涵，又可以兼顾被指称一方对此的接受态度。我认为，这样就解决了雅典人使用这一比喻的核心困难：该比喻所含有的明确的控诉性贬义与雅典人对这一

---

① 关于现代法庭判决的三项功能——寻求真相，验证诚信，以及冲突稳定——参见 Edith Greene，Kirk Heilbrun，*Wrightsman's Psychology and the Legal System*，Boston：Cengage Learning，2010，pp. 188 - 189。

② 当然，真正的法律判决，其效力取决于两个要素：等级化的法庭体系，以便进一步申诉、裁定、执行，以及“遵循先例”原则（*stare decisis*）。国际法的法律判决由于缺少这两个要素，其效力远远不如国内法庭做出的判决。更不用说，此处的“判决”是修辞意义上的判决。关于国际法判决的效力及其决定因素，参见 Hans J. Morgenthau，“PART SIX：Limitations of National Power：International Law Chapter 16：the Main Problems of International Law”，*Politics Among Nations：The Struggle for Power and Peace*，Brief Edition，revised by Kenneth W. Thompson，McGraw - Hill Inc.，1985，pp. 264 - 265.

③ e. g. Jacqueline de Romilly，*ThAI*，p. 125.

④ 参见第一章第二节，第八章第三节。

⑤ Christopher Tuplin，“Imperial Tyranny：Some Reflections on a Classical Greek Political Metaphor”，*History of Political Thought*，Vol. 6，1985，p. 361.

比喻的高度接受，这两个事实同时存在。

区分僭主城邦比喻文本的两种制造者，并将伯利克里、克里昂、游弗木斯都归入第二种，可以帮助修昔底德学家解决阅读相关段落时的具体困难。一是，伯利克里和克里昂是两个完全不同的雅典政治家，修昔底德对两人的看法完全不同，修昔底德笔下的他们为什么说出同样的话、做出同样的比喻？二是，游弗木斯在演说辩论中，是否对其论敌让步太多？

1. 伯利克里与克里昂

我们先来看第一个问题。伯利克里与克里昂说出了同样的话、做出了同样的比喻，这一事实令修昔底德的读者感到不安。

伯利克里在对雅典人的最后一次演说中说，“你们拥有这个帝国就像 < 拥有 > 僭政”。

T 9. 1 （ =T 1. 1， Th. 2. 63. 2. 3 –4）

ὡς τυραννίδα γὰρ ἤδη ἔχετε αὐτήν, ἣν λαβεῖν μὲν ἄδικον δοκεῖ εἶναι, ἀφεῖναι δὲ ἐπικίνδυνον.

For you already hold this < empire > like < a > tyranny, it seems to be unjust to take < which > whereas dangerous to let go of.

因为你们拥有这个帝国就像 < 拥有 > 僭政，取得它看起来是不公正的，而放弃它则是危险的。

伯利克里政策的批评者克里昂在密提林辩论中措辞与伯利克里几乎完全一致。他说，“你们拥有的帝国 < 如同拥有 > 僭政”。

T 9. 2 （ =T 1. 2， Th. 3. 37. 2. 5 –9）

… οὐ σκοποῦντες ὅτι τυραννίδα ἔχετε τὴν ἀρχὴν καὶ πρὸς ἐπιβουλεύοντας αὐτοὺς καὶ ἄκοντας ἀρχομένους, οἳ οὐκ ἐξ ὧν ἂν χαρίζησθε βλαπτόμενοι αὐτοὶ ἀκροῶνται ὑμῶν, ἀλλ' ἐξ ὧν ἂν ἰσχύι μᾶλλον ἢ τῇ ἐκείνων εὐνοίᾳ περιγένησθε.

… not seeing that you hold your empire < as a > tyranny and against those who are themselves plotting against you and who are ruled unwillingly, these people would listen to you not because you would show kindness while hindering yourselves, but because you would be superior than those people by force rather than by their goodwill.

……<你们>没有意识到，你们拥有帝国<如同拥有>僭政，针对那些自己密谋反对的人和那些不情愿被帝国统治的人，这些人会听从你们不是因为你们会损己利人，而是因为你们压制他们是通过暴力而非这些人的善意。

伯利克里和克里昂的对外政策路线显著不同，史家对这两名政治家的评价也完全不同。那么，同样一句话怎么可能既被“最智慧和最有声誉的”“第一公民”伯利克里说，又被“最暴力的”克里昂说呢?①

解决不安的方法有两个：或者强化，或者疏解。一方面，许多学者干脆强调并激化这一对比，指出克里昂和伯利克里的措辞一致性是修昔底德有意所为，目的是突出二人之间的对比。② 最极端的看法来自 Francis Cairns。他指出，荷马（Homer）《伊利亚特》（*Iliad*）

① 修昔底德对伯利克里的评价是“最智慧、最有声誉”：Thuc. 2. 34. 6, 0ςἂν γνώμ η τε δοκ ῆ μ ὴξύνετος ε ῖ ναι καὶἀξιώσει προήκ η；他将伯利克里称为雅典的“第一公民”，说雅典名义上是民主政体，实际上是在第一公民的统治之下的：Thuc. 2. 65. 9, ἔργῳ δὲὑπὸ τουπρώτουἀνδρὸςἀρχή。修昔底德对克里昂的评价是“公民中最暴力的”：Thuc. 3. 36. 6, ὢν καὶὲ ς τἀἄλλα βιαιότατος των πολιτων τῷ τε δήμῳ παρὰ πολὺεν τῷ τότε πιθανώτατος。修昔底德的主要评论者基本都注意到了伯利克里与克里昂之间措辞的一致性。Marchant, *Commentary* III, p. 144; Hornblower, *Commentary* I, p. 422; *HCT* II, p. 299. 伯利克里的话被广泛认为是史书中最能代表史家自己意见的内容之一。这是因为，在叙事部分几乎从不给任何评价的修昔底德，通过他对伯利克里的长篇评论（Th. 2. 65）表达了对伯利克里政策的赞同。这一赞同将伯利克里的立场和修昔底德的立场紧密联系在一起，使得许多学者将伯利克里意见视为修昔底德自己看法的一面镜子。

② Christopher Tuplin 同时观察到了这两种路径。Christopher Tuplin, “Imperial Tyranny: Some Reflections on a Classical Greek Political Metaphor”, *History of Political Thought*, Vol. 6, 1985, pp. 355 – 356.

第1卷和第2卷（Hom. *Il.* 2. 240 = 1. 356，1. 232 = 2. 242）中，忒耳西忒斯（Thersites）与阿喀琉斯（Achilles）的措辞也近乎完全一致；他以此为例论证说，品格迥异的两个人的措辞一致性，作为一种简明有效的修辞工具，最适于呈现东施效颦的效果。[①] 这种看法虽然精巧，但对这一措辞重复感到不安的读者，只会愈加不安：事实上，这一问题不仅没有得到解决，反而还被强化了。

另一方面，还是有不少学者试图疏解矛盾。这些学者在某种程度上都利用了语境化的方法。语境化方法指的是，将两个人的一致表达视为语境的碎片，而非个人的意见，这样一来读者就可以理解，为什么两个完全不同的人会说出一样的话：因为他们身处同样的语境，拥有一些时代共识。E. C. Marchant 否认这是伯利克里自己的意见，并指出在伯利克里口中所说出来的这句话当中，修昔底德通过"看起来是不公正的"（T 9. 1 = T 1. 1：ἄδικον δοκεῖ）一语表明，伯利克里自己并不这么认为。[②] 如果伯利克里在此表达的不是自己的意见，那么就是当时流行的某一种政策观点。[③] E. C. Marchant 的看法第一次提出这样一种可能：伯利克里的话表达的可能是语境的情况，而非个人的观点。Jacuqueline de Romilly 同样持这样的看法。她径直否认了措辞一致性的重要性，认为措辞巧合一致，不过说明这种说法在当时很流行。[④] 虽然伯利克里的语境是单独演说，而克里昂的语境是政策辩论，但是伯利克里与克里昂演说都是针对雅典民众的演

① Francis Cairns, "Cleon and Pericles: A Suggestion", *JHS*, Vol. 102, 1982, pp. 203 – 204. 这里省略了一个关于"模仿"的论证步骤：在另外的传统中有这样一个故事：忒耳西忒斯选择了猴子的灵魂，而猴子在古希腊被认为是模仿者。这个故事可以证明，忒耳西忒斯因为模仿而被人记住。相关证据有柏拉图的《斐德若》《理想国》和斯托比的约翰（Johannes Stobaeus）：Pl. *Phdr.* 248 D – E, *R.* x, 620 C, Stob. 4. 119.

② Marchant, *Commentary* II, p. 206.

③ 实际上还有一种可能，那就是把这句话归给史家本人，说是修昔底德的想法。可以认为这也是一种语境化方法：把措辞一致性视为贯穿史书始终的叙事元模型，而不归给这两个角色，从而取消因为角色性格、路线迥异但说出同样的话所带来的紧张。Virginia J. Hunter, "Athens Tyrannis: A New Approach to Thucydides", *CJ*, Vol. 69, 1973, pp. 120 – 126.

④ Christopher Tuplin, "Imperial Tyranny: Some Reflections on a Classical Greek Political Metaphor", *History of Political Thought*, Vol. 6, 1985, pp. 355 – 356.

说。相同的听众意味着相同的接受语境。以语境化方法疏解矛盾，确实是解决这个问题的基本方法。

基于疏解矛盾的目的、基于语境化方法的提示，我认为可以分两步来解决这一问题。伯利克里与克里昂之所以措辞一致，一方面是由于他们的部分论证目的相同；另一方面是由于“僭主城邦”已经成为一个“法律事实”。论证目的和法律事实构成了伯利克里与克里昂的共有微观语境。第一，伯利克里和克里昂的演说目的大相径庭，但劝说方向实际上是一致的。第二，与斯巴达人正式开战后，雅典人接受了“僭主城邦”罪名成立这一“法律事实”。

第一步，我们可以来观察两篇演说的具体目的。

更精细地观察伯利克里和克里昂在这一时刻的具体演说目的就能发现，尽管他们在一般情况下政见显然不同，但是在此刻，他们都是在敦促采取更加强硬的政策。伯利克里是在与极端鸽派争论，强调坚持一种温和但坚定的帝国政策路线，而克里昂是在与长期掌权的温和派争辩，积极要求一种激进、暴力的帝国政策路线。

伯利克里将帝国中的雅典比作城邦中的僭主是在发表他的最后一次演说的时候。经过了战争头两年的磨难之后，温和派政策路线似乎无法兑现伯利克里在战争前夕的胜利承诺，主张与斯巴达马上议和的鸽派和主张更加积极作战的鹰派，同时浮现在雅典政坛。伯利克里这篇演说主要是在试图说服想要采取鸽派政策路线、甚或放弃帝国的那部分雅典民众。① 伯利克里的观点和逻辑是，因为帝国像僭政，所以放弃帝国是危险的，故而不能放弃帝国。僭政作为一种依靠暴力维持的统治方式，成为继续使用暴力的政策主张的喻体与理据。

克里昂作为激进派领袖，此处是第一次表现出对温和派政策主

---

① Donald Kagan, *The Archidamian War*, pp. 87 – 88.

张的反对。[1] 克里昂此处的发言与伯利克里最后一次演说措辞一样，是因为他们的论证方向是一样的。克里昂认为，雅典的属邦都心怀不满，必须像僭政一样依靠暴力才能继续统治；由此，克里昂认为，需要执行暴力的帝国政策，而非宽柔的帝国政策。正如 Christopher Tuplin 所观察到的，这是僭政发展的逻辑顺序，而这一顺序是不可逆转的。[2] 克里昂依赖的论证方式，与伯利克里一样：将僭政的暴力使用面向作为喻体，以帝国的更激进政策路线作为本体。他与伯利克里的论点事实上是相同的：无论本身立场位置如何，他们都是在面对更加温和的论敌、主张一个更加激进的政策；因此他们的论证策略也是类似的：都使用了 Christopher Tuplin 所提到的僭政逻辑顺序，用暴力维持的僭政为喻体，以不使用暴力的危险性说明更强力的帝国政策的必要性。

第二步，我们可以详细阐明雅典听众对僭主及僭主城邦的共有认识。

伯利克里与克里昂基于相同的演说目的，使用了相同的劝说策略，这一论证策略是基于雅典民众对僭主和僭主城邦问题的共同认知。首先，雅典人对僭主问题有着差不多的理解。其次，雅典人已经知晓战争爆发的原因，他们接受“僭主城邦”“罪名已经成立”这一“法律事实”。

首先是雅典人对僭主的一般看法。伯利克里和克里昂的发言面对着相同的听众，相同的听众意味着对讨论话题、论证策略、相关知识有基本相同的认识基础和理解方式。Kurt Raaflaub 曾指出，表演性史料特别能够体现出概念的普及程度。[3] 虽然修昔底德和柏拉图

---

① Donald Kagan 认为，我们没有理由推断，在公元前 425 年之前温和派和激进派（分别由尼基阿斯和克里昂代表）就已经存在严重政策分歧。Donald Kagan，*The Archidamian War*，pp. 129－131.

② Christopher Tuplin，“Imperial Tyranny：Some Reflections on a Classical Greek Political Metaphor”，*History of Political Thought*，Vol. 6，1985，p. 355.

③ Kurt A. Raaflaub，“Conceptualizing and Theorizing Peace in Ancient Greece”，*TAPA*，Vol. 139，2009，pp. 227－228.

等作家的作品很可能只流行于较小的圈子，本质上缺乏公共性质、也不具有表演性质，但 Kurt Raaflaub 认为他们与其他知识分子的广泛互动仍然能够证实一个概念的普及程度。更有说服力的是，修昔底德把这些话放进了演说这样一个语境中，而历史戏剧中的这些演说本身是公开的，面向所有雅典人或许多希腊人的。所以在这个意义上，我们可以径直将修昔底德史书中的演说词当作 Kurt Raaflaub 所说的表演性证据，相信僭主概念在雅典人当中有普及性：雅典人对僭主这一国内政治现象有共同理解，伯利克里与克里昂利用这一共有基础，做出相同比喻，服务于演说目的。

从第八章的论证我们知道，在陶片放逐法语境中，僭主这一指控是过时的，在真正的法庭上近乎销声匿迹；这一过时的指控要到德谟芳图斯语境中才会重新被严肃看待。但是如果我们接受本书第三至六章所重构的那个“法庭辩论”的过程与结果的话，在公元前 431 年的那个“国际法庭”上，雅典刚刚得到了“僭主城邦”这个罪名。在伯利克里和克里昂发表演讲的戏剧时间，“雅典是一个僭主城邦”，这是一个“法律事实”。所以，当伯利克里和克里昂都向雅典民众提及“僭主城邦”这一比喻时他们清楚，雅典民众与他们一样，已经知道战争爆发的原因是科林斯人所控诉的“僭主城邦”罪名成立。无论雅典人、伯利克里、克里昂是否认可这一罪名，他们都可以自如地谈论、利用、听取这一“法律事实”。

综上，面对伯利克里与克里昂的相似措辞这个难题，我们的解决方式就是这样的。第一，伯利克里和克里昂拥有一致的相对立场，使用了同样的论证策略。第二，雅典人对僭主有基本相同的认识，尽管僭主在国内政治中是一个过时的罪名，但是城邦间关系中的“僭主城邦”罪名正新近作为一个“法律事实”被雅典人广泛知晓了。两个迥异的人说出同样的话，除了可以理解为他们共享一个时代的政治语料库之外，也可以理解为他们共同知晓一个新的“法律事实”。这样，当我们把僭主城邦比喻理解为法庭辩论的结果、理解为城邦间政治的“法律事实”，我们就能较为彻底地缓解在读到伯利克里与克里昂的一致措辞时所感到的不安。

2. 游弗木斯

现在我们来看第二个问题，并重读游弗木斯的演说。不同于伯利克里和克里昂，游弗木斯不是在对雅典人说话，而是在对卡马林纳人发表演说。他在演说中也欣然将帝国城邦与僭主联系在一起。

T 9. 3 （ =T 1. 3，Th. 6. 85. 1. 1 –3）

ἀνδρὶ δὲ τυράννῳ ἢ πόλει ἀρχὴν ἐχούσῃ οὐδὲν ἄλογον ὅτι ξυμφέρον οὐδ' οἰκεῖον ὅτι μὴ πιστόν·

But for < a > tyrant man or < a > city < that > has < an > empire, nothing < is > absurd < if it is > expedient, and no < one is a > kin unless < he is > trustful.

但是对于僭主或拥有帝国的城邦来说，没什么是荒谬的只要有益，没有人是有亲的除非可信。

看起来，他似乎对论敌赫墨克拉底以及非雅典的听众做了过多让步。W. R. Connor 认为，雅典人使用这一比喻“不仅承认了帝国的不受欢迎，同时还承认了帝国的不正义及其与雅典价值的矛盾”。[1] 游弗木斯使用僭主城邦比喻，他的目的是说明雅典帝国不受欢迎、承认雅典帝国不正义且与雅典价值相抵触吗？分析游弗木斯的论证结构之后我们就会发现，事实并非如此。

Jacqueline de Romillly 观察到，赫墨克拉底演说（Th. 6. 76 –80）与游弗木斯演说构成了修昔底德史书中“对仗演说”的典型。[2] 赫墨克拉底是叙拉古的著名政治人物，在伯罗奔尼撒战争期间发挥了

① W. R. Connor, “Tyrannis Polis”, *Ancient and Modern: Essays in Honor of Gerald F. Else*, p. 98. Christopher Tuplin, “Imperial Tyranny: Some Reflections on a Classical Greek Political Metaphor”, *History of Political Thought*, Vol. 6, 1985, pp. 361 –362.

② Jacqueline de Romilly, “Chapter 3 Antithetical Speeches”, *Mind*, p. 110. also cf. Hornblower, *Commentary* III, p. 501. 同时参见第三章第一节的论证。

重大影响，在修昔底德史书中、在历史上都绝非无名之辈。但是与之相反的是，我们关于游弗木斯的史料却很少，根据仅有的史料，我们无从推断他的性格。[①] 在刻画因为资料较少而性格模糊的历史人物时，修昔底德或许会方便地依据赫墨克拉底先前的发言来构思游弗木斯的演说：因为需要对论敌进行逐条反驳，所以游弗木斯演说的论证结构严密依从于先前刚刚发表的赫墨克拉底演说。

因此，为了与赫墨克拉底先前的演说相对应，游弗木斯演说分为驳斥和控诉两个部分：游弗木斯必须先驳斥赫墨克拉底的指控，建立起平等对话的基础，然后才能展开主动反驳。[②] 游弗木斯用来并列僭主与拥有帝国的城邦的那句话（T 9.3 = T 1.3：ἀνδρὶ δὲ τυράννῳ ἢ πόλει ἀρχὴν ἐχούσῃ ...），就处于这两个部分的转折点。这个比喻并没有被深刻嵌入游弗木斯的论证结构中。它既不属于反驳部分，也不属于控诉部分。一方面，把雅典比作僭主城邦，对于反驳赫墨克拉底的控诉——雅典攻击西西里自由——不仅没有帮助，甚至会产生负面效果。另一方面，把雅典比作僭主城邦，对于他将要对叙拉古做出的控诉——叙拉古想要统治西西里——更没有什么用处。这个比喻不服务于游弗木斯这篇演说的两个论证目的。

游弗木斯使用这一比喻的思路符合我们刚刚提出的理解：在修

---

① 修昔底德笔下的人物、特别是在历史上没有什么名气的那些人物，他们是真实的历史人物、还是虚构的戏剧人物？对于这一问题，学者有两种截然不同的看法。其中一种极端是 Winnington - Ingram 的虚构论。Winnington - Ingram 依据修昔底德的方法论申明（T 4.1 = T 5.25：τὰ δέοντα）认为，修昔底德会令角色说出符合当下戏剧场景所需的话，所以，狄奥多图斯很有可能只是“在克里昂之后发言的那个人”，而并不一定是真实人物；而即便这是一个真实的历史人物，修昔底德的记载也未必符合其真实的历史身份。Bernd Manuwald，“Chapter 11：Diodotus' Deceit 3. 42 - 8”，in Jeffrey S. Rusten ed.，*Oxford Readings in Classical Studies*：*Thucydides*，p. 246. 我认为 Winnington - Ingram 的理论有一定道理，因为至少在写作时，对于出现不止一次的人物，修昔底德需要考虑他们前后性格的发展和一致，而对于只出现一次的人物，修昔底德就不需要考虑这些人物的性格。我赞同 Jacqueline de Romilly 的如下看法：在写作卡马林纳辩论时，修昔底德具备较为充分的自由写作权（*Mind*，p. 110）。如果我们接受 Winnington - Ingram 的理论，那么在此就可以将游弗木斯简单理解为“在赫墨克拉底之后发言的那个人”。关于游弗木斯的历史资料列表，参见 Johannes Kirchner，*Prosopographia Attica*（henceforth：*PA*）6035，Berolini：Typis et Impensis Georgii Reimeri（Berlin：Georg Reimer），1901，p. 394.

② Jacqueline de Romilly，*Mind*，p. 113.

昔底德史书中，他位于这一比喻的静态线索上，他是比喻的使用者，而非论证者。做出这一比喻时，游弗木斯从论证的水下浮上来，顺便提及了一个众所周知的“法律事实”。游弗木斯的论证结构表明，这一比喻不会推进、也不会减损他的反驳与控诉，这一比喻不会造成任何新的修辞后果。游弗木斯使用僭主城邦比喻，不过是对一个已经建立起来的“法律事实”和修辞后果的再度确认。

重读修昔底德史书中的僭主城邦比喻后，我们可以确认，亲口说出这一比喻的雅典人都是第二类文本制造者，全部位于史书中僭主城邦比喻的静态线索上。无论什么样的雅典人——修昔底德深切赞同的伯利克里、修昔底德强烈反对的克里昂、修昔底德未必熟识的游弗木斯——都可以方便地从语料库中取出这一比喻。修昔底德刻画雅典帝国主义所使用的核心概念是僭主城邦比喻，这一比喻牵连了史书中一动一静两条线索，构造了修昔底德在雅典帝国主义问题上对读者的召唤结构。第1卷的“法庭辩论”演说词（FF 1－3）与后面几卷中使用僭主城邦比喻的三则演说词（MM 2－4）之间就是这样的关系。

二 比喻文本的接收者

面对修昔底德的召唤结构，我们如何接收？比喻文本的接收者视角同样重要。我们在第二章已经论证，修昔底德史书们具有双重文本，那么同样，修昔底德史书具有两类接受者：史书演说词的历史听众和史书的未来读者。在修昔底德史书的事实层文本中，比喻的接受者是史书演说词的历史听众。就历史戏剧本身的时间来看，他们与比喻的讲者一样，身处陶片放逐法语境。伯利克里最后一次演说（M 2）发表于他去世前不久，时间应该是在公元前429年，战争第二年。克里昂在密提林辩论中的发言（M 3）发表于公元前427年，战争第五年。游弗木斯与赫墨克拉底在卡马林纳的辩论（M 4）发生在公元前413年，战争第十七年。在第八章我们已经证明，在公元前411年发生寡头革命、民主政体重光、德谟芳图斯法令通过之前，普通的雅典民众并不会认为僭主城邦指控是一项多么严肃的控罪，如我们借助阿里斯托芬《马蜂》《骑士》中的段落[①]所说明的那样。然而，修昔底德的史书并不是写给他们的，[②] 他们并不是史书最重要的接受者。我们才是。而我们和公元前404年之后的修昔底德一样，身处德谟芳图斯语境的无穷后续之中。

我们应该成为修昔底德的意向读者，[③] 成为僭主城邦比喻文本的目标接收者。一名修昔底德的合格读者，应该会这样接收僭主城邦比喻文本，进而理解雅典帝国主义。通过阅读围绕“僭主城邦”罪名展开的城邦间“法庭辩论”这条动态线索，我们接受了僭主城邦作为雅典的罪名；通过不同的雅典人屡次使用这一“法律事实”这条静态线索，我们看到这一比喻被增强，僭主一词逐渐获得了鲜明的控诉性贬义。遍历了这一复杂的召唤结构之后，我们现在可以僭称，我们理解了僭主城邦比喻，理解了修昔底德围绕僭主城邦比喻刻画的雅典帝国主义。在这个问题上，我们与修昔底德之间建立了他所期待的作者—读者关系。我们还可以说，修昔底德笔下的僭主城邦比喻，是公元前5世纪的威斯特伐利亚之音，也是古希腊史撰中对帝国最精巧的辩证呈现。

---

① TT 8.1－4.

② 关于修昔底德史书的读者群，James V. Morrison 的思考最为充分和仔细。他认为，修昔底德史书部分是写给他在流放期间见不到的雅典同胞的；他同时还认为，修昔底德史书瞄准的是一个较小的、较精英的读者群体。James V. Morrison，“Preface to Thucydides：Rereading the Corcyrean Conflict（1.24－55）”，*CA* Vol. 18，No. 1，1999，p. 127. James V. Morrison，“Memory，Time，and Writing：Oral and Literary Aspects of Thucydides' History”，in C. J. Mackie ed.，*Oral Performance and Its Context*，Boston，Berlin：Brill，2004，pp. 96－116. James V. Morrison，“Thucydides' History Live：Reception & Politics”，in Craig Cooper ed.，*Politics of Orality*（*Orality and Literacy in Ancient Greece*，*Vol.* 6），Boston，Berlin：Brill，2007，pp. 217－234.

③ 因为这一身份中包含了作者的主动因素，所以我们不以更加常见的“隐含读者”来翻译 implied reader 这个术语。我们关心的既不是具体历史时期的具体读者，我们强调的也不是每一读者的独特阅读过程；相反，我们在此关注的是作者在写作过程中内心设定的读者。因此，我们试图以“意向”一词来凸显作者的意图。“意向读者”概念更加紧密地联结了作者与读者。在第一编第二章我们已经提到，本书试图还原修昔底德为读者设定的“期待视域”时，方法是找到修昔底德在史撰层文本上设定的“召唤结构”。Thomas A. Schmitz，*Modern Literary Theory and Ancient Texts*：*An Introduction*，p. 95.

绪　余

波利比乌斯

波利比乌斯史书结束了古希腊对帝国问题的史撰性思辨。波利比乌斯之所以成为终点，一方面因为古希腊的帝国的终结，另一方面因为他的历史家身份。古希腊的帝国问题终结于什么时候？我们可以争辩说，John Ma 所归纳、僭主城邦指控所捍卫的那个希腊城邦同侪网络[①]已经终结于马其顿的崛起和古典时代的结束。但是同样，我们也可以争辩说这一城邦间体系结束于公元前 168 年第三次马其顿（Macedon）战争中的皮德纳（Pydna）战役，因为正像 Theodor Mommsen 所说，“一个文明国家以平等大国的资格与罗马对抗于沙场的战事，实以此为最后一次”[②]。

我们选择后者，是因为波利比乌斯的历史家身份。本书试图结合历史与政治理论，所依赖的方法框架是仔细考察历史作者如何观察、记录、思辨某一政治概念。如果选择前者，我们只能求诸德摩斯梯尼等亚狄珈演说家，那样的话，我们对这一时间节点的考察就无法在方法上与我们对雅典帝国的考察保持一致，因为我们在此依赖的是史家修昔底德。史家是我们的方法，是我们的透镜。此外，本书的最终目的也并不是考察帝国形态的历史发展及其确切终点。我们关心的是古希腊人对帝国的正面和负面看法，对帝国主义的思辨。波利比乌斯记载了罗马共和国拓展权势的过

---

① 参见第七章第四节。

② ［德］特奥多尔·蒙森：《罗马史》（第 3 卷），李稼年译，商务印书馆 2011 年版，第 272 页。

程。我们能够从他的写作活动中理解一个希腊人对罗马、对帝国的看法和思考。

波利比乌斯自己原本可能会赞同将公元前168年，也就是皮德纳战役那年，视为希腊城邦体系的终结。他自己于次年被送往罗马作人质，在罗马度过了十七年时间。在最开始的写作计划中，他将史书的终点放在公元前168年。

波利比乌斯史书的起点是公元前264年罗马“第一次涉足意大利之外的土地”。[①] 之后，他着重记载公元前220年至公元前168年罗马获得所有“略有人烟之处”的帝国崛起历程。他以公元前168年至公元前146年的“动乱时代”（T 10. 2）为史书最后一部分内容。波利比乌斯史书如果完整留存至今的话，将给我们留下约一百二十年（公元前264年至公元前146年）的罗马政治军事史。第二个时段所涵盖的大约五十三年时间，是波利比乌斯史书的内容核心与思想主旨所在，是回答“基于何种政体，罗马在短短五十三年时间内将天下略有人烟之处纳入麾下”[②] 这一最为引人注目的撰史目的问题的史实根据。而第一个时段所涵盖的大约四十四年时间，是波利比乌斯这位“世界史”史家所写作的“国别史”。在其史书的第一个阶段，波利比乌斯处理了后来与罗马发生战争的主要权势在这一时段内各自的事态发展。波利比乌斯在联盟战争结束、诺帕克都（Naupactus）条约签订之时写道：“正是在签订诺帕克都条约的会议上，希腊、意大利、阿非利加相互联系起来了。”[③] 在这一系列国别事态发展的终点，就是共和罗马开始处理世界政治事务、进入权势扩张的“五十三年时期”之时，同时也就是“世界历史”展开的地方。

令人迷惑、引人争论的是第三个时段所涉及的二十三年历史。波利比乌斯将这一时期称为“动乱时代”（T 10. 2：ταραχῆς καὶ

① Plb. 1. 5. 1.

② Plb. 1. 1. 5.

③ Plb. 5. 105. 4.

κινήσεως，of trouble and of disturb）。这二十三年的历史并不在波利比乌斯先前的写作计划中，对罗马的帝国主义做出评价也不在他原本的写作计划中。

T 10.1（Plb. 3.4.1 -2）

Εἰ μὲν οὖν ἐξ αὐτῶν τῶν κατορθωμάτων ἢ καὶ τῶν ἐλαττωμάτων ἱκανὴν ἐνεδέχετο ποιήσασθαι τὴν διάληψιν ὑπὲρ τῶν ψεκτῶν ἢ τοὐναντίον ἐπαινετῶν ἀνδρῶν καὶ πολιτευμάτων, ἐνθάδε που λήγειν ἂν ἡμᾶς ἔδει καὶ καταστρέφειν ἅμα τὴν διήγησιν καὶ τὴν πραγματείαν ἐπὶ τὰς τελευταίας ῥηθείσας πράξεις κατὰ τὴν ἐξ ἀρχῆς πρόθεσιν. ὅ τε γὰρ χρόνος ὁ πεντηκονταкαιτριετὴς εἰς ταῦτ' ἔληγεν, ἥ τ' αὔξησις καὶ προκοπὴ τῆς Ῥωμαίων δυναστείας ἐτετελείωτο·

Now if from their success or failure alone we could form an adequate judgement of how far states and individuals are worthy of praise or blame, I could here lay down my pen, bringing my narrative and this whole work to a close with the last - mentioned events, as was my original intention. For the period of fifty - three years finished here, and the growth and advance of Roman power was now complete. ①

如果单单依据他们的成败，我们就足以对国家与个人作出有效褒贬评判，<那么>，我可能需要停在这里，同时以已经结束叙述的那些事件完成叙事和史书，根据最初的目标。五十三年时间结束了，罗马权势的增长与发展完成了。

T 10.2（Plb. 3.4.12 -13）

① Polybius, translated by W. R. Paton, *The Histories*, *Vol. II.*, Cambridge, Massachusetts: Harvard University Press, 1922, reprinted 1979, p. 9, p. 11.

διὸ καὶ τῆς πραγματείας ταύτης τοῦτ' ἔσται τελεσιούργημα, τὸ γνῶναι τὴν κατάστασιν παρ' ἑκάστοις, ποία τις ἦν μετὰ τὸ καταγωνισθῆναι τὰ ὅλα καὶ πεσεῖν εἰς τὴν τῶν Ῥωμαίων ἐξουσίαν ἕως τῆς μετὰ ταῦτα πάλιν ἐπιγενομένης ταραχῆς καὶ κινήσεως. ὑπὲρ ἧς διὰ τὸ μέγεθος τῶν ἐν αὐτῇ πράξεων καὶ τὸ παράδοξον τῶν συμβαινόντων, τὸ δὲ μέγιστον, διὰ τὸ τῶν πλείστων μὴ μόνον αὐτόπτης, ἀλλ' ὧν μὲν συνεργὸς ὧν δὲ καὶ χειριστὴς γεγονέναι, προήχθην οἷον ἀρχὴν ποιησάμενος ἄλλην γράφειν.

So the final end achieved by this work will be, to gain knowledge of what was the condition of each people after all had been crushed and had come under the dominion of Rome, until the disturbed and troubled time that afterwards ensued. About this latter, owing to the importance of the actions and the unexpected character of the events, and chiefly because I not only witnessed most but took part and even directed some, I was induced to write as if starting on a fresh work.①

因此这项<写作>事业的目标将是，了解每一民族的情况<是>怎样的，<当他们>在彻底反抗之后仍然跌入罗马人的治下<之后>，直到动乱时代在这些事情之后再次降临。在这一<时代>，因为事件本身之重大、结果之意外，而且大部分事件我不仅亲眼所见，而且参与甚至主导，我不得不继续写作，<宛如>重新开始另一部<作品>。

从上面两个段落可以看到，波利比乌斯原本的写作计划仅仅将历史叙述到公元前 168 年，亦即第二个时段的终结时刻；整个第三时段的历史写作，亦即公元前 168 年以后、公元前 146 年以前所发生的事情，都是波利比乌斯后来的修改和扩写；而波利比乌斯评判罗马这一计划——教会读者自行对罗马进行道德评判、自行评估罗马的统治是否可以接受、罗马的政体是否值得称赞，是与扩写计划

① Polybius, translated by W. R. Paton, *The Histories*, *Vol. II*, p. 13.

同时提出的。

由此可见，波利比乌斯也有可能会选择公元前146年，即“动乱时代”的最后一年，作为希腊城邦体系的终点，因为他拓展了写作计划，转变了写作目的。这两个方面的转变引发了波利比乌斯学者中“道德论”派与“务实论”派的争辩。波利比乌斯扩写是为了给罗马一个道德评价吗？前者认为是这样的，他们认为这可以从波利比乌斯日益热爱讨论道德问题、对罗马道德败坏的观察中看得非常清楚。但其他学者认为，波利比乌斯未必在扩写时将评判罗马帝国主义作为自己额外增加的写作任务的首要目标。F. W. Walbank认为，波利比乌斯扩写史书只不过是为了使用他在罗马期间收集的资料；道德评论在波利比乌斯史书前几卷中就已存在，而写作道德败坏现象只不过是为了歌颂年轻又有德性的西庇阿（Scipio）。[①]

波利比乌斯与修昔底德一样，曾经有过两个写作计划。波利比乌斯到底是否以道德评价为新写作计划的首要目标，我们在此并不关心，也无力展开。把他的写作过程与修昔底德相比，对我们而言更有价值。我们在第八章末尾提到，修昔底德的先后两个写作计划成为“修昔底德问题”的起点。修昔底德与波利比乌斯一样，经历一个漫长的写作过程，对帝国的看法逐渐发生了重大变化。我们在本书第八章给出的假说是，修昔底德的僭主城邦比喻写于较早的时期，将其作为罪名加以论证的“法庭辩论”则写于较晚的时期。是那组法庭辩论加强了一个原本司空见惯、因而控诉力度不足的比喻。修昔底德在流亡中改变了想法，希望强化对雅典帝国主义的批评，强化公元前5世纪末正在弱化的威斯特伐利亚之音。波利比乌斯的改变却不是这样。先前，他认为罗马治下的和平作为国际秩序的一种方案，是可以被接受的；后来，他仍然不质疑这种秩序本身的有

---

① F. W. Walbank, *Polybius*, Berkeley, Los Angeles, London: University of California Press, 1972, p. 172.

效性，并且在增加的章节中严厉批评战败者。[1] 由此可见，在流亡中变得更加赞成平等者构成的城邦间网络，连同国际体系的单元平等性一起，并不是理所当然的。

① e. g. Plb. 38. 1 – 3.

索　引

原始文献索引[①]

① 本索引列出书中所讨论的原始文献段落。作家名字及作品名称的缩写方式依据：LSJ，pp. xvi – xxxviii. 段落后括号内标记的含义如下。T 6. 9 表示该段落是正文第六章所引用的第九个段落；D 4 表示该段落出现在表 4 中；F 1 表示该段落来自第 1 卷“法庭演说”（the forensic debate）中的第一篇演说词；M 2 表示该段落来自修昔底德史书中提及“僭主城邦”比喻（the metaphors）的第二篇演说词。

专有名词索引

Abdera　阿布德拉

p. 45

Acharnians, of Aristophanes　《阿卡奈人》，阿里斯托芬

p. 94

Achilles　阿喀琉斯

p. 192

Aeantides of Lampsacus　安提德斯，兰璞萨库

p. 14

Aeschines　埃斯基涅

p. 78

Aeschylus　埃斯库罗斯

p. 11

Alcibiades　阿尔喀比亚德

pp. 10, 14, 15, 17, 18, 19, 20, 52, 68, 69, 74, 170, 171

Alcidamas　阿西达马斯

p. 72

Alexander　亚历山大

p. v

Rhetorica ad Alexandrum, of "Aristotle"　《献给亚历山大的修辞学》，归给亚里士多德

pp. 116, 117

Amphipolis　安菲玻里

pp. 10，166，186

Analytics, of Aristotle　两篇《分析篇》，亚里士多德

p. 47

Anaxilas of Rhegium 阿那克西拉斯，垒集坞

p. 14

Andocides 安多基德斯

pp. 167，175，176，177，178

Annales，of Tacitus 《编年史》，塔西佗

p. 96

Anthemocritus 安瑟莫克里图

p. 41

Antiope，of Euripides 《安提俄佩》，欧里庇得斯

p. 44

Antigone，of Sophocles 《安提戈涅》，索福克勒斯

p. 94

Antiphon 安提丰

pp. 44，70，79，80，82

Athenaion Politeia，Aristotelean 《雅典政制》，亚里士多德学派

pp. 10，169，170，173，174，178

Athens 雅典

pp. i，ii，iii，v，vi，vii，3，4，5，6，7，10，11，12，13，14，15，17，18，19，20，21，22，23，25，26，27，28，30，31，32，33，34，35，39，40，41，42，43，44，46，47，48，49，50，51，52，53，54，55，56，57，58，59，60，61，62，63，64，65，70，71，72，73，74，75，76，78，79，80，81，82，83，84，90，91，92，93，95，

96, 97, 98, 99, 101, 102, 103, 104, 106, 107, 108, 109, 110, 112, 113, 114, 115, 116, 120, 121, 122, 123, 125, 126, 127, 128, 129, 130, 131, 132, 133, 137, 138, 139, 140, 142, 143, 144, 145, 146, 147, 148, 149, 150, 151, 152, 153, 154, 155, 157, 158, 159, 160, 161, 162, 163, 165, 166, 167, 168, 169, 170, 171, 172, 173, 174, 175, 176, 177, 178, 179, 180, 181, 182, 184, 185, 186, 187, 188, 189, 190, 192, 193, 194, 195, 196, 197, 198, 204

Attica, Attic　亚狄珈
pp. 73, 184, 200

Archidamus　阿奇达慕斯

the Archidamian War　阿奇达慕斯战争
pp. vi, vii, 42, 44, 48, 51, 53, 54, 55, 56, 57, 160, 162, 165, 183, 184, 185

Areopagus　战神山议会
pp. 172, 173

Aristogeiton　阿里斯托革同
pp. 167, 179

Against Aristogiton I, of "Demosthenes"　《诉阿里斯托吉同（第一篇）》归给德摩斯梯尼
p. 100

Against Aristogiton II, of "Demosthenes"	《诉阿里斯托吉同（第二篇）》归给德摩斯梯尼
	p. 100
Aristophanes	阿里斯托芬
	pp. 94, 122, 123, 126, 127, 130, 160, 163, 164, 165, 174, 180, 181, 185, 186, 199
Aristotle	亚里士多德
	pp. 11, 23, 29, 45, 46, 47, 67, 69, 70, 71, 72, 74, 75, 76, 78, 82, 84, 85, 87, 88, 91, 92, 94, 99, 104, 116, 117, 130
Argos	阿尔戈斯
	p. 52
ArsRhetorica, of [Dionysius of Halicarnassus]	《修辞术》，归给狄奥尼修斯
	p. 31
Asia Minor	小亚细亚
	p. 184
Athenagoras of Syracuse	雅典纳革剌，叙拉古
	p. 14
Bdelycleon	布得吕克勒翁
	pp. 123, 125, 126, 127, 130, 164, 165, 166
Brutus, of Cicero	《布鲁图斯》，西塞罗
	p. 69
Camarina	卡马林纳
	pp. 5, 33, 52, 187, 196,

	197，198
Cicero	西塞罗
	p. 69
Cimon	客蒙
	pp. 10，169
Cleisthenes	克里斯提尼
	pp. 167，175
Cleon，son of Cleaenetus	克里昂，克廉内图之子
	pp. 5，6，8，13，19，33，34，73，74，78，120，138，139，162，163，165，166，187，188，189，190，191，192，193，194，195，196，198
Corcyra	柯西拉
	pp. 22，52，107，113，162
Corinth	科林斯
	pp. v，6，7，8，19，21，22，23，25，26，28，33，39，42，43，44，48，49，50，51，52，53，54，55，57，58，59，64，79，80，81，82，83，84，90，91，92，93，94，95，106，107，110，112，113，121，130，132，137，143，145，146，182，184，185，186，188
Cylon	库伦
	p. 13
Decelea，Decelian War	德西利亚，德西利亚战争
	p. 184

Delos, the Delian League 提洛岛，提洛同盟
pp. vi, 103, 154, 155

Demophantus Decree 《德谟芳图斯法令》
pp. 167, 172, 175, 176, 177, 178, 179, 180, 181, 185, 186, 187, 195, 198, 199

Demos, in Ar. Eq. 德谟斯（阿里斯托芬《骑士》）
pp. 163, 164

Demosthenes 德摩斯梯尼
pp. 78, 100, 116, 117, 118, 119, 176, 200

Demosthenes 德摩斯梯尼
p. 162

Dicaeopolis 狄开俄波利斯
p. 94

Diodotus 狄奥多图斯
pp. 73, 78, 140, 197

Diogenes Laertius 第欧根尼·拉尔修
pp. 45, 129

Dionysius of Halicarnassus 狄奥尼修斯，哈利卡纳苏斯
pp. 5, 31, 85, 87, 110, 111

Against Dionysodorus, of [Demosthenes] 《诉狄奥尼所多鲁斯》，归给德摩斯梯尼
pp. 116, 117, 118, 119

Dissoi Logoi, of Sextus Empiricus 《成对论证》，归入塞克斯都·恩披里柯作品集
p. 44

Draco 德拉科
pp. 172, 177, 178

Epidamnus　埃皮丹努
p. 106

Equites, of Aristophanes　《骑士》，阿里斯托芬
pp. 160，163，165，186，199

Euphemus　游弗木斯
pp. 5，6，8，14，19，20，21，33，34，52，120，138，139，187，188，189，190，195，196，197，198

Eupolis　游玻利司
p. 94

Euripides　欧里庇得斯
pp. 9，11，16，44，160

Gela　革剌
p. 14

Gelon of Syracuse　革隆，叙拉古
p. 14

Gorgias, of Plato　《高尔吉亚》，柏拉图
pp. 10，160

Harmodius　哈墨狄乌司
pp. 167，179

Hellenica (*Historia Graeca*), of Xenophon　《希腊志》，色诺芬
p. 175

Heraclidae　赫拉克勒斯的孩子们
p. 99

Herakles Mainomenos, *Heracles Furens*, of Euripides　《疯狂的赫拉克勒斯》，欧里庇得斯
pp. 9，160

Hermocrates of Syracuse 赫墨克拉底，叙拉古
pp. 5，52，196，197，198
Herodotus 希罗多德
pp. i，ii，iii，v，vi，vii，9，11，47，68
Hipparchus 希帕尔库斯
pp. 13，14，167
Hippias 希庇阿斯
pp. 14，15
Hippocrates of Gela 习柏克拉底，革剌
p. 14
Homer 荷马
pp. 31，34，191，192
Hyperbolus 海珀布鲁斯
pp. 167，170，171
Iliad，of Homer 《伊利亚特》，荷马
pp. 191，192
Ionians，the Ionian War 爱奥尼亚人，爱奥尼亚战争
pp. vi，9，184
Isocrates 伊索克拉底
pp. 11，23，72
Johannes Stobaeus 斯托比的约翰
p. 192
Lacedaemon，Lacedaemonians 拉栖代梦
pp. 25，26，49，52，55，56，59，60，146
Laches，of Plato 《剌喀司》，柏拉图
p. 169
Lampsacus 兰璞萨库

p. 14

AgainstLeocrates, of Lycurgus　《诉列奥克拉底》，吕库古斯

p. 176

AgainstLeptines, of Demosthenes　《诉勒普提尼》，德摩斯梯尼

p. 176

Leneia　小酒神节

p. 186

Lesbos　列斯堡岛

p. 145

Lycurgus　吕库古斯

p. 176

Lysander　莱山德

p. 175

Lysias　吕西阿斯

pp. 78, 100, 101, 116, 118

Marathon, Marathonomachos　马拉松，马拉松战士

pp. 98, 99, 101, 168

Macedon　马其顿

p. 200

Mede, the Medes　米底，米底人

pp. 95, 149

Medea, of Euripides　《美狄亚》，欧里庇得斯

pp. 9, 16, 160

Megara, the Megarians Decrees　墨伽拉，《墨伽拉法令》

p. 41

Melos　弥罗斯

pp. 5, 6, 52, 77, 78

Menexenus, of Plato　《美诺科塞努》，柏拉图

p. 23

Metamorphoses, Ovid	《变形记》，奥维德
	p. 29
Morychus	墨利库斯
	pp. 130，131
Demysteriis, *On the mysteries*, of Andocides	《论密仪》，安多基德斯
	pp. 175，176
Mytilene	密提林
	pp. 3，4，30，33，73，78，145，146，147，148，149，150，151，152，153，155，162，187，190，198
Naupactus	诺帕克都
	p. 201
Nicias，son of Niceratos	尼基阿斯，尼各拉图之子
Peace of Nicias	《尼基阿斯和约》
	pp. 74，170，171，193
Nubes, of Aristophanes	《云》，阿里斯托芬
	pp. 122，124，125，127，186
Against Nicomachus, of Lysias	《诉尼各马库斯》，吕西阿斯
	p. 100
Oedipus Tyrannos, *Oedipus Rex*, of Sophocles	《俄狄浦斯王》，索福克勒斯
	pp. 9，121，128，160
Olympia	奥林匹亚
	pp. 145，146
Olympic Oration, of Lysias	《奥林匹克辞》，吕西阿斯
	p. 78
On the False Embassy, of Demosthenes	《论虚假使团》，德摩斯梯尼

	p. 78
On the Peace, of Isocrates	《论和平》，伊索克拉底
	p. 23
Paphlagon	帕弗拉贡
	p. 163
Pausanias, Spartan King, as of 480	泡萨尼阿斯，斯巴达国王
	pp. 13, 18, 19
Pausanias, Periegites	保塞尼亚斯，地理家
	p. 10
Pericles	伯利克里
	pp. 3, 4, 6, 7, 8, 13, 19, 20, 21, 23, 31, 33, 34, 42, 43, 48, 58, 74, 120, 138, 139, 160, 169, 184, 187, 188, 189, 190, 191, 192, 193, 194, 195, 196, 198
Persia, The Persian Wars	波斯，希波战争
	pp. v, vi, 13, 98, 102, 106, 113, 156, 157, 161, 166
Peisistratus	庇西斯特拉图
	pp. 13, 14, 166, 168, 177
Peloponnesus, Peloponnesians	伯罗奔尼撒，伯罗奔尼撒人
the Peloponnesian War	伯罗奔尼撒战争
	pp. vi, 15, 22, 23, 25, 26, 28, 33, 42, 43, 49, 57, 59, 63, 79, 81, 90, 94, 102, 106, 107, 127, 145, 146, 147, 155, 157, 160, 161, 162, 171, 175, 180, 182, 183, 184, 188, 196

Phaedrus, of Plato 《斐德若》，柏拉图
pp. 72，192

Phaenippus 斐尼普斯
p. 168

Philocleon 菲罗克勒翁
pp. 123，125

Pindar 品达
p. 11

Plataea 普拉提阿
pp. 30，78，100，162

Plato 柏拉图
pp. 10，11，72，94，157，159，160，192，194

Plutarch 普鲁塔克
pp. 10，41，160，167，172，178

Politica, of Aristotle 《政治学》，亚里士多德
p. 94

Politicus, of Plato 《政治家》，柏拉图
pp. 10，160

Polybius 波利比乌斯
pp. i，iii，200，201，203，204

Polycrates 波吕克拉底
p. 13

Potidaea 波提狄亚
pp. 22，106，107，113

Protagoras 普罗塔哥拉
pp. ii，45

Protagoras, of Plato 《普罗塔哥拉》，柏拉图
p. 45

Pydna　皮德纳

pp. 200，201

Pylos　派娄斯

p. 162

Respublica，of Plato　《理想国》，柏拉图

pp. 94，192

Rhegium　垒集坞

p. 14

Rhetorica，of Aristotle　《修辞学》，亚里士多德

pp. 23，46，47，67，68，70，82，84，91，99，116

Rome　罗马

pp. ii，v，153，157，200，201，202，203，204

Salamis　萨拉米斯

pp. 98，99，101，157

Scipio　西庇阿

p. 204

Sextus Empiricus　塞克斯都·恩披里柯

p. 44

Sicily　西西里

pp. 5，13，16，17，19，30，52，74，167，181，187，197

Skapte Hyle，in Thrace　洞林，色雷斯

p. 10

Solon　梭伦

pp. 11，172，173，177，178

Sophista，of Plato　《智者》，柏拉图

p. 72

Sophocles	索福克勒斯 pp. 9，11，94，121，160
Sparta	斯巴达 pp. i，4，17，18，21，23，25，26，28，30，31，39，40，41，42，43，44，47，48，49，50，52，53，54，56，57，62，63，78，83，84，90，93，95，98，110，145，146，157，162，175，182，188，193
Sphacteria	斯伐刻帖里亚 p. 162
Sthenelaidas	司森涅莱达 pp. 22，23，28，33，39，42，43，44，51，53，54，55，56，57，64，81，83，84，95，96，97，110，112
Strepsiades	斯瑞西阿德斯 pp. 122，127
Syracuse	叙拉古 pp. 13，14，15，52，197
Tacitus	塔西佗 p. 96
Tetralogies，Antiphon	《四联演说词》，“安提丰” pp. 44，70，79，80，81，82
Thebes，Theban	忒拜，忒拜人 pp. 13，17，30，96
Theognis of Megara	泰奥格尼斯，墨伽拉 p. 11

Against Theomnestus I，Lysias	《诉泰奥默涅斯图（第一篇）》，吕西阿斯 pp. 116，118
Theopompus	迢彭浦斯 p. 167
Thersites	忒耳西忒斯 p. 192
Thrace	色雷斯 pp. 10，45，107，169
Thucydides，son of Melesias	修昔底德斯，美莱西亚斯之子 p. 169
Thucydides，son of Oloros	修昔底德，奥洛罗斯之子
diethukydideische Frage the Thucydides' Question	"修昔底德问题" pp. i，ii，iii，iv，vii，4，5，6，7，8，9，10，11，12，15，16，17，18，20，22，23，24，26，27，28，29，30，31，32，33，34，35，39，40，41，43，44，45，47，48，51，52，53，54，57，59，61，62，63，64，65，66，67，69，70，73，74，77，79，83，87，90，92，93，94，96，97，100，111，112，113，114，116，119，120，125，127，128，130，132，133，137，138，140，141，142，143，144，151，153，155，156，157，158，159，160，161，166，167，169，174，

	178，181，182，183，184，185，186，187，188，189，190，191，194，195，196，197，198，199，200，204
Tiberius	提比略 p. 96
Timarchus	提马尔霍斯
Against Timarchus，of Aeschines	《诉提马尔霍斯》，埃斯基涅 p. 78
Topica，of Aristotle	《部目篇》，亚里士多德 pp. 23，47，86，91
Vespae，of Aristophanes	《马蜂》，阿里斯托芬 pp. 123，125，127，130，160，164，166，174，186，199
Westphalia	威斯特伐利亚 pp. iii，156，157，199，204
Xanthias	珊提阿斯 pp. 123，124，127
Xanthippus，son of Ariphron	刻桑提普，阿力弗戎之子 pp. 169，170
Xenophon	色诺芬 p. 175

术语索引

agon	戏剧辩论 p. 126
anaphora	头韵

	pp. 50, 129
antithesis	对仗
	pp. ii, 50
antithetical speeches, antilogy	对仗演说
	pp. ii, 44, 45, 47, 79
archon	执政官
	pp. 168, 172, 173
Areopagus	战神山议会
	pp. 172, 173
assonance	叠韵
	pp. 129, 130
apella	公民大会（斯巴达）
	pp. 52, 53
Appellstruktur	召唤结构
	pp. 29, 32, 198, 199
apodosis	结论子句
	p. 177
boule, bouleuterion	贵族议事会，议事会厅
	pp. 52, 53, 179
deme	德谟（村社）
	p. 179
demos	民众
	pp. 163, 164
dissoi logoi, δισσοί λόγοι, antilogy	成对论证
	pp. i, 44, 45, 46, 47, 79, 129
eisangelia, εἰσαγγελία, state prosecution	公审案件
	pp. 171, 172
ekklesia	公民大会（雅典）

	pp. 52, 53
enthymeme	修辞论证
	pp. 45, 83, 84, 85, 86, 87, 88, 89, 90, 91, 92, 97, 98, 110, 111, 112, 130, 132, 142
ephetai, ἐφέται	杀人裁判庭
	pp. 172, 173
ephor	监察官
	pp. 55, 83, 95
ethos, ἦθος	性格
	pp. 83, 92, 93, 94, 95, 96, 97, 101, 110, 129
Fernbeziehung	远距联系
	pp. 32, 34, 48
horizon of expectations	期待视域
	pp. 29, 91, 133, 199
iambictrimeter	抑扬三步格
	p. 9
implied reader	意向读者
	pp. 29, 199
gerousia	元老院（斯巴达）
	pp. 52, 53
litotes	反叙法
	p. 49
logographos	散文作者
	p. 73
ostracism	陶片放逐法
	pp. 167, 168, 169,

	170， 171， 174， 180， 181， 185， 186， 187， 195，198
phyle，tribe	大区
	p. 179
physis，φύσις	性格
	pp. 83，92，93，94，95，96，97，101，110，129
primus inter pares	平等者之中的优越者
	pp. 132，142，143，145，147， 149， 150， 152，153， 154， 155， 156，157，158，159
protasis	前提子句
	p. 177
prytaneium	议事会主席团
	pp. 172，173
ring – composition	环形结构
	p. 61
staredecisis	"遵循先例"原则
	p. 189
syllogismos，syllogism，logical arguments	逻辑论证
	pp. 46，85，86，87，89
synod，of the Delian League	同盟大会，提洛同盟
	p. 154
tetralogy	四联演说词
	pp. 44， 47， 79， 80，81，82
topos	论据部目

	pp. 47, 83, 84, 91, 92, 93, 94, 95, 96, 97, 98, 99, 100, 101, 109, 110, 112, 116, 128, 129
specifictopos	具体部目 p. 91
commontopos	共有部目 p. 91
tropos, τρόπος	性格 pp. 83, 92, 93, 94, 95, 96, 97, 101, 110, 129

参考文献

一　原始文献[①]

1. 校勘本

Alberti, G. B. ed. , *Thucydidis Historiae*, Volume I (1972), Roma: Libreria dello Stato.

Arnold, Thomas ed. , Text According to Bekker's Edition with Some Alterations, *Thucydides*: *History of the Peloponnesian War. Volume* 1, Cambridge: Cambridge University Press, 1830, reprinted 2010.

de Romilly, Jacqueline, texte établi et traduit, *Thucydide*: *La Guerre du Péloponnèse*, *Livre I* (Collection Budé), Paris: Les Belles Lettres, 1953.

Albini, U. ed. , *Lisia. I discorsi*, Florence: Sansoni. 1955.

Büttner – Wobst, T. ed. , *Polybii historiae*, *Vol.* 1, Leipzig: Teubner, 1904, reprinted 1962.

Butcher, S. H. ed. , *Demosthenis Orationes*, *Vol.* 2. 1, Oxford: The Clarendon Press, 1907.

Coulon, V. ed. , *Aristophane*, *Vol.* 1, Paris: Les Belles Lettres, 1923, reprinted 1967.

---

① 本书引用原始文献的方法是，自校勘本引用原文；同时给出英文译文，修昔底德史书段落、古代注疏为作者自译，其他作家的文本段落来自相应英译本；同时给出中文译文，皆为作者自译。在这一过程中，作者参考了相应中译本，故一并在此列出。

Dain, A., Mazon, P. eds., *Sophocle*, *Vol.* 1, Paris: Les Belles Lettres, 1955, reprinted 1956.

Dalmeyda, G. ed., *Andocide. Discours*, Paris: Les Belles Lettres, 1930, reprinted 1966.

Diels, Hermann ed., *Die Fragmente der Vorsokratiker*: *Griechisch und Deutsch*, Berlin: Weidmannsche Buchhandlung, 1903. Reprinted, Cambridge: Cambridge University Press, 2019.

Dover, K. J., *Aristophanes. Clouds*, Oxford: The Clarendon Press, 1968, reprinted 1970.

Fuhrmann, M. ed., *Anaximenis ars Rhetorica*, Leipzig: Teubner, 1966.

Gernet, L., *Antiphon. Discours*, Paris: Les Belles Lettres, 1923, reprinted 1965.

Gigon, Olof ed., *Aristoteles*: *Aristotelis Opera*, *Immanuel Bekker* (*ed.*) *et al. Volume III*: *Librorum Deperditorum Fragmenta*, Berlin, New York: Walter de Gruyter, 1987.

Kassel, R. ed., *Aristotelis de arte Poetica Liber*, Oxford: The Clarendon Press, 1965, reprinted 1968.

Kleinlogel, Alexander ed., *Scholia Graeca in Thucydidem*, Berlin, Boston: De Gruyter, 2019.

Koster, W. J. W. ed., *Prolegomena de Comoedia. Scholia in* Acharnenses, Equites, Nubes (scholia anonyma recentiora), Groningen: Bouma, 1974.

Scholia in Vespas, Pacem, Aves et Lysistratam (scholia vetera, recentiora Tricliniana, et Aldina). Groningen: Bouma, 1978.

Long, H. S., *Diogenis Laertii Vitae Philosophorum*, Oxford: The Clarendon Press, 1964, reprinted 1966.

Luschnat, Otto, *Thucydides*, *Vol. I Libri I–II*, Leipzig: Teubner, 1960.

Nietzsche, Friedrich. *Götzen – Dämmerung*: *Oder Wie Man Mit dem Hammer Philosophirt.* Leipzig: Verlag von C. G. Neumann, 1889. Digital

Critical Edition (eKGWB): http://www.nietzschesource.org/#eKGWB/GD-Alten-1, 2021-10-9.

Oppermann, H. ed., *Aristotelis 'Αθηναίων πολιτεία*, Leipzig: Teubner, 1928, reprinted 1968.

Rennie, W. ed., *Demosthenis Orationes*, *Vol.* 3, Oxford: The Clarendon Press, 1931, reprinted 1960.

Ross, W. D. *Aristoteles ars Rhetorica*, Oxford: The Clarendon Press, 1959, reprinted 1964.

Usener, H. Radermacher, L. eds., *Dionysii Halicarnasei Quae Exstant*, *Vol.* 5, Leipzig: Teubner, 1899, reprinted 1965.

Ziegler, K. ed., *Plutarchi Vitae Parallelae*, *Vol.* 1.2, 3*rd edition*, Leipzig: Teubner, 1964.

—, — ed., *Plutarchi Vitae Parallelae*, *Vol.* 1.1, 4*th edition*, Leipzig: Teubner, 1969.

2. 注疏

修昔底德：

Arnold, Thomas ed., Text According to Bekker's Edition with Some Alterations, *Thucydides*: *History of the Peloponnesian War. Volume* 1. Cambridge: Cambridge University Press, 1830, reprinted 2010.

—, —. *Thucydides*: *History of the Peloponnesian War. Volume* 3. Cambridge: Cambridge University Press, 1835, reprinted 2010.

Cameron, Howard Don, *Thucydides' Book I*: *A Students' Grammatical Commentary*, Ann Arbor: University of Michigan Press, 2003.

Classen, J., *Thukydides*, *erster Band*, *erstes Buch*, *Dritte Auflage*, Berlin: Weidmannsche Buchhandlung, 1879.

Gomme, A. W., *A Historical Commentary on Thucydides*, *Vol. I*: *Introduction and Commentary on Book I.*, Oxford: The Clarendon Press, 1945, reprinted 1971.

—, ——, Andrewes, A. , Dover, Kenneth J. , *A Historical Commentary on Thucydides*, *Volume V*: *Book VIII*, Oxford: The Clarendon Press, 1981, reprinted 2002.

Hornblower, Simon, *A Commentary on Thucydides*, Vol. I, Oxford: Oxford University Press, 1997.

—, —. *A Commentary on Thucydides*, Vol. III, Oxford: Oxford University Press, 2008, paperback 2010.

Marchant, E. C. , *Commentary on Thucydides Book* 1, London: MacMillan and Company, Ltd. 1912.

—, — —. *Thucydides*: *Book II*, London: MacMillan and Company Ltd. , 1961.

—, — —. *Thucydides*: *Book III*, London: MacMillan and Company Ltd. , 1918.

Morris, Charles D. , *Commentary on Thucydides Book* 1, London: Ginn and Company, 1885.

其他古代作者:

Asheri, David. Lloyd, Alan. Corcella, Aldo. Oswyn Murray & Alfonso Moreno eds. , *A Commentary on Herodotus Book I – IV*, Oxford: Oxford University Press, 2007.

Biles, Zachary P. and Olson, S. Douglas, *Aristophanes*: *Wasps*, Oxford: Oxford University Press, 2015.

Cope, Edward Meredith and Sandys, John Edwin eds. , *Aristotle*: *Rhetoric Volume I*, Cambridge: Cambridge University Press, 1877, reprinted 2009.

—, — —. and —, — — eds. , *Aristotle*: *Rhetoric Volume I*, Cambridge: Cambridge University Press, 1877, reprinted 2009.

Grimaldi, S. J. William M. A. , *Aristotle*: *Rhetoric I*, *A Commentary*, New York: Fordham University Press, 1980.

—, — — — — — —. *Aristotle*: *Rhetoric II*, *A Commentary*, New York:

Fordham University Press, 1988.

Dover, K. J. , *Aristophanes*: *Clouds*, Oxford: The Clarendon Press, 1968.

Lenz, Lutz, Herausgegeben, Übersetzt und Kommentiert Von, *Aristophanes*: *Wespen.* Berlin, New York: De Gruyter, 2014.

MacDowell, Douglas M. , edited with Introduction and Commentary, *Aristophanes*: *Wasps*, Oxford: The Clarendon Press, 1971.

Olson, S. Douglas, edited with introduction and commentary, *Aristophanes'* Acharnians, Oxford: Oxford University Press, 2002, paperback 2004.

Page, D. L. , *Euripides*: *Medea*, edited with introduction and commentary by D. L. Page, Oxford: The Clarendon Press, 2001.

Rapp, Christof, Übersetzt und Erläutert, *Aristoteles Werke in deutscher Übersetzung*, *Band* 4: *Rhetorik.* Berlin: Akademie Verlag, 2002.

Rhodes, P. J. , *A Commentary on the Aristotelian* Athenaion Politeia, Oxford: The Clarendon Press, 1985.

Sommerstein, Alan H. , edited with Translation and Notes, *The Comedies of Aristophanes*, *Vol.* 4: *Wasps*, Liverpool: Liverpool University Press, 1983 (Aris and Philips Classical Texts).

Todd, S. C. , *A Commentary on Lysias*, Speeches 1 – 11, Oxford: Oxford University Press, 2008.

Whalley, George Whalley, edited by John Baxter and Patrick Atherton, *Aristotle's Poetics*, Montreal & Kingston, London, Buffalo: McGill – Queen's University Press, 1997.

Wilamowitz – Moellendorff, Ulrich von. *Euripides*: *Herakles*, erklärt von Ulrich von Wilamowitz – Moellendorff, zweite Bearbeitung, Leipzig: Weidmannsche Buchhandlung, 1895.

3. 现代语言译本

Antiphon and Andocides, translated by Michael Gagarin and Douglas

M. MacDowell, Austin: University of Texas Press, 1998.

Aristophanes, A Verse Translation, with Introduction and Notes by Stephen Halliwell, *Clouds. Women at the Thesmophoria. Frogs*, Oxford: Oxford University Press, 2015.

Aristophanes, translated with Notes by Peter Meineck, introduced by Ian C. Storey. 1: *Clouds*, *Wasps*, *Birds*, Indianapolis, Cambridge: Hackett Publishing Company, 1998.

Aristophanes, *The Comedies of Aristophanes*, *Vol 2*: *Knights*, edited with a Translation and Notes by Alan H. Sommerstein, Liverpool: Aris & Phillips, 1981.

Aristophanes, with the English Translation of Benjamin Bickley Rogers, *The Acharnians*, *the Knights*, *the Clouds*, *the Wasps*, London: William Heinemann Ltd. , New York: G. P. Putnam's Sons, 1930.

Aristotle, translated by John Henry Freese, revised by Gisela Striker, *Art of Rhetoric.* Cambridge, Massachusetts: Harvard University Press, 2020.

Aristotle, edited and translated by Stephen Halliwell, *Poetics*, Cambridge, Massachusetts: Harvard University Press, 1995, reprinted 1999.

Aristotle, edited by Jonathan Barnes, *The Complete Works of Aristotle* (*the revised Oxford Translation*), *Volume II.* Princeton, New Jersey: Princeton University Press, 1985, reprinted 1995.

The School of Aristotle, edited with an introduction, translation & commentary by Rhodes, P. J. , *The Athenian Constitution written in the School of Aristotle*, Liverpool: Liverpool University Press, 2017.

Demosthenes, translated with Introduction and Notes by Edward Harris, *Speeches* 23 – 26, Austin: University of Texas Press, 2018.

Demosthenes, translated by Victor Bers, *Speeches* 50 – 59, Austin: University of Texas Press, 2003.

Dionysius of Halicarnassus, English translation, based on the Greek text of Usener – Radermacher with commentary by W. Kendrick Pritchett, *On Thucydides*, Berkeley, Los Angeles, London: University of California Press, 1975.

Diogenes Laertius, with an English Translation by R. D. Hicks, *Lives of Eminent Philosophers*, *Volume II.* Cambridge, Massachusetts: Harvard University Press, 1925, reprinted1991.

Lysias, translated by Stephen Charles Todd, Austin: University of Texas Press, 2000.

Lysias, Todd, S. C., *A Commentary on Lysias*, Speeches 1 – 11. Oxford: Oxford University Press, 2008.

Plato, Irwin, Terence, *Plato*: *Gorgias*, Oxford: The Clarendon Press, 1979.

Plutarch, translated by Bernadotte Perrin, *Plutarch's Lives in ten volumes*: *III*, *Pericles and Fabius Maximus*, *Nicias and Crassus.* London: William Heinemann Ltd., New York: G. P. Putnam's Sons, 1916, reprinted 1932.

Plutarch, translated by Bernadotte Perrin, *Plutarch's Lives in Ten Volumes*: *I*, *Theseus and Romulus*, *Lycurgus and Numa*, *Solon and Publicola*, Cambridge, Massachusetts: Harvard University Press, London: William Heinemann Ltd., 1967.

Polybius, translated by W. R. Paton, *The Histories*, *Vol. II*, Cambridge, Massachusetts: Harvard University Press, 1922, reprinted 1979.

Sophocles, A New Verse Translation by Oliver Taplin, Antigone*and Other Plays*, Oxford: Oxford University Press, 2020.

Thucydides, edited and translated by Jeremy Mynott, *The War of the Peloponnesians and the Athenians* (Cambridge Texts in the History of Political Thought), Cambridge: Cambridge University Press, 2013.

Thukydides, übersetzt und mit einer Einführung und Erläuterung versehen von Georg Peter Landmann, *Geschichte des Peloponnesischen Krieges*, 1. *Teil*: *Buch I – IV* (Sammlung Tusculum), Düsseldorf: Artemis

Winkler, 1993.

Thukydides, übersetzt von Michael Weißenberger, mit einer Einleitung von Antonios Rengakos, *Der Peloponnesische Krieg* (Sammlung Tusculum), Berlin, Boston: De Gruyter, 2017.

Thucydide, texte établi et traduit par Jacqueline de Romilly, *La Guerre du Péloponnèse*, *Livre I* (Collection Budé). Paris: Les Belles Lettres, 1953.

晏绍祥译:《安多基德〈论密仪〉》,《西学研究》第1辑,商务印书馆2003年版。

[古希腊]安提丰等:《阿提卡演说家合辑》,陈钗、冯金鹏、徐朗译注,吉林出版集团有限责任公司2016年版。

[古希腊]德谟斯提尼:《德谟斯提尼演说集(II)》,芝人译,广西师范大学出版社2020年版。

[古希腊]阿里斯托芬:《云·马蜂》,罗念生译,上海人民出版社2006年版。

[古希腊]阿里斯托芬:《骑士·阿卡奈人》,罗念生译,上海人民出版社2006年版。

[古希腊]修昔底德:《伯罗奔尼撒战争史》,谢德风译,商务印书馆1960年版,1978年重印。

[古希腊]修昔底德:《伯罗奔尼撒战争史》,徐松岩译,广西师范大学出版社2004年版。

[古希腊]修昔底德:《伯罗奔尼撒战争史》,何元国译,中国社会科学出版社2017年版。

二　工具书

Denniston, J. D., *The Greek Particles*, Oxford: The Clarendon Press, 1954.

Kirchner, Johannes, *Prosopographia Attica*, Berlin: Verlag Georg Reimer, 1901.

Liddell, Henry George, and Scott, Robert, *A Greek – English Lexicon*, Oxford: The Clarendon Press, 1996.

Stevenson, Angus, *Oxford English Dictionary*, third edition, Oxford: The Clarendon Press, 2010.

Montanari, Franco, *The Brill Dictionary of Ancient Greek*, Leiden, Boston: Brill, 2015.

Beekes, Robert, *Etymological Dictionary of Greek*, Leiden, Boston: Brill, 2009.

三 研究文献

Andrewes, Antony, *The Greek Tyrants*, New York & Evanston: Harper & Row Publishers, 1956. (中文版:[英] A. 安德鲁斯:《希腊僭主》,钟嵩译,商务印书馆 1997 年版。)

Barceló, Pedro, "Thukydides und die Tyrannis", *Historia: Zeitschrift für Alte Geschichte*, Vol. 39, No. 4, 1990.

Bers, Victor, "Performing the Speech in Athenian Courts and Assembly Adjusting the Act to Fit the 'BE – MA'?", *Bulletin of the Institute of Classical Studies, Supplement: Profession and Performance: Aspects of Oratory in the Greco – Roman World*, No. 123, 2013.

Bonazzi, Mauro, "Protagoras", *The Stanford Encyclopedia of Philosophy* (Fall 2020 Edition), Edward N. Zalta (ed.), URL = <https://plato.stanford.edu/archives/fall2020/entries/protagoras/>.

Bowie, E. L., "Who is Dicaeopolis?", *Journal of Hellenic Studies*, Vol. 108, 1988.

Burnyeat, M. F., "Enthymeme: Aristotle on the Rationality of Rhetoric", in Amelia Olsenberg Rorty ed., *Essays on Aristotle's Rhetoric*, Berkeley, California: University of California Press, 1996.

—, ——. "Enthymeme: Aristotle on the Logic of Persuasion", in David J. Furley and Alexander Nehamas eds., *Aristotle's "Rhetoric": Philosophical Essays*, Princeton, New Jersey: Princeton University Press, 1994.

Cairns, Francis, "Cleon and Pericles: A Suggestion", *The Journal of Hellenic Studies*, Vol. 102, 1982.

Canevaro, Mirko and Harris, Edward M., "The Documents in Andocides' *on the Mysteries*", *The Classical Quarterly*, Vol. 62, No. 1, 2012.

Canfora, Luciano, "Chapter 1: Biographical Obscurities and Problems of Composition", in Antonios Rengakos and Antonios Tsakmakis eds., *Brill's Companion to Thucydides*. Leiden, Boston: Brill, 2006.

Cobet, Justus, "Wann Wurde Herodots Darstellung der PerserkriegePubliziert?", *Hermes*, Vol. 105, No. 1, 1977.

Cogan, Marc, "Mytilene, Plataea, and Corcyra Ideology and Policy in Thucydides, Book Three", *Phoenix*, Vol. 35, No. 1, 1981.

Connor, W. R., "Tyrannis Polis", in J. H. D'Arms and J. W. Eadie eds., *Ancient and Modern: Essays in Honor of Gerald F. Else*, Ann Arbor: Center for Coordination of Ancient and Modern Studies, 1977.

—, ——. *Thucydides*, Princeton, New Jersey: Princeton University Press, 1987.

Cornford, Francis MacDonald. *Thucydides Mythistoricus*. London: Edward Arnold, 1907. (中文版：［英］弗朗西斯·麦克唐纳·康福德：《修昔底德：神话与历史之间》，孙艳萍译，上海三联书店 2006 年版。)

Crane, Gregory, *Thucydides and the Ancient Simplicity: The Limits of Political Realism*, Berkeley, California: University of California Press, 1998.

De Romilly, Jacqueline. tr. Philip Thody, *Thucydides and Athenian Imperialism*, Salem, New Hampshire: Ayer Company Publishers, Inc. 1963. (Original French edition: Jacqueline de Romilly, *Thucydide et L'impérialisme Athénien*, Paris: Les Belles Lettre, 1947.)

——, —. tr. Elizabeth Trapnell Rawlings, edited and with an Introduction by Hunter R. Rawlings III and Jeffrey Rusten, *The Mind of Thucydides*, Ithaca & London: Cornell University Press, 2012. (Original French edition: Jacqueline de Romilly, *Histoire et Raison Chez Thucydide*, Paris: Les Belles Lettres, 1967.)

de Ste Croix, G. E. M., *The Origins of the Peloponnesian War*, London: Duckworth, 1972.

Dmitriev, Sviatoslay, "Athenian 'ATIMIA' and Legislation against Tyranny and Subversion", *The Classical Quarterly*, Vol. 65, No. 1, 2015.

Dover, K. J., *Greek Popular Morality in the time of Plato and Aristotle*, Oxford: Basil Blackwell, 1974.

Doyle, Michael M., "Thucydidean Realism", *Review of International Studies*, Vol. 16, No. 3, 1990.

Dyck, Eduard F., "Topos and Enthymeme", *Rhetorica: A Journal of the History of Rhetoric*, Vol. 20, No. 2, 2002.

Edmunds, Lowell, "Chapter 5: Thucydides in the Act of Writing", in Jeffrey S. Rusten ed., *Oxford Readings in Classical Studies: Thucydides*, Oxford: Oxford University Press, 2009.

Ellis, J. R., "The Structure and Argument of Thucydides' Archaeology", *Classical Antiquity*, Vol. 10, No. 2, 1991.

Evans, James Allan Stewart, *Herodotus*, *Explorer of the Past: Three Essays*. Princeton, New Jersey: Princeton University Press, 1991.

Finley Jr., John H., "Chapter 1: Euripides and Thucydides", *Three Essays on Thucydides*, Cambridge Massachusetts: Harvard University Press, 1967, 1 -54 (= "Euripides and Thucydides", *Harvard Studies in Classical Philology*, Vol. 49, 1938.

——, ——. "Chapter 3: The Unity of Thucydides' *History*", *Three*

Essays on Thucydides, Cambridge Massachusetts: Harvard University Press, 1967 (= "The Unity of Thucydides' *History*," *Harvard Studies in Classical Philology*, Vol. 51, 1940.

Fornara, Charles W., *Herodotus: An Interpretative Essay*, Oxford: The Clarendon Press, 1971.

Garst, Daniel, "Thucydides and Neorealism", *International Studies Quarterly*, Vol. 33, No. 1, 1989.

Gilpin, Robert. Robert Gilpin, "The Theory of Hegemonic War", *The Journal of Interdisciplinary History*, Vol. 18, No. 4, 1988.

Greene, Edith, and Heilbrun, Kirk, *Wrightsman's Psychology and the Legal System*, 7th Edition, Boston: The Cengage Learning, 2010.

Grundy, George Beardoe, *Thucydides and the History of His Age, Vol. I.*, Oxford: Basil Blackwell, 1948.

Hall, Edith, "Lawcourt Dramas: The Power of Performance in Greek Forensic Oratory", *Bulletin of the Institute of Classical Studies*, Vol. 40, 1995.

Hammond, N. G. L., "The Arrangement of the Thought in the Proem and in Other Parts of Thucydides I", *Classical Quarterly*, Vol. 2, No. 2 – 3, 1952.

Hands, A. R., "Postremo Suo Tantum Ingenio Utebatur", *Classical Quarterly*, Vol. 24, 1974.

Hoffman, David C., "Concerning Eikos: Social Expectation and Verisimilitude in Early Attic Rhetoric", *Rhetorica: A Journal of the History of Rhetoric*, Vol. 26, No. 1, 2008.

Hunter, Virginia, "Athens Tyrannis: A New Approach to Thucydides", *The Classical Journal*, Vol. 69, 1973.

Jaeger, Werner, translated from second German Edition by Gilbert Highet, *Paideia: The Ideals of Greek Culture, Volume I: Archaic Greece, the Mind of Athens.* Oxford: Basil Blackwell, 1946. (Original

German edition：Werner Jaeger，*Paideia*：*Die Formung des griechischen Menschen.* Berlin：De Gruyter，1973. 中文版：［德］维尔纳·耶格尔：《教化：古希腊文化的理想》，陈文庆译，华东师范大学出版社 2021 年版。）

Johnson，Laurie M. "Chapter 21：Thucydides the Realist?"，in Christine Lee and Neville Morley，eds.，*A Handbook to the Reception of Thucydides*，Oxford：Wiley – Blackwell，2015.

— Bagby，— —. "Thucydidean realism：Between Athens and Melos"，*Security Studies* Vol. 5，No. 2，2007.

— Bagby，— —. "The Use and Abuse of Thucydides in International Relations"，*International Organization*，Vol. 48，1994.

Laks，André andMost，Glenn W. edited and translated，*Early Greek Philosophy Volume IX Sophists Part* 2（LCL 532），Cambridge，Massachusetts：Harvard University Press，2016.

Lang，Mabel B.，"The Thucydidean Tetralogy（1. 67 – 88）"，*Classical Quarterly*，Vol. 49，No. 1，1999.

Lanni，Adriaan，"Chapter 6：Relevance in Athenian Courts"，in Michael Gagarin and David Cohen eds.，*The Cambridge Companion to Ancient Greek Law*，Cambridge：Cambridge University Press，2005.（中文版：兰尼：《雅典法庭中的相关性》，载加加林、科恩编《剑桥古希腊法律指南》，邹丽、叶友珍等译，华东师范大学出版社 2017 年版。）

Leppin，Hartmut，*Thukydides und die Verfassung der Polis*：*Ein Beitrag zur politischen Ideengeschichte des* 5. *Jahrhunderts v. Chr*，Berlin：Akademie Verlag，1999.

Lombardini，John，"Responding to Emergency in Democratic Athens：The Case of Anti – Tyranny Legislation"，*Polity*，Vol. 47，No. 4，2015.

Loraux，Nicole，"Thucydide a écrit la Guerre du Péloponnèse"，*Métis*，Vol. 1，1986.

Luschnat, Otto, *Thukydides der Historiker* (Sonderausgaben der Pauly-schen Realencyclopädie der classischen Altertumswissenschaft), Stuttgart: Alfred Druckenmüller Verlag, 1971.

Kagan, Donald, *The Outbreak of the Peloponnesian War*, Ithaca, New York: Cornell University Press, 1969.（中文版：[美] 唐纳德·卡根：《伯罗奔尼撒战争的爆发》，曾德华译，李隽旸校，华东师范大学出版社 2019 年版。）

—, —. *The Archidamian War*, Ithaca, New York: Cornell University Press, 1974.（中文版：[美] 唐纳德·卡根：《阿奇达慕斯战争》，李隽旸译，华东师范大学出版社 2020 年版。）

—, —. *The Peace of Nicias and the Sicilian Expedition*, Ithaca, New York: Cornell University Press, 1981.（中文版：[美] 唐纳德·卡根：《尼基阿斯和约与西西里远征》，李隽旸译，华东师范大学出版社 2019 年版。）

—, —. The Fall of the Athenian Empire, Ithaca, New York: Cornell University Press, 1987.（中文版：[美] 唐纳德·卡根：《雅典帝国的覆亡》，李隽旸译，华东师范大学出版社 2017 年版。）

Kanavou, Nikoletta, *Aristophanes' Comedy of Names: A Study of Speaking Names in Aristophanes*, Berlin, New York: De Gruyter, 2011.

Knox, Bernard M. W., *Oedipus at Thebes: Sophocles' Tragic Hero*, New Haven, Connecticut: Yale University Press, 1957.

Kohl, Werner, *Die Redetrias vor der sizilischen Expedition: Thukydides* 6, 9 – 23, Meisenheim am Glan: Hain, 1977.

Konstan, David, "The Politics of Aristophanes' Wasps", *Transactions of the American Philological Association*, Vol. 115, 1985.

Kopff, E. Christian, "The Date of Aristophanes, Nubes II", *American Journal of Philology*, Vol. 111, No. 3, 1990.

Krasner, Stephen D. Stephen D. Krasner, "Westphalia and all that", Judith Goldstein and Robert O. Keohane eds, *Ideas and Foreign Policy*,

Ithaca, New York: Cornell University Press, 1993.

Kurpios, Marcin, "Reading Thucydides with Aristotle's Rhetorics: Arguing from Justice and Expediency in the Melian Dialogue and the Speeches", *EOS: Commentarii Societatis Philologae Polonorum*, Vol. 102, 2015.

Ma, John, "Peer Polity Interaction in the Hellenistic Age", *Past & Present*, Vol. 180, 2003.

MacLeod, Colin, "11: Thucydides' Plataean Debate", in*Collected Essays*, Oxford: The Clarendon Press, 1983 (= Colin MacLeod, "Thucydides' Plataean Debate", *Greek, Roman, and Byzantine Studies*, Vol. 18, No. 3, 1977.

—, —. C. "Reason and Necessity: Thucydides III 9 – 14, 37 – 48", *Journal of Hellenic Studies*, Vol. 98, 1978.

Manuwald, Bernd, "Chapter 11: Diodotus' Deceit 3. 42 – 8", in Jeffrey S. Rusten ed., *Oxford Readings in Classical Studies: Thucydides*, Oxford: Oxford University Press, 2009.

Marincola, J. M., "Thucydides 1. 22. 2", *Classical Philology*, Vol. 84, No. 3, 1989.

—, — —. *Authority and Tradition in Ancient Historiography*, Cambridge: Cambridge University Press, 1997.

McGlew, J., "Fighting Tyranny in Fifth – Century Athens: Democratic Citizenship and the Oath of Demophantus", *Bulletin of the Institute of Classical Studies*, Vol. 55, No. 2, 2012.

Meiggs, Russell, *The Athenian Empire*, Oxford: The Clarendon Press, 1972, in paperback 1979.

Meyer, Elizabeth, A., "Thucydides on Harmodius and Aristogeiton, Tyranny, and History", *The Classical Quarterly*, Vol. 58, No. 1, 2008.

Mirhady, David C., "A Note on Aristotle 'Rhetoric' 1. 3 1358 B 5 – 6", *Philosophy & Rhetoric*, Vol. 28, No. 4, 1995.

Moles, John. L. , “Chapter 13: A False Dilemma: Thucydides’ History and Historicism”, S. J. Harrison ed. , *Texts, Ideas, and the Classics: Scholarship, Theory, and Classical Literature*, Oxford: Oxford University Press, 2001.

—, —. “Chapter Three: Truth and Untruth in Herodotus and Thucydides”, in Christopher Gill and T. P. Wiesman eds. , *Lies and Fiction in the Ancient World*. Exeter: University of Exeter Press, 1993.

Mommsen, Theodor, *Römische Geschichte, Band III*, München: Taschenbuch Verlag, 1976. [中文版:[德] 特奥多尔·蒙森:《罗马史》(第三卷),李稼年译,商务印书馆 2011 年版。]

Monten, Jonathan, “Thucydides and Modern Realism”, *International Studies Quarterly*, Vol. 50, No. 1, 2006.

Morgenthau, Hans J. , *Politics Among Nations: The Struggle for Power and Peace*, Brief Edition, revised by Kenneth W. Thompson, New York: McGraw – Hill Inc, 1985.

Morrison, James V. , *Reading Thucydides*, Columbus, Ohio: Ohio State University Press, 2006.

—, — —. “Preface to Thucydides: Rereading the Corcyrean Conflict (1.24 –55)”, *Classical Antiquity*, Vol. 18, No. 1, 1999.

—, — —. “A Key Topos in Thucydides: The Comparison of Cities and Individuals”, *American Journal of Philology*, Vol. 115, No. 4, 1994 (= “Chapter 6: The Comparison of Cities and Individuals”, in *Reading Thucydides*).

—, — —. “Preface to Thucydides: Rereading the Corcyrean Conflict (1.24 –55)”, *Classical Antiquity*, Vol. 18, No. 1, 1999.

—, — —. “Memory, Time, and Writing: Oral and Literary Aspects of Thucydides’ History”, in C. J. Mackie ed. , *Oral Performance and Its Context*, Leiden: Brill, 2004.

—, — —. “Thucydides’ History Live: Reception & Politics”, in Craig

Cooper ed. , *Politics of Orality* (*Orality and Literacy in Ancient Greece*, *Vol.* 6), Leiden: Brill, 2007.

Mulroy, David, "Substitution Scholia and Thucydides' Use of Prepositions", *Transactions and Proceedings of the American Philological Association*, Vol. 102, 1971.

Nicolai, Roberto, "Chapter 13: Thucydides' Archaeology: Between Epic and Oral Tradition", in Nino Luraghi ed. , *The Historian's Craft in the Age of Herodotus*, Oxford: Oxford University Press, 2001.

Ober, Josiah, "Chapter 19: Thucydides*Theôrêtikos*/Thucydides *Histôr*: Realist Theory and the Challenge of History", in Jeffrey S. Rusten, ed. , *Oxford Reading in Classical Studies*: *Thucydides*, Oxford: THe Oxford University Press, 2009.

Olson, S. Douglas, "Politics and Poetry in Aristophanes' *Wasps*", *Transactions of the American Philological Association*, Vol. 126, 1996.

Ostwald, Martin, "The Athenian Legislation against Tyranny and Subversion", *Transactions and Proceedings of the American Philological Association*, Vol. 86, 1955.

Pelling, Christopher, "Chapter 8: Thucydides' Speeches", in Jeffrey S. Rusten ed. , *Oxford Readings in Classical Studies*: *Thucydides*, Oxford: Oxford University Press, 2009.

Philips, David D. , *The Law of Ancient Athens*, Ann Arbor: University of Michigan Press, 2013.

Plant, Ian M. , "The Influence of Forensic Oratory on Thucydides' Principles of Method", *Classical Quarterly*, Vol. 49, 1999.

Pollock, Sheldon, "Philology in Three Dimension", *Postmedieval*: *A Journal of Medieval Cultural Studies*, Vol. 5, 2014 (= [美] 谢尔顿·波洛克:《语文学的三个维度》, 王淼译, 载沈卫荣、姚霜编《何谓语文学: 现代人文科学的方法与实践》, 上海古籍出版社 2021 年版).

Pothou, Vassiliki, *La Place et le rôle de la Digression dans L' oeuvre de Thucydide*, Stuttgart: Franz Steiner Verlag, 2009.

Raaflaub, Kurt A., "Polis Tyrannis: Zur Entstehung einer Politischen Metapher", *Arktouros: Hellenic Studies Presented to Bernard M. W. Knox on the Occasion of his 65th Birthday*, Berlin, New York: Walter de Gruyter, 1979.

—, ——. "Chapter 4: The Concept of Freedom after the Persian Wars: Its Meaning and Differentiation in Interstate Relations", *The Discovery of Freedom in Ancient Greece*, first English edition, revised and updated from the German, translation by Renate Franciscono, Chicago and London: University of Chicago Press, 2004.

—, ——. "Chapter 4: Learning from the Enemy: Athenian and Persian 'Instruments of Empire'", in John Ma, Nikolaos Papazarkadas, Robert Parker eds., *Interpreting the Athenian Empire*, London: Duckworth, 2009.

—, ——. "Conceptualizing and Theorizing Peace in Ancient Greece", *Transactions of the American Philological Association*, Vol. 139, 2009.

Rapp, Christof, "Aristotle's Rhetoric", *The Stanford Encyclopedia of Philosophy* (Spring 2010 Edition), Edward N. Zalta (ed.), URL = < https://plato.stanford.edu/archives/spr2010/entries/aristotle-rhetoric/ >.

—, —. "Dialektik und Rhetorik: Über Dialektische und Topische Elemente in Aristoteles Rhetorik", *Méthexis*, Vol. 16, 2003.

Raubitschek, A. E., "The Athenian Speech at Sparta", in Philip A. Stadter ed., *The Speeches in Thucydides: A Collection of Original Studies with A Bibliography. Papers presented at a Colloquium sponsored by the Dept. of Classics of the University of North Carolina at Chapel Hill, March 26 - 27*, 1972. Chapel Hill, North Carolina: University of North Carolina Press, 1973. (中文版：［美］斯塔特：《修昔底德

笔下的演说》，王涛译，华夏出版社 2012 年版。）

Rawlings III, Hunter. "Thucydides' ΕΡΓΑ", *Histos*, Vol. 15, 2021.

— —, — —. "Thucydidean Epistemology: Between Philosophy and History", *Rheinisches Museum für Philologie*, Vol. 153 - 3, No. 4, 2010.

Rengakos, Antonios, "Fernbeziehungen Zwischen den Thukydideischen Reden", *Hermes*, Vol. 124, 1996.

Reynolds, Joshua J., "Proving Power: Signs and Sign - Inference in Thucydides' Archaeology", *Transactions of the American Philological Association*, Vol. 139, No. 2, 2009.

Russell, D. A., "Rhetoric and Criticism", *Greece & Rome*, Vol. 14, No. 2, 1967.

Russo, Joseph, "The Poetics of the Ancient Greek Proverb", *Journal of Folklore Research*, Vol. 20, No. 2 - 3, 1983.

Scanlon, Thomas F., "Thucydides and Tyranny", *Classical Antiquity*, Vol. 6, No. 2, 1987.

Schadewaldt, Wolfgang, *Die Anfänge der Geschichtsschreibung bei den Griechen*, Berlin: Suhrkamp, 1978.

Schmitz, Thomas A., *Modern Literary Theory and Ancient Texts: An Introduction*, Oxford: Blackwell Publishing, 2007 (original German version: Thomas A. Schmitz, *Moderne Literaturtheorie und antike Texte*, Darmstadt: Wissenschaftliche Buchgesellschaft, 2002).

Schreckenberg, Heinz, *ANANKE: Untersuchungen zur Geschichte des Wortgebrauchs*, München: C. H. Beck Verlag, 1964.

Schuller, Wolfgang, *Die Stadt als Tyrann: Athens Herrschaft über seine Bundesgenossen*, Konstanz: Universitätsverlag Konstanz, 1978.

Schwartz, Eduard, *Das Geschichtswerk des Thukydides*, dritte, unveränderte Auflage, Hildesheim: Georg Olms Verlagsbuchhandlung, 1969.

Seaton, R. C., "The Aristotelian Enthymeme", *The Classical Review*,

Vol. 28, No. 4, 1914.

Shear, Julia L., "The Tyrannicides, Their Cult and the Panathenaia: A Note", *Journal of Hellenic Studies*, Vol. 132, 2012.

—, ——. "Chapter 13: The Oath of Demophantus and the Politics of Athenian Identity", in Alan H. Sommerstein and Judith Fletcher eds., *Horkos: The Oath in Greek Society*, Bristol: Phoenix Press, 2007.

Simonson, Solomon, "A Definitive Note on the Enthymeme", *American Journal of Philology*, Vol. 66, No. 3, 1945.

Sommerstein, Alan H., "The Authenticity of the Demophantus Decree", *The Classical Quarterly*, Vol. 64, No. 1, 2014.

Stadter, Philip A., "Herodotus and the Athenian 'Arche'", *Annali della Scuola Normale Superiore di Pisa*, Classe di Lettere e Filosofia, Vol. 22, No. 3, 1992.

Stirk, Peter M., "The Westphalian Model and Sovereign Equality", *Review of International Studies*, Vol. 38, No. 2, 2012.

Storey, Ian. C., "The Dates of Aristophanes 'Clouds II and Eupolis' Baptai: A Reply to E. C. Kopff", *American Journal of Philology*, Vol. 114, No. 1, 1993.

Swoboda, Heinrich, "Arthmios von Zeleia", *Archäologisch – epigraphische Mitteilungen aus Österreich – Ungarn*, Vol. 16, 1893.

Teegarden, David A., "The Oath of Demophantos, Revolutionary Mobilization, and the Preservation of the Athenian Democracy", *Hesperia: The Journal of the American School of Classical Studies at Athens*, Vol. 81, No. 3, 2012 (= Teegarden, David A. *Death to Tyrants! Ancient Greek Democracy and the Struggle against Tyranny*, Princeton University Press, 2014).

Todd, S. C., "Chapter 5: Law and Oratory at Athens", in Michael Gagarin and David Cohen eds., *The Cambridge Companion to Ancient Greek Law*, Cambridge: Cambridge University Press, 2005. (中文

版：［美］加加林、［美］科恩编：《剑桥古希腊法律指南》，邹丽、叶友珍译，华东师范大学出版社 2007 年版。）

Tuplin，Christopher，“Imperial Tyranny：Some Reflections on a Classical Greek Political Metaphor”，*History of Political Thought*，Vol. 6，1985. = in P. A. Cartledge and F. D. Harvey，eds.，*Crux*：*Essays in Greek History Presented to G. E. M. de Ste. Croix on his 75th Birthday*，London，1985.

Turner，E. G.，“ΦΙΛΟΔΙΚΕΙΝ ΔΟΚΟΥΜΕΝ（Thuc. i. 77）”，*Classical Review*，Vol. 60，No. 1，1946.

Turner，Frank M.，“Chapter 5：The Homeric Question”，eds.，Ian Morris and Barry Powell，*A New Companion to Homer*，Leiden：Brill，1997.

Usher，Stephen，*Greek Oratory*：*Tradition and Originality*，Oxford University Press，1999.

Vatri，Alessandro，*Orality and Performance in Classical Attic Prose*：*A Linguistic Approach*，Oxford：Oxford University Press，2017.

Volonaki，Eleni，“The Battle of Marathon in Funeral Speeches”，*Bulletin of the Institute of Classical Studies*，*Supplement*：*Marathon –2*，500 *Years*，Vol. 124，2013.

Walbank，Frank William，*Polybius*. Berkeley，Los Angeles，London：University of California Press，1972.

White，Mary，“Greek Tyranny”，*Phoenix*，Vol. 9，No. 1，1955.

Winnington – Ingram，R. P.，“ΤΑ ΔΕΟΝΤΑ ΕΙΠΕΙΝ：Cleon and Diodotus”，*Bulletin of the Institute of Classical Studies*，Vol. 12，1965.

Winton，Richard I.，“φιλοδικεῖν δοκοῦμεν：Law and Paradox in the Athenian Empire”，*Museum Helveticum*，Vol. 37，No. 2，1980.

—，——. “Thucydides 3. 12. 3”，*The Classical Quarterly*，Vol. 48，1998.

Woodman，A. J. “Chapter 1：Preconceptions and Practicalities：Thucydides”，*Rhetoric in Classical Historiography*：*Four Studies*. Portland，Oregon：Aeropagitica Press, 1988.

Ziolkowski, John E., *Thucydides and the Tradition of Funeral Speeches at Athens*, New York: Arno Press, 1981.

跋

这本书脱胎于我的博士论文，但作了重大修改。同时，这本书来自一个混杂的学科背景。因此有必要交代我所受到的学科训练和与本书相关的研究经历。

我的专业训练和学术工作都在国际政治学领域。我在中国人民大学国际关系学院完成本硕博学业，目前工作于中国社会科学院世界经济与政治研究所国际政治理论研究室，同时也任教于中国社会科学院大学国际政治经济学院。我的研究兴趣集中于修昔底德。自写博士论文开始，我就希望能够自我训练成为一名修昔底德学家。这看起来相当不切实际。研究生期间的导师时殷弘教授，一直鼓励我在智识上自由勇敢探索，给予我最重要最长久的信心。

2012—2013 年，通过富布赖特项目资助，我在耶鲁大学古典学系进行博士论文的研究写作。我的指导老师是 Donald Kagan 教授。工作前几年，我将他的伯罗奔尼撒战争史论四卷本译为中文（其中第一卷不是翻译，而是校对）。每一卷出版之后，我都向他报告出版的消息。今年，我已无须再报告。一方面，翻译四卷本的工作去年已经完成，另一方面，在本书最后一稿的写作过程中，我得知了他去世的消息。对我而言，翻译即学习。翻译这套书使我初步掌握了伯罗奔尼撒战争研究和修昔底德学的常识、文献、方法。

2013 年春季学期，我在耶鲁大学古典学系的密集课程中初步学习了古希腊语。2016 年秋季学期开始，我重新开始依靠旁听学习，并分别于 2018 年和 2019 年通过了北京大学西方古典学中心组织的初级与中级希腊语考试。此后，通过每日阅读微量散文与韵文，我初步获得了使用修昔底德的语言进行学术研究——也就是，理解修昔底德——的可能性。感谢林丽娟和程炜两位老师在课堂上的宽容和鼓励。

2019 年，我得到中国社会科学院小语种与科研急需人才出访研修资助项目的资助，并得到复旦大学历史系冼若冰老师的引荐，在他的母校和导师海德堡大学古典语文学系 Jonas Grethlein 教授处访学。我在 Grethlein 教授的指点下阅读的文献，最终重新成为本书的问题意识。我将本书的形成史视为我在海德堡大学的学习对我在耶鲁大学学习的覆盖，修昔底德学的两种主要路径——历史学的、叙事学的——构成了我的两个不同的思想层。在此后的研究中，我将继续探索，这两种路径如何能够帮助我们将修昔底德视为一位真正的国际政治理论家。在本书的写作过程中，我还得到了中国社会科学院青年科研启动项目“修昔底德与国际政治权力理论”（项目号：2020YQNQD113）和国家社科基金青年项目“‘修昔底德陷阱’问题研究”（批准号：18CGJ007）的资助。

我在学习、特别是跨学科的研究探索中获得了最多的自由和快乐。这种自由最终仰赖于我的工作单位世界经济与政治研究所和我的同学王一鸣。他们对自称“学渣”的我期待不多，要求甚低，但怀有宽容、友爱、鼓励。

最后，我将这本书献给那座陷落的城，她是我的乌托邦，我的学校，我的慰藉和怀念。

李隽旸

2021 年 10 月 10 日

北竹竿胡同